货币大裂变

颠覆认知的信用货币

王永利◎著

中国出版集团
中译出版社

图书在版编目（CIP）数据

货币大裂变：颠覆认知的信用货币 / 王永利著. --
北京：中译出版社，2024.2（2024.8 重印）
ISBN 978-7-5001-7650-3

Ⅰ. ①货… Ⅱ. ①王… Ⅲ. ①信用货币 Ⅳ.
① F820.4

中国国家版本馆 CIP 数据核字（2023）第 251946 号

货币大裂变：颠覆认知的信用货币
HUOBI DA LIEBIAN: DIANFU RENZHI DE XINYONG HUOBI

著　　者：王永利
策划编辑：龙彬彬　于　宇
责任编辑：龙彬彬
文字编辑：田玉肖
营销编辑：马　萱　钟筱童

出版发行：中译出版社
地　　址：北京市西城区新街口外大街 28 号 102 号楼 4 层
电　　话：（010）68002494（编辑部）
邮　　编：100088
电子邮箱：book@ctph.com.cn
网　　址：http://www.ctph.com.cn

印　　刷：北京盛通印刷股份有限公司
经　　销：新华书店
规　　格：710 mm × 1000 mm　1/16
印　　张：23.75
字　　数：270 千字
版　　次：2024 年 2 月第 1 版
印　　次：2024 年 8 月第 3 次印刷

ISBN 978-7-5001-7650-3　　　　定价：89.00 元

前 言

2007 年美国次贷危机和 2008 年全球金融危机爆发后，笔者作为中国银行总行全球金融交易部门的主管行领导和应急工作组负责人，直接参与了中国银行全面应对的工作。在此过程中，笔者深刻感受到，面对这样一场从美国爆发蔓延全球的金融大危机，人们原有的货币金融知识，特别是国际货币金融知识显得格外苍白，难以准确预测、充分解释和有效防范类似的大危机。尽管在世界主要国家力度空前的联合救市行动之后，这场全球金融危机得到了遏制，并未像一开始人们普遍认为的那样，将是一场“百年一遇”、可跟“大萧条”相提并论的大危机，但迄今为止国际金融的发展，也让人们不得不承认，危机的根源并没有得到消除，反而在进一步积累。全球性负债率高企、货币量剧增、流动性泛滥更加突出，而经济增长却日趋低迷，国家之间的竞争更加激烈，地缘矛盾和大国冲突不断增强，金融和经济危机的隐患更加严峻。这就引出一个让笔者特别关注的重要问题：为什么世界范围内货币总量难以得到有效控制、货币超发日趋严重？

金融危机的爆发，让很多人对脱离黄金等具体实物供应量和价值约束（锚定）、完全由国家人为调控的信用货币充满敌意和诟病，认为由国家主导信用货币，必然会不断超发，并通过货币贬值无形之中将人们合法获得的财富重新分配，无异于非法掠夺，是极端不公平不合理的。同时，以最强国家主权货币作为国际中心货币，就使问题在世界范围内进一步放大，形成更大风险和危机冲击。由此催生出以取代或颠覆国家主权货币为核心的“货币非国家化”，并以互联网新时代和数字加密技术等作为支撑的数字货币变革洪流。回归金本位制、寻找货币新的价值锚定物、运用区块链等新技术创造总量和阶段性新增量完全由系统锁定的去中心化数字加密货币、与多种主权货币结构性挂钩打造超主权数字货币、与某种主权货币等值挂钩打造加密稳定币、依托区块链等新技术打造央行数字货币等各种探索风起云涌。相关的互联网金融、金融科技、区块链、ICO（首次数字币发行）、NFT（非同质化通证）、通证经济学、元宇宙、Web3.0 与 Web4.0、布雷顿森林体系 3.0 等新的概念和炒作此起彼伏。有些金融界和学术界人士，不是潜心研究和准确把握货币金融的本质、原理及规律，而是热衷于创造新名词、新概念、新故事，致力于博眼球、吸流量、逐名利，脱离实际极度拔高和鼓吹所谓新思维、新概念以展示其超前性权威性，甚至热衷于为资本炒作站队助威。结果很多被赋予互联网新时代重大使命、曾被寄予重大期望、吸引大量人力物力甚至是国家层面大量投入的“创新”或“探索”，最后都被证明违反货币的本质和发展逻辑，纯属主观臆想或虚假炒作，反而带来巨大损失和新的风险。与此同时，一种更加强调财政政策与货币政策统筹融合，更加强调政府扩大赤字（债务）和开支并主导货币投放的“现代货币理论”（Modern

Monetary Theory，MMT）也形成很大影响。由此出现货币金融理论与实践十分混乱的现象或局面，反映出世界范围内在货币金融最基本的概念、最底层的逻辑上，已经存在严重的认知错误或认识混乱，很多经典权威说法和法律定义解释都已过时甚至错误却得不到及时纠正，那些歪理论、伪创新不能得到旗帜鲜明的批驳和遏止。这更加激发笔者对货币金融本质与逻辑最基本问题的关注和研究，着手对货币金融从本质定义和运行逻辑上重新梳理和准确把握。

美国次贷危机爆发后，经过长期持续的思考研究，笔者深刻感受到，人们对货币金融认知出现偏差最主要的节点在于：货币从实物货币（包括金属本位制纸币）发展到信用货币后，实现了货币发展史上最大、最深刻的裂变或蜕变。但由此带来的一系列重大变化完全超出人们的认知（人们对货币的认知基本上还停留在金属本位制纸币阶段），信用货币没有得到准确的理论解释和定义描述，因此造成信用货币管理远远落后于货币实践，产生和积累了越来越严重的问题，但人们却容易将认知不准、管理失当产生的问题看成是信用货币本身的问题，因而试图为货币重新寻锚，以取代或颠覆信用货币，结果却是在推动货币倒退而非进步。

其中，人们对货币为什么必然要从实物货币发展成为信用货币（实物货币存在供应不足的根本性缺陷，不符合货币发展的本质要求，必须退出货币舞台）、货币的本质与核心功能到底是什么（是价值尺度与交换媒介，不能把货币等同于其物理载体或表现形态，贝壳、铸币、纸币以及现金、存款、电子钱包等，都是货币表现形态而非货币本身）、为什么货币仍在不断地发展演变（货币发展演变的根本目标是提高效率、降低成本、加强风控，演变的只能是其表现形态和运行方式，不能是货币的本质与核心功能）、信用货币的“信用”到底是谁的信用（信用货币并不是央行或政府的信用与负债，而是国家整体信用，需要保证一国货币总量与该国主权范围内法律可以保护的可交易财富价值总额相对应，由此保持货币币值基本稳定）、信用货币是如何投放出来的（银行信贷成为真正的主渠道，存款投放取代现金投放成为主要方式，商业银行取代中央银行成为货币投放主体，信贷质量成为货币质量决定性因素）、货币信贷投放在突破实物货币供应不足困境的同时又产生了哪些新的风险挑战（货币总量缺乏有效约束，容易超发）、金融发展特别是金融交易发展对货币管理带来何种促进与新的挑战、如何把握货币总量与通货膨胀的关系、如何看待财政赤字货币化与货币政策财政化、国际货币体系是如何形成和运行的（成为主要国际货币是有严苛条件的，是有利有弊而并非只有好处没有挑战）、记账清算对国际货币流动产生何种深刻影响（以货币所有权流动取代货币现金流动；货币流出流入并不影响货币发行国金融流动性，却可能增加储备国的流动性；外汇储备只能用出去不能拿回来，需要高度重视其安全性等）、如何看待“央行外汇储备”的性质定位与规模管理、如何有效调控利率和汇率、信用货币需要如何管理和调控才能保证质量趋利避害等，认识上存在诸多误解，实践上存在诸多漏洞，亟须正本清源、拨乱反正。

由此，笔者坚持问题导向，将信用货币产生的必然性、规律性及其带来的深刻变化作为研究重点，重新梳理货币产生和发展的基本历程，注重把握货币的本质与核心功能，区分货币本身与货币载体或表现形态，明确信用货币投放渠道或方式，剖析货币信贷投放以及货币转账支付（记账清算）带来的深刻变化及其相应的管理要求等。在弄清楚这些最基本的问题后，对货币金融，包括国际货币金融运行中的各种热点难点问题，就很容易看得清、弄得明、说得通。正因如此，笔者很早就指出，在国家主权独立、尚未实现全球一体化治理的情况下，要打造超主权货币或推动货币非国家化，都会使货币难以得到流通范围内最高级别的信用保护，都是很难成功的。重新回归金属本位制货币体系或者以黄金加其他特殊物品打造“布雷顿森林体系 3.0”、按照黄金原理运用区块链等新技术打造总量和阶段性新增量完全由系统锁定的去中心化加密货币、与多种主权货币结构性挂钩打造超主权加密数字货币并与挂钩货币并存等，都不可能成为真正的流通货币，最多只能成为一种特殊的数字资产。在 2019 年 6 月 Facebook 发布“Libra”白皮书时，笔者当时即发文指出这一设想根本难以落地运行；在个别国家宣布以比特币作为法定货币时，笔者也明确指出这是对货币的无知，必将为此付出沉重代价。与某一种主权货币等值挂钩的数字稳定币，只能是特定网络范围内使用的代币，难以颠覆或取代挂钩货币；能够作为数字货币发展的，只能是央行数字货币，并且其仍然是中心化的主权货币，不可能照搬或模仿比特币去中心化区块链模式（曾经不少国家央行实际上都在走这条路，最后不得不放弃）；区块链的发展必须跳出比特币高度封闭独立运行的范式，否则难以解决现实社会的实际问题并发挥有效作用；应彻底纠正将货币等同于现金的传统观念，央行数字货币不能定位于流通中的现金（M0）；货币流通速度影响货币总量的结论已经过时，传统“货币乘数”概念已经失去意义；以 CPI（消费者物价指数）作为观测物价（币值）变化的核心指标并据此进行货币政策逆周期调节，必然存在以偏概全和政策滞后、被动跟随等问题，实属现实条件下必要却又无奈的选择，也很容易产生问题。必须将货币政策的重心前移，从注重价格变化的需求侧调控转向强化货币投放条件约束的供给侧管控。

笔者在对十多年持续深入研究的成果汇总整理的基础上，著述此书，并命名为《货币大裂变：颠覆认知的信用货币》。本书由中译出版社出版发行，希望能够对读者准确认知信用货币以及信用货币基础上的各种金融实践热点问题提供帮助。由于篇幅所限，很多问题难以充分展开论述，文中不足或错误之处，也希望读者批评指正。

本书得到了中译出版社社长乔卫兵、编辑于宇和龙彬彬等的大力支持，在此深表感谢！

王永利

2023 年 12 月

目录

绪　论

第一章　货币裂变：从实物货币到信用货币

第四章　货币跨境流动与国际货币体系

第五章　信用货币：通胀与通缩

第六章　货币金融基础和重点问题专论

绪　论

历经数千年发展演变，货币已经渗透到人类生活生存和经济社会运行的方方面面，在经济社会发展中发挥着越来越重要的作用。在现代社会，货币就像空气和水一样不可或缺，成为人们生活和经济社会运行非常重要的基础元素。

货币又是在不断发展变化的。从最初始的自然实物货币，发展到规制化金属铸币，进一步发展出金属本位制纸币，最后发展成为彻底脱离具体实物的纯粹信用货币，不断发展演变升级换代。其中，信用货币的出现，推动货币经历深刻而巨大的裂变（蜕变）与升华，从根本上摆脱实物载体或外在形态，高度聚焦于其作为价值尺度和交换媒介的本质属性与核心功能，成为货币的高级或成熟形态。但由于种种原因，特别是各国信用货币的出现往往是在现实环境突变、金属货币本位难以维持之后人们无奈地被动接受，而非主动追求，而且废弃金属本位制后，各国货币（如英镑、美元等）基本上仍保持原有的形态没有改变（但其背后的逻辑发生了根本性改变），很多人对货币从金属本位制纸币转化为纯粹信用货币缺乏感性认识，甚至是浑然不觉，对相关理论和机制也认知不够、准备不足。实践中，突破金属本位制下因货币金属供应有限而容易造成的货币供应不足和严重通货紧缩的束缚，使得货币能够根据社会需要充分供应，更好地促进经济社会发展，但同时又因缺乏客观合理的货币总量管控标准和配套机制，容易货币供应过多，造成严重超发和恶性通胀问题。在经济金融全球化高度发展的情况下，这一问题更是不断放大，相互传染，严重威胁到国际货币金融体系安全和世界经济发展与政治格局稳定。所以，亟须重新认识货币，特别是出现最大裂变却并未得到足够认知的信用货币。准确把握货币的本质和发展规律，认识信用货币产生的必然性及其带来的深刻变化，了解信用货币与金融运行的逻辑与奥秘、突破与挑战，对一系列存在错误认知、产生重大影响的理论与实践问题尽快正本清源，才能推动货币金融健康发展、发挥出更大的积极作用。

货币发展四大阶段

纵观世界货币发展历史，总体上呈现四大发展阶段：从最初的“自然实物货币”（基本上无须特别加工的特殊的贝壳、骨头、羽毛等），发展到“规制化金属铸币”（需要人工冶炼和铸造，具有规范或标准的铜币、金币、银币等），再到以金属铸币或货币金属实物作为价值支撑（锚定物）的“金属本位制纸币”，最后彻底脱离具体实物成为推动货币总量与可交易财富价值整体对应、需要流通范围内最高级别信用保护、日趋无形化或数字化的“纯粹信用货币”。这一演变过程就像蝴蝶，经历由卵变蚕，再由蚕变蛹，最后由蛹化蝶的“卵—蚕—蛹—蝶”的演变过程，其外在形态发生多次深刻裂变，最终实现革命性一跃和质的绽放，成为可以自由飞翔的成虫，走向成熟或高级阶段。

货币根本：本质属性与核心功能

迄今为止的货币演变，从根本上说就是“从实物货币向信用货币转化”。直观看货币似乎就是在不断地脱实向虚，从有形迈向无形，其本身越来越失去真实有形的物理载体与载体本身的内含价值，成为更趋无形的纯粹的价值尺度（数字化的价值符号、记账单位）与交换媒介（支付工具），但实质上却是在不断地返璞归真、去伪存真、凸显本质、实现升华，去除其不必要的物理载体和外在形态，突破由此带来的在货币供应、运行效率、成本风险等方面的自我束缚，逐渐展示出“货币”作为“价值尺度”的本质属性（本原）与“交换媒介”（作为支付工具转移流通，也被叫作“支付手段”）的核心功能，并需要最高等级信用保护，使其成为具有最高流通性的“价值通证”或“价值权证”（没有支付流通，就不能称其为货币），从而凸显本质、聚焦于核心功能，充分发挥应有作用。

其中，所谓货币的其他功能，如“价值储藏”“世界货币”等，只能是派生功能，完全可能被替代，基本上可以忽略不计。所谓“货币的本质是信用”“货币的本质是契约”等，都存在片面性，同样不够准确，难以充分解释货币发展变化的历史。

货币演变：表现形态与运行方式

货币的表现形态与运行方式是在不断发展演变的，从自然实物货币到纯粹信用货币，发生了深刻变化。即使已经进入信用货币阶段，随着信息科技的发展，货币表现形态和运行方式仍在不断演进，其外形和载体还在被不断弱化与舍弃，推动货币从有形到无形，数字化和智能化不断增强，进一步呈现出四种细分的次级发展阶段：从具有面值的“现金货币”（具有固定面值的纸币及硬币，其流通体现为直接的现金支付），发展到“存款货币”（由存款机构出具一定形态的纸质存款凭证或金额可变的货币载体，如存单、存折等，以存取款通知或支票等指令，通过银行手工操作办理现金存取与转账支付，并相应调整货币载体上收付之后的余额，以数字载明货币金额），进一步发展到“电子货币”（以银行卡或智能手机等作为货币的电子载体，主要由交易主体，特别是付款方进行付款信息及支付密码输入，通过专门的电子信息传送渠道和方式发送至开户银行或支付机构电脑中心，经核实信息及密码无误后进行货币支付的电脑自动处理，并相应调整收付之后货币存款账户的余额，以数字载明货币金额），再向“数字货币”（交易各方与支付机构依托加密技术和互联网等公共信息通道进行系统连接和信息传送，更加突出和强化货币支付的便捷性、安全性、普惠性，货币本身可编程、可加密，货币载体更加无形化、数字化，运行方式更加网络化、智能化等）迈进。

货币成为人类社会不断更新迭代、渗透力与影响力不断增强、充满活力与魔力（集天使与魔鬼于一体）、至今仍充满争议和挑战的神奇的重大发明创造。

必须明确的是，货币的发展演变，从根本上讲，是货币的载体或表现形态与运行方式的变化，而不是货币本身（本质属性）发生变化；主要是不断增强和充分发挥货币作为“交换媒介”（支付工具）的核心功能，而不是改变货币的核心功能。如果将货币的本质属性与核心功能都改变了，那就不再是货币了，而应该重新命名。

需要特别指出的是在出现银行存款以及存款直接的转账支付、记账清算后，货币的表现形态和运行方式进一步出现新的更加深刻却又没有得到足够认知的重大变化：货币从现金形态（有形货币）更多地向存款（包括电子钱包）形态转化（日趋数字化、无形化）；从现金直接支付更多地向存款转账支付、记账清算转化。相应地，货币不再仅指现金（现金只是货币的表现形态而非货币本身），货币总量不仅包括流通中的现金，还包括存款机构吸收的越来越多的社会存款（包括电子钱包或数字钱包里的货币）；现金在货币总量中的占比以及现金支付在支付总额中的占比不断降低，甚至有可能最终彻底退出（就像贝壳、铸币完全退出货币体系一样，现金同样可能退出货币舞台）；贝壳、铸币、现金与存款、电子钱包等，都是货币的载体或表现形态，而并不是货币本身。这些载体或表现形态都是可以改变的，但货币的本质属性与核心功能是不能改变的。必须将货币与其载体或表现形态区分开来，而不能混为一谈，否则，对货币的认知就必然出现偏差。

时至今日，很多人、很多经典的说法甚至相关的法律法规，依然将货币等同于现金，把货币说成是“由央行统一印制、投放和管理的，是央行的负债和信用，是具备最高法偿性的官方货币”，这实际上是很不准确的。这种说法没有透过表象看到本质，对货币的认识仍然停留在金属本位制下的纸币阶段，是脱离现实漠视货币形态深刻变化的僵化与过时表现，根本解释不了货币转化成为信用货币后其投放和运行出现的深刻变化，并将对货币理论突破与实践创新形成严重束缚或误导。正本清源，彻底纠正“货币就是现金”的思想与论断，成为货币理论研究首先必须解决的基础问题。

货币进化：根本目标和内在动力

货币表现形态和运行方式之所以会不断演化改进，其根本目标和内在动力就是破除货币不必要的物理载体与外在形态所形成的自我或客观束缚，如载体材料供应不足，难以充分细化价值档次（影响货币作为价值尺度和交换媒介功能发挥），流通和保管成本高，防伪保真与合规管理难度大等，更加突出货币的本质属性，不断增强其核心功能（由表及里、去伪存真），推动货币不断提高运行效率、降低运行成本、严控风险（包括假冒伪劣和违规使用等），充分发挥货币对促进交换交易和经济社会发展应有的积极作用。

可以说，货币每一次大的升级换代，都有力地推动了经济社会发展。当然，货币出现重大升级换代需要配套条件的重大变化，并不是想变就能变的。其中，货币的具体形态与发展变化，还受到各国传统文化、基本国情和社会制度等方面的深刻影响。货币金融制度已成为经济社会发展中重要的基础性制度。

信用货币推动金融跨越发展

货币产生后，相应就存在货币的管理问题，货币收付流通越活跃，对其管理要求就越高。货币表现形态与运行方式不断地发展演变以及其功能不断增强，又进一步催生出货币的借贷等投融资业务，且不断加快发展，从而形成“金融”的概念。在彻底脱离具体实物完全转化为纯粹信用货币之后，更是推动金融加快发展：货币的投放发生根本性变化，不再高度依赖以往充当货币或者货币本位的实物（如黄金、白银等）的获得（生产、购买、接受抵押等）进行投放，而是越来越依赖于货币投放机构的信贷投放（包括发放贷款、账户透支、购买债券、票据贴现等），即由货币投放机构按照约定条件（包括金额、期限、担保抵押、利率标准、计息方法、还本安排等）将货币以信贷方式提供给货币借款方，并需要借款方按照约定及时偿还本息。由此就推动货币的运行，由原来主要依托财富交换交易进行逆向支付和流动，发展到越来越依赖直接的货币借贷以及其他投融资活动（包括股权、债权、可转换或结构性融资），进而发展到依赖更加活跃的各类证券化产品及其衍生品的频繁交易。金融交易产品不断丰富，交易规模快速扩大，形成更加完整的“金融”体系，包括与货币现金相关的制度规范、设计印制、投放兑换、支付流通和回笼销毁等，以及在此基础上发展起来的货币借贷等投融资、证券化产品（股票、债券、资产证券化产品）及衍生品的发行、交易与交易场所等基础设施、相关的法律法规和监管体系等在内的日益丰富和活跃的金融活动与配套体系，在社会资源配置与社会财富分配中发挥出越来越大的影响力，形成与实体经济运行体系相对应的虚拟经济运行体系。金融由此快速升级跨越发展，从以货币的产生、运行和管理为核心的“货币金融”基础阶段，发展到以投融资运行和管理为核心的“融资金融”成熟阶段，进一步发展到以金融交易运行和管理为核心的“交易金融”高级阶段，成为经济运行的血脉和资源配置的枢纽，成为国家重要的核心竞争力，更大限度地推动经济社会加快发展，并成为推动经济全球化发展不可或缺的重要力量。

信用货币的重大突破与新的挑战

货币投放完全脱离金属本位的束缚转化为纯粹信用货币后，信贷投放成为货币投放越来越重要的渠道，由此可以根据社会合理需求保证货币的充分供应，彻底突破金本位制下货币供应严重受制于黄金供应量束缚而日趋短缺的困境，推动经济交易，特别是金融交易日趋活跃，经济金融全球化高速发展。

货币彻底摆脱具体实物约束后，要保证货币币值（价值尺度）与物价水平的基本稳定，发挥货币金融应有的积极作用，就需要保证一国货币总量与该国主权范围内法律可以保护的可交易财富价值规模相对应。这在理论上虽然没有问题，但实操上却难以实现。由于人们对货币本质与发展规律以及货币金融管理缺乏足够认知和准确把握，特别是对信用货币所带来的货币表现形态、运行方式和管理体系上的深刻裂变、质的飞跃等存在严重的认知偏差（人们对货币的认知在很多方面仍然停留在金属本位制纸币阶段），没有形成配套的严密严格的管理规则和监管体系，信用货币在推动货币金融跨越式发展的同时，也给货币金融发展和经济社会稳定带来新的严峻挑战。

一是对金融交易发展从实体经济体系大量分流社会货币的影响缺乏充分和准确的认知。很多货币理论仍停留在金属本位制货币阶段，高度关注 CPI 变化情况并据以调控货币总量，很容易造成货币超发。二是受到主客观诸多因素的影响，特别是在各国执政党为改善业绩、赢得民心、维护执政地位，以及货币金融全球化、自由化不断增强和相互竞争，以一国主权货币作为国际中心货币使国际货币难以得到有效监控的情况下，各国货币更容易超出可交易财富真实的价值规模过度投放，货币可以大规模跨境转移（聚集与撤离）。由此造成国家和地区乃至全球性金融危机与经济动荡，迫使政府和货币当局不断加大救市和经济刺激力度，零利率、负利率和量化宽松货币政策（QE）大行其道，甚至以财政赤字货币化（货币投放机构直接或间接为政府融资，支持财政扩大开支发挥功能财政作用）、货币政策财政化（从总量调控更多地转向结构调控或定向调节政策，以及通过利率与货币币值的调整实现社会财富的重新分配）为核心，强调财政政策与货币政策融合统筹的“现代货币理论”已成为越来越多国家货币实践的最新总结。经济金融全球化发展越来越超出全球治理体系的适应能力，世界远未实现一体化公平治理，大国霸权、地缘冲突难以得到有效遏制，由此引发越来越严重的国际货币金融问题。全球范围内货币超发、债务膨胀、金融危机的隐患与挑战越来越严峻，引发人们对货币金融的诸多争议与变革探索。

时至今日，如何准确把握信用货币的运行机理，建立与之配套的货币金融运行体系和管理规则，推动货币金融趋利避害健康发展，仍是货币金融需要认真探索的重大课题。

信用货币难以被颠覆或替代

在货币发展史上，并不是所有国家的货币发展演变都是按照前述各个阶段平稳推进的，有的也存在反复或跨越。其中，很多国家新的货币体系，是在原有货币体系遭受重大冲击难以为继的情况下被迫采取的变革结果。特别是各国信用货币体系的出现，基本上都是在金属本位制纸币体系遭受重大冲击难以维持下被动转化而来，并被社会无奈接受，并非在理论上先形成共识、在制度和体系上做好充分准备之后实现的。突然失去金属本位的支撑，原有货币的信用受到严重冲击，无奈之下陡然转化为信用货币，很容易出现剧烈贬值，严重影响经济社会稳定。同时，由于美元、英镑等很多国家的货币，即使放弃了金本位制，实质上已经成为国家信用货币，但其货币形态并未发生变化，仍然沿用原有的货币（美元放弃金本位后，原有的纸币和硬币依然在使用，表面上并没有发生变化，美联储依然保持全球最大的官方黄金储备），民众对货币从金属本位制转化为国家信用货币并没有直观和切身的感受，甚至在货币学术（理论）界和金融实务界也没有对由此带来的深刻裂变及相关问题进行深入研究和准确解答，很多货币理论仍停留在金属本位制纸币阶段。因此，人们很容易将信用货币实践中出现的问题归结为信用货币体系固有或内在的问题，认为信用货币的出现使得货币完全脱实向虚失去严格约束，越来越被执政党或政府人为操控，造成越来越严重的货币超发与通货膨胀，造成人们合法持有的货币性资产（现金、存款、固定收益类证券产品等）的价值或货币购买力不断缩减，财富无形之中越来越多地被剥夺，推动社会贫富差距不断扩大，货币越来越不值得信赖（有人把美元说成是越来越没有价值的“绿纸”，把美元的全球流通说成是美国在全球“薅羊毛”，常用“美元是美国的货币，却是他国的问题”的说法对美元加以诟病）。人们不自觉地就希望推翻或抛弃国家信用货币，包括以一国主权货币为中心货币的国际货币体系。由此出现若干替代信用货币的失败探索和伪创新，主要包括以下几种。

回归黄金或其他实物本位制

一直以来，很多人坚定地认为，货币必须有明确的价值锚定物，否则，其代表的价值很难把握和让人相信，纸币就可能成为没有价值的废纸，而黄金则是全世界流通范围最广、流通时间最长的货币充当物或锚定物。因此，英国、美国等不少国家在 20 世纪两次世界大战期间都出现过因黄金储备不足而被迫废弃金本位制，但又都曾努力恢复和维护金本位制。1944 年布雷顿森林协议的签署更是在国际层面很大程度上恢复了金本位制。

在第二次世界大战（以下简称“二战”）爆发后，由于很多国家，特别是英国的货币失去金本位支撑大幅贬值，国际货币体系分崩离析，严重影响国际贸易和投资的发展，恢复国际货币体系运行迫在眉睫。经过长时间酝酿，1944 年 7 月 44 个主要国家被迫在远离战火的美国新罕布什州的布雷顿森林蒙特·华盛顿度假酒店举行联合国货币金融会议，通过协商签署了新的国际货币协议——《布雷顿森林协议》，建立了美元与黄金固定挂钩（1 盎司黄金等于 35 美元，其他国家持有的美元储备可以按此比率向美联储兑换黄金，美元由此也被叫作“美金”）、其他国家货币与美元基本固定挂钩（汇率上下波动不得超过 1%）的新国际货币体系，实际上再次将货币在国际层面上拉回到金本位或金兑换本位制上（各国货币对黄金的价格，至今依然是其币值与汇率的基本参照因素），由此实现了国际货币新的统一，大大缓解了之前国际货币体系分崩离析对国际贸易和投资发展的重大冲击。当然，这也在很大程度上顺应和强化了人们对金本位制的崇尚甚至迷信。

但是，这种固守金本位制的做法，实际上违反了货币发展的逻辑与规律。这种做法必然造成货币特别是美元供应受到黄金供应有限的束缚难以跟上“二战”结束后全球可交易财富价值的快速增长，由此引发越来越严重的美元供应不足并严重阻碍世界贸易和投资发展，以及在美元被迫超出黄金储备扩大供应后很快出现的信任或信用危机问题。因此在 20 世纪 60 年代后期美国遭到法国等多个美元储备国的黄金挤兑，最后于 1971 年 8 月 15 日无奈宣布放弃美元与黄金固定挂钩的国际承诺。布雷顿森林体系随后解体，全球范围内货币随之彻底脱离金本位或金兑换本位制而完全转化为国家信用货币，并且由于其他货币难以取代美元，国际货币体系仍以脱离黄金的美元作为中心货币（因为依然以美元为中心，故有人称之为“布雷顿森林体系 2.0”）。

美国废弃美元与黄金固定挂钩的国际承诺，一直被国际社会指责为背信弃义，一度让人们对美元的信用产生怀疑并造成美元对黄金和其他主要货币的大幅贬值，但这却使美元供应彻底摆脱了黄金储备的束缚，可以充分满足美国及国际社会的美元需求。特别是在美国利用其特殊影响力推动当时全球最重要、国际影响力很大的石油贸易更多地使用美元计价结算（这被人称作“石油美元”，当然，这主要指石油的国际贸易高度使用美元作为计价结算的货币，而不是美元锚定石油，与石油价格高度绑定，所以并不是一个严肃的货币概念）后，美元不仅没有崩盘，反而汇率快速反弹，运行更加平稳，其国际中心货币的地位不仅没有被削弱被取代，反而进一步加强，并一直保持至今。国际货币体系彻底摆脱金本位制束缚后，货币供应能够更好地满足国际社会货币需求，有力地促进和支持了全球化发展与世界的和平稳定。这都充分反映出货币从实物货币转向信用货币的必然性。

在 2022 年 2 月俄乌冲突爆发后，美国等西方国家随即对俄罗斯实施严厉制裁，包括冻结俄罗斯在这些国家的官方储备资产超过 3 000 亿美元，并将俄罗斯 7 家主要涉外银行从国际资金清算系统（SWIFT）剔除，严重影响了俄罗斯对美元、欧元等国际货币的使用。俄罗斯随后推出对“不友好国家”的“天然气出口卢布结算令”，并试图推动卢布与黄金及天然气或石油绑定。有人认为这将推动“布雷顿森林体系 3.0”版本（货币与黄金及石油等其他战略物资绑定）的出现，并对以美元为中心的国际货币体系产生重大冲击。这种说法一度在全球范围内产生重大影响，反映出“货币寻锚”的反信用货币思想根深蒂固且很有市场。但这种寻求将货币与黄金或其他任何一种或几种具体实物的价值锚定的想法，热衷于寻找新的“货币之锚”（甚至有人提出以总量和阶段性新增量完全由系统锁定不能人为调整的比特币等“加密货币”为锚，或者以具有国际关键影响力的“芯片”为锚等）的做法，实际上都是对货币本质和发展规律缺乏准确认知，违反了货币发展的逻辑和方向，都是倒退而不是进步，事实也充分证明都是不可能成功的。

货币彻底脱离个别特定实物作为载体和价值锚定物，发展到以所有可交易财富价值整体为支撑并受到流通范围内最高级别信用保护的信用货币，成为纯粹的价值尺度与交换媒介，才是唯一正确的选择和发展方向。

超主权世界货币或区域货币

基于以一国主权货币作为国际中心货币出现的不公平问题，历史上也不断出现希望推出与主要国家主权货币一篮子结构性挂钩的超主权的世界货币或区域货币，以避免国际货币体系的公平公正性受到单一货币发行国重大影响的构想。如国际货币基金组织（IMF）在20世纪60年代出现美元危机时，就曾组织力量研发和推出的“SDR”（Special Drawing Right，特别提款权），初衷就是要打造一种超主权世界货币；2019年6月美国大型社交网站Facebook公司（现改名为Meta）发布的、拟与上百家大型跨国公司共同管理的与美元、欧元、日元、英镑和新加坡币结构性挂钩的“Libra”（天秤币），尽管应用了区块链、去中心化等加密技术，曾经引发巨大国际轰动效应（特别是在中国产生更大影响，被不少人认为这就是要挤压数字人民币的美国阴谋），但作为与一篮子主权货币结构性挂钩的设计，原理上并没有重大变化。进入 2023 年后，一些发展中国家领导人更是频频发声，呼吁比照 IMF 和 SDR，建立亚洲（东盟）、南美以及金砖国家组织等区域货币基金组织与区域共同货币，“去美元化”似乎形成不可忽视的国际风潮。

但很多人并没有意识到，这种与一篮子货币结构性挂钩的设计思路存在一个根本性悖论（难题）：这将使超主权货币与其挂钩货币同时并存（不可能取代或颠覆挂钩货币）。如果它真的能作为超主权货币流通使用，首先会给篮子货币发行国的货币管理带来挑战，特别是对原有最重要的国际货币造成最大冲击，将削弱而非增强其国际地位（尽管其在货币篮子中的份额最高）。因此，这种构想必然会遭到最主要国际货币发行国的反对而非支持，是很难成功的。正因如此，这种超主权的世界货币或区域货币的构想，都难以得到最主要国际货币发行国的支持（而且会遭到反对），都没有成为真正的流通货币（SDR 仅仅成为国际货币基金组织成员国及相关国际组织之间使用范围非常有限、规模很小的特殊储备资产），甚至根本就难以推出和落地运行（Libra 等多种类似设想都是无疾而终，根本没有推出来）。

其中需要指出的是：欧元与此不同，欧元不是与成员国主权货币结构性挂钩形成的超主权货币，而是完全取代成员国原有主权货币的新的区域统一货币（欧元正式推出后，成员国原有的主权货币随之彻底退出，二者并没有同时并存），欧元实际上属于一种“区域主权货币”。同时，完全与某种主权货币固定挂钩的数字加密“稳定币”，需要以挂钩货币资产作为储备，实际上只是挂钩货币的“代币”，同样不属于超主权货币，只能在特定范围内使用，也不可能取代或颠覆挂钩货币。

去中心化加密货币

2008 年以来，实践中也出现了比照黄金原理，运用区块链等新兴技术，将货币总量与阶段性新增量完全由系统锁定，并由参与系统运行的所有节点共同运行和分布式验证与记录存储（形成跨越国境的全球账本）的去中心（超主权）、防篡改的数字“加密货币”，如比特币（Bitcoin）、以太币（Ether）等，一度让很多人认为这将实现“货币的非国家化”（哈耶克曾力推的），有效避免货币被国家（政府）人为控制和严重超发，实现货币币值的充分稳定和运行的公平公正，将颠覆或取代现行的国家主权（法定）货币，形成“价值互联网”，促进数字经济和数字社会的发展。

但事实上比特币、以太币等“加密货币”，完全是一串字符（数字或字母），是高度封闭的区块链网络系统内生（链生）资产，其依托的区块链平台体系与外界完全隔离，除了加密货币在系统内生成和成员间转让外，并没有其他功能。加密货币除非与国家主权（法定）货币实现兑换，否则无法实现其价值。而其与主权货币兑换，必须外接专门的加密货币交易平台（交易所）才能完成，运行效率非常低、成本非常高，而且交易平台很容易演化成中心化的资金池和信用中介，以抵押贷款等方式加杠杆推动“加密货币”实现倍增。如果得不到有效的监管，必将酿成重大金融风险（2022 年这种状况已经充分暴露）。比特币、以太币等加密货币，仅从其本身看，总量和单位时间新增量都有严格限定，似乎最有利于防范货币超发和通货膨胀，但由于它们属于去中心化的，并没有确定范围的财富与之对应。如果比特币、以太币可以成为货币流通，那就可能吸引国际社会创造出无数类似的“加密货币”（甚至远超现有的国家主权货币数量）。如果它们都能流通使用，势必使“加密货币”总量严重失控，造成加密货币严重泛滥。再加上加密货币交易平台还可能进一步推动其加杠杆，而这些所谓的“加密货币”又刻意追求去中心化、防监管，其总量和风险难以得到有效控制，这将使所有“加密货币”总体的超发可能比国家主权（法定）货币更加严重。

事实已经证明，比特币、以太币等所谓的“加密货币”，实际上只能是一种新型的数字化“加密资产”，其产生和运行的能耗很大、成本很高、效率很低，应用场景非常有限（更多的是应用于灰色地带，甚至是非法领域），其价值更多地建立在人们的信仰和投资意愿之上。由于每种加密资产真正能够交易的规模都有限，其价格非常容易被操控，所以，其价格波动剧烈，难以保持稳定的币值，根本不可能成为真正的流通货币，更不可能取代或颠覆主权（法定）货币。

另外，那些通过 ICO（即“数字货币首次发行”，类似股票首次公开发行）发行的所谓“数字加密货币”，实际上与比特币、以太币等纯粹链生资产并不完全相同，本质上属于一种特殊的数字化“证券资产”，理应接受证券发行和交易的监管，更不可能成为一般的流通货币。

比特币的国际影响加大后，不少国家的中央银行也试图模拟或照搬去中心化加密货币的区块链模式推出自己的“央行数字货币”

（CBDC）以应对加密货币的冲击，但忽视了央行数字货币只能是国家主权货币的数字化、智能化，必须依托国家主权和法律的保护，满足货币监管的基本要求，是中心化的，根本就不可能照搬去中心化加密货币的区块链模式加以创造，所以，这类尝试很快都宣告失败。此外，一些原来曾属殖民地、受到国际货币影响很大的小国家，甚至宣布以比特币作为法定货币，实践证明都是没有好结果的。

上述一系列替代信用货币的设想和实践的出现，都反映出人们对货币的本质与发展规律，特别是对货币为何必然要从实物货币转化为信用货币，信用货币的“信用”到底是谁的信用，信用货币在货币发展史上出现了哪些深刻裂变，实现了哪些重大突破，又存在哪些风险隐患，需要如何管控才能趋利避害、健康发展等最基础的问题，缺乏足够认知与准确把握。也正因如此，人们在追求信用货币能够充分供应、发挥对经济社会发展巨大推动力的同时，并没有形成对货币总量恰当控制的清晰和有效的标准以及严格的配套管控体系。面对各种诱惑很容易造成货币的严重超发，进而产生严重的货币金融和经济社会问题。问题难以得到有效的解决，人们开始设想抛弃或替代信用货币体系的方案，结果出现很多假概念、伪创新。这不仅难以成功，反而引发很多新问题、新挑战，严重威胁货币金融的健康发展与功能发挥。

所以，现在亟须对货币，特别是信用货币重新进行反思，准确把握货币到底是什么、货币发展的逻辑和规律是什么、信用货币的“信用”到底是谁的信用、信用货币是如何投放出来的、信用货币给金融带来了哪些深刻变化、信用货币如何管理才能趋利避害、为何需要国际货币体系、国际货币体系是如何形成和运行的、现有国际货币体系存在哪些问题及如何加以改进等重要的基础和热点问题。这也成为本书所要解答的重点。

关于信用货币的若干新观点、新结论

在长期深入研究的基础上，笔者以信用货币为重点，以信用货币的产生及其带来的深刻裂变（蜕变）与影响为主线，围绕一国货币金融及国际货币金融运行中出现的基础概念和热点问题，对很多似是而非、偏离实际、违反逻辑的理论认识与实务操作予以认真剖析，提出了一些颠覆传统认知和经典说法的新观点、新结论，努力揭示信用货币的本质与形态裂变、真相与发展逻辑、重大突破与风险挑战等，以期人们能更准确认识、把握和运用货币金融。其中主要包括：

第一，到底什么是货币？在此强调，必须区分并准确把握货币的本质属性与表现形态。

货币是为交换交易服务的，货币的本质属性是“价值尺度”，核心功能是“交换媒介”，根本条件是最高信用保护，使其成为流通范围内流通性最强的“价值通证”或“价值权证”。

货币的本质属性与核心功能是不能改变的，否则，就不再是货币了。货币的表现形态和运行方式是可以不断改进的，以提高货币运行效率、降低运行成本、加强风险管控，不断增强货币的功能发挥。所以，货币才从自然实物货币，转化为规制化金属铸币，再发展到金属本位制纸币，进一步发展到脱离具体实物的国家信用货币。不能将货币的载体等同于货币。贝壳、铸币、纸币以及现金、存款、电子钱包等，都是货币的载体或表现形态，而不是货币本身。现金、存款、电子钱包等背后的货币是完全相同的。现在依然将货币等同于现金是严重脱离实际、存在很大误导性的（比如将数字人民币定位于M0，就会严重误导人们对数字人民币的认知并影响其推广运行），对此必须彻底纠正。

第二，货币为什么必然发展成为信用货币？货币要充分发挥价值尺度和交换媒介的功能作用，就需要保持一定流通范围内的货币总量与该范围内可交易财富的价值规模相对应，随同财富价值的变化而变化，具有可调性、灵活性，从而保持货币币值的基本稳定。以贝壳、黄金等任何一种或几种特定的自然实物作为货币，都会受到其实际储量和开发量等方面的限制，存在货币供应的有限性与可交易财富价值的无限性之间的矛盾，难以保持货币总量与价值规模相对应，很容易因为货币供应不足而造成严重的通货紧缩，严重束缚经济社会发展（这是实物货币存在的致命缺陷，其危害远超货币超发可能引发的通货膨胀），所以，实物货币必然要退出货币舞台，回归其作为可交易财富的本原。货币则必须从可交易财富中特定的一种或几种实物彻底脱离出来，成为专门的价值尺度和交换媒介，保持货币总量与可交易财富价值总额相对应，并要得到其流通范围内最高等级的信用保护，保证其具有最高流通性。这是货币发展的必然方向和基本逻辑，是不可逆转的。

也正因如此，固守金本位或金兑换本位制的“布雷顿森林体系”，尽管作为应急的国际货币体系也曾阶段性地发挥了重要作用，但因其违背了货币发展的逻辑和方向，最后仍逃不出崩溃的宿命。相反，美国放弃美元对黄金的国际承诺，使美元可以充分供应，恰恰符合货币发展的逻辑与方向，所以其后美元的国际储备不是减少了反而更多了，美元没有退出国际舞台反而国际影响力更强了，经济金融全球化随之更快发展而不是倒退。

第三，信用货币的“信用”到底是谁的信用？彻底脱离任何特定的价值载体，成为以流通范围内所有可交易财富价值整体作为支持的信用货币后，货币就不再是货币投放机构（如中央银行）自身的信用和负债，而是可交易财富所属的国家的整体信用（国家信用）。货币和财富都要受到最高级别的国家主权和法律保护，所以也被叫作国家主权货币或法定货币。但货币并不是国家政府机构自身的信用和负债，不是以政府税费收入作为保证的（这只能对应政府负债，而非货币总量）。

在国家主权独立，尚未实现全球一体化治理情况下，国家主权和法律就成为当今世界最高级别的信用保护，这种情况下，设想货币的非国家化或超主权化，都是不可能成功的。比如：国际货币基金组织（IMF）曾经力推的与多个国家货币结构性挂钩的 SDR，并没有成为真正的世界货币，而只是规模有限的（2012 年约为 2 500 亿美元，2022 年约为 1.3 万亿美元）成员国和相关国际组织之间使用的特殊储备资产；国际著名互联网社交平台公司 Facebook 联合若干跨国公司曾经力推的与多个国家货币结构性挂钩的 Libra，投入巨大却因难以落地而流产。其他类似的区域超主权货币设想，也都胎死腹中。需要特别指出的是，欧元并不是超主权货币，而是一种“区域主权货币”，其正式推出后，成员国原有的主权货币全部退出，不存在挂钩和并存的问题。

即使运用区块链等新兴技术，打造去中心化的加密货币，也同样难以成为真正的货币，而只能成为一种特殊的数字资产。所以，现在也只能以国际影响力最为强大国家的主权货币作为国际中心货币，还难以推出超主权世界货币。

央行需要积极推动货币数字化，但央行数字货币（CBDC）仍然是主权货币，仍然会存在各国数字货币的国际竞争并需要国家综合国力特别是国际影响力的支撑。只有最强大国家的数字货币才可能得到全世界最广泛的认可，成为全球数字货币的中心。

第四，信用货币是如何投放出来的？信用货币体系下，除货币投放机构购买符合标准的货币储备物（如黄金、外汇等）外，最主要的投放渠道或方式就是货币投放机构的信贷投放（包括发放贷款、购买债券、票据贴现、账户透支等），这会增加全社会的负债规模、提高全社会负债率，并增加货币投放机构的损失风险。货币投放机构的信贷资产质量成为决定货币质量的关键因素，信贷超出合理需求的过度投放就成为货币超发与通货膨胀的根本原因。

因此，为防止货币超发，就需要建立一整套相应的货币管理体系，其中最重要的是实施中央银行与商业银行分级管理。商业银行成为信贷投放的主体，取代中央银行成为货币投放的主体，不再只是单纯的商业性金融机构，必须接受严格的货币规则约束（金融监管）。商业银行必须有多家并存，相互竞争并形成退出机制。需要及时识别和处理银行信贷不良资产损失，严格控制银行信贷资产质量。如果银行出现严重的流动性风险或已资不抵债，同样需要被接管或实施破产重组等，而不能一味地为维稳而由央行扶持。

第五，信用货币颠覆了哪些传统货币结论？当信贷投放成为货币投放主体，就不能继续将货币等同于现金。现金、存款、电子钱包等都是货币表现形态，而不是货币本身；货币流通速度不再是影响货币总量变化最重要的因素，间接融资的规模和占比才是更重要的影响因素。著名的“货币数量论”需要重新反思。传统的以货币总量除以储备货币表示的“货币乘数”指标，已经完全失去实际意义；信用货币下，“铸币税”不是更大了，而是更小了，将一张纸币的面值减去其印制成本后的差额认定为其铸币税是不成立的；不能将央行购买货币储备物支付货币的金额等同于央行发行货币赚取的铸币税，否则，央行出售储备物收回货币也就成为缴纳或退还铸币税了。

第六，为什么信用货币很容易出现超发？货币的信贷投放，更多地取决于社会主体的信贷（货币）需求（对货币总量影响大的不是货币流通速度或周转速度，而是全社会货币需求变化与银行信贷等间接融资占比高低），而这存在很大的经济顺周期性。完全的市场调节很容易调节过头或形成市场失灵，造成严重的通货膨胀及其之后的通货紧缩和金融危机，需要货币当局进行逆周期调控。保持信用货币总量与可交易财富价值规模相对应，从而保持全社会物价总指数（即货币币值）基本稳定，理论上是成立的，但由于可交易财富种类繁多、分布极广，又存在交换交易和上下游加工转换等，要准则测算和监测物价总指数是极不容易的。实践中只能以与人们生活生存密切相关、交换交易最为频繁的少数终端消费品作为样品，计算和监测消费者价格指数（CPI）的变化，据以近似反映物价和币值的变化。由此就势必会存在偏差和遗漏，形成货币总量监管上的漏洞。受到诸多诱因影响，很容易造成货币超发甚至滥发。再加上以最强国家的主权货币作为国际中心货币，难以形成国际社会对最强国家的有效制衡，也很容易因国际中心货币的超发引发全球范围内越来越严重的货币超发，使经济金融风险乃至危机隐患日趋严峻。因此，信用货币体系必须进一步改进和完善。

考虑到消费者物价指数（CPI）对全社会物价总指数以及货币币值的代表性存在偏差，而且货币政策调整对 CPI 的影响存在滞后性，所以货币政策对货币总量与币值的调控，应该从消费端物价导向转向供给侧源头调节，从货币需求侧调控转向货币供给侧调控，把信贷投放的管控作为货币政策真正的关注重点。同时，考虑到信用货币的“信用”是整个国家的信用，不再是央行的信用，央行的独立性和货币政策中性受到国家意志和战略目标的高度束缚，所以，货币管控不再只是中央银行的事，而是整个国家的事，必须健全国家治理和行为规范，推动国家追求长期稳健发展而非短期爆发，并要增强国际货币管控标准的统一与协调，强化货币总量监管的国际约束。

第七，记账清算给货币带来哪些深刻影响？记账清算（转账支付）取代现金支付成为货币支付主流，推动货币运行方式深刻变化，货币所有权的转移以及支付清算（中介）机构与收付款各方之间债权债务关系的调整，替代了货币本身真实的流动，可以大大减少货币现金的印制、流通和管理的相关成本，推动货币越来越多地集中到支付清算机构（银行），能够更好地支持银行信贷投放和维护市场流动性稳定，但也会因此扩大社会债务和货币总量。

记账清算应用到跨境支付上，就产生更大的影响。记账清算方式下，所谓的货币跨境流出流入，实际上是货币所有权的流出流入，而不是货币本身的流出流入。货币流出越多，货币发行国的本币外债就会越大，但并不会影响到该国的货币流动性。由此，外汇储备实际上成为海外资产，只能用出去（通过进口或投资、转让等），不能拿回来（很难拿回现金）。由此，那种认为美国等发达国家以美元等国际货币向发展中国家投资，获得20%—30%的投资回报，而接受投资的国家又将这些国际货币送回货币发行国，存放银行或购买债券，仅获得2%上下的收益，形成财富真实的回流，是严重的金融霸权或金融侵略，实际上是对记账清算的误解，是将招商引资本身的回报与外汇储备的回报两个完全不同的东西进行比较，是根本不成立的。

记账清算的广泛应用，推动货币金融全球化加快发展，使国家之间的利益关系更加密切，但也更容易推动全球性流动性扩张（外汇储备国会由此增加本币投放），并增强主要储备货币发行国对他国储备资产的控制，威胁国际货币体系的公平公正和稳定性。

第八，金融交易对货币产生何种深刻影响？日趋活跃的金融交易会大量分流货币，形成金融资产与实物资产、虚拟经济与实体经济、保值增值需求与投资消费需求相对应的复杂格局，给实体经济领域的货币流通量及CPI等带来强烈冲击，甚至造成流动性泛滥情况下实体经济增长和通货膨胀持续低迷的超常局面，给货币运行和总量调控带来新的巨大挑战。其中，各种权益性证券化资产，原本就是其底层资产权益的影像，在底层资产已经存在相对应的货币情况下，如果银行或影子银行再对这些权益性资产提供信贷融资，就势必造成货币的超发，对此需要仔细甄别、严格控制。

第九，国际货币体系是如何形成和运行的？一国货币要成为重要的国际货币是有严苛条件的，取决于货币发行国综合国力特别是其国际影响力的世界排名（并非仅指经济实力，更不是仅指当年新增产值GDP的世界排名）。只有国际影响力最为强大的国家的货币才可能成为国际中心货币。

成为主要国际货币并非仅有好处，也会带来重大挑战和风险考验。其需要保障货币全球流动性供应并对货币大规模跨境流动进行控制，很容易因为金融（虚拟经济）高度发展而抑制实体经济发展，推动经济不断脱实向虚，增强其对国际社会的依赖。随着国家综合国力特别是国际影响力的变化，其货币的国际地位也会发生变化。一旦失去国际货币地位，将对国家经济社会产生巨大冲击。所以，一国货币国际化需要积极稳妥地推动。

以最强大国家主权货币作为国际中心货币，存在难以对该国形成国际制衡的天然缺陷。该国容易为本国利益最大化而牺牲他国或世界利益，所以，国际货币体系需要进一步改进。

第十，如何看待中国的"央行外汇储备"？在中国，由于历史原因，人们一直把"央行外汇储备"叫作"国家外汇储备"，但实际上这是两个不同的概念。国家外汇储备应该是指整个国家，包括中央银行以及企事业单位、金融机构和家庭部门等持有的外汇储备总额。其中，央行外汇储备是有特殊定位和管理要求的，其买卖主要是用于平抑汇率超预期波动，而不是赢利。

改革开放后，中国央行外汇储备快速增长，成为远超日本的世界最大的官方储备（长期保持 3 万亿美元以上规模），实属来之不易，具有重大国际影响力（可以说具有一种"金融核弹"的威力）。央行外汇储备并不存在所谓的"合理规模"，其大规模扩张是有严苛条件、可遇不可求的，并不会影响货币政策自主性或必然造成货币超发问题。只要不是依靠扩大外债增加的，央行外汇储备实际上是多多益善的，绝不可轻言大规模压缩或抛售。

第十一，如何看待货币总量与通货膨胀的关系？在以消费者物价指数（CPI）作为通货膨胀最主要的观察指标情况下，影响其涨跌变化的，不是货币总量的变化，而是真正进入实体流通领域的货币数量与可交易财富价值规模的比较情况。对此需要深入研究准确把握，进而准确把握货币政策目标的确定和必要的逆向调节力度。在此基础上，要进一步探索和强化有效控制货币总量的体制机制，从关注 CPI 变化的滞后结果和货币需求侧被动调控，更多地转向货币供给侧的结构性主动性调控，特别是严格控制信贷投放的规模。

第十二，如何看待财政赤字货币化与货币政策财政化？在货币转化成国家信用货币，不再是货币投放机构自身的信用和负债之后，中央银行的独立性和货币政策中性的确受到很大冲击或削弱，国家或政府战略目标对包括财政政策与货币政策在内的宏观政策的影响日益增强，因此，财政赤字货币化与货币政策财政化成为全球性日益明显的趋势，强调财政政策与货币政策融合统筹的现代货币理论成为这一现实的理论总结，具有较强的实践基础。但这并不符合保持货币总量与可交易财富价值规模相对应，进而保持货币币值基本稳定的根本宗旨和要求，仍需在国家治理层面做出深刻变革，合理界定财政与货币的边界，保持货币金融与经济社会的健康发展。

以上仅是列举了本书一些主要的新观点、新结论、新探索，还有更多的内容和细节在书中展现，其中很多内容将颠覆人们对信用货币的传统认知。

第一章

货币裂变：从实物货币到信用货币

货币因何产生并不断演变

货币是因社会财富交换交易的需求而产生和发展的，并进而有力地促进交换交易和经济社会的发展。经济越发展，货币越重要，人类社会越来越离不开货币。

当不同的社会主体或群体拥有不同的剩余产品，并由此产生了剩余产品的交换交易之后，人们越来越认识到，交换交易不仅有利于剩余产品的充分利用，而且有利于产权的建立和保护，以及人与自然禀赋的充分发挥、社会资源的有效配置与充分利用，能够由此促进社会分工合作、增进思想交流、共享文明成果、促进技术创新、提高劳动效率、扩大交易范围、增强规模效应，并通过产权保护、平等交换，最大限度地促进社会成员和国家之间增强诚实守信、平等互利、相互融合、和平共处的文化和制度建设，成为推动经济社会发展和人类文明进步的重要力量，推动经济发展和人类交往不断迈向全球化，促进与其配套的交通通信、司法保护等基础设施和相关产业加快发展。

财富的价值不仅取决于创造财富的一般劳动量，而且更多地取决于人们对财富的供需变化。供需变化又会反过来影响投资消费与资源配置：某种财富越是供不应求，其单位价值就会越大，就会吸引更多投资或推动效率提高，扩大财富创造与供给，更好地满足财富需求，促进供需实现基本均衡；某种财富越是供过于求，其单位价值就越会萎缩，甚至一文不值成为废品，就会引导社会减少投资或压缩生产规模甚至完全退出，减少财富创造与供给以及相关资源的浪费。所以，劳动能够创造价值，但并非所有的劳动都能真正创造价值，只有能够创造出具有社会需求的财富或激发出新的社会需求，劳动才能真正创造价值；只有能够满足或创造消费需求的投资，才是合理和有价值的投资；投资是为消费服务的，供给是为需求服务的。没有需求或者供过于求，劳动成果就可能成为废品，就难以真正创造价值，甚至还会损害既有财富的价值，造成财富或资源的浪费，影响经济和社会的发展。而交换交易就是实现供需对接、传导供需信息、检验财富价值的关键接口，本身就是促进财富价值最大化和促进资源有效配置的重要力量与基础设施。交换交易与生产劳动同样重要，是经济运行和发展中非常重要的环节。

传统思想认为只有从事农业、工业等直接的生产劳动才能创造价值，从事交换交易的商业活动并不能创造价值而只能瓜分既有价值。但实践证明，越是交换交易活跃、配套制度健全、市场经济发达、对外充分开放的国家，其经济社会发展活力就越强，发展水平就越会走到世界各国的前列。

在实践过程中，不同财富所有者之间直接的物物交换，由于交易双方的供求信息很难连接和对称，特别是不同物品的价值很难相互对应（缺乏等价交换的基础条件），致使交换交易很难成功。

为促进交换交易的发展，除需要形成固定的交易场所（集市、市场、线上平台等）和交易时间，尽可能解决供需信息不对称问题，并需要有能够维护交易双方合理权益的市场管理、税费标准等市场规则，以确保规则能够得到有效执行，保证市场运行公平高效之外，还需要有各种可交易财富的一般等价物作为价值尺度和交换媒介，尽可能解决不同财富交换的价值不对应问题。由此就催生出“货币”，并从一开始就决定了货币的本质属性与核心功能，即货币是为交换交易服务的，本质属性是“价值尺度”，核心功能是“交换媒介”（成为支付工具而广泛流通），根本保障是最高信用保护，使其成为流通范围内具有最高流通性的“价值通证”或“价值权证”（不同信用保护的货币会优胜劣汰，只有得到最高信用保护的货币才能生存下来）。

作为货币，其本质属性与核心功能是确定的（否则就不再是货币了）、难以被替代的（其他一些所谓的货币功能，如价值储藏、世界货币等，并不是货币的本质功能，最多只能是派生功能），但其表现形态与运行方式却会伴随着交换交易的发展需求以及相关技术的进步支持而不断改进，形成不同的发展阶段，不断提高运行效率、降低运行成本、构筑严密风控，进而更好地推动交换交易加快发展，形成货币与交换相辅相成、相互促进、螺旋上升的发展格局。

货币初始形态：自然实物货币

最初的货币是由在一定社会范围内先最受权威阶层（宗教界或

王室贵族）追崇，继而为社会主体广泛接受的（由此保证其具有最强的流动性，能够充当一般等价物），品质相当稳定（那些有生命、易损耗、会生老病死、价值易于变化的物品不符合货币要求），无须特别加工，便于划分为若干价值档次（便于不同价值可交易财富的等价交换），体积较小易于携带、交接和保管（外表圆滑）的特殊的自然物品，如由特殊的贝壳、骨头、羽毛等充当，其代表的价值主要是其自身具有的被社会广泛认可的价值，因此可以称之为“自然实物货币”。

其中，中国最早广泛流通的货币是特殊的化石类贝壳，因此，“贝”字成为财富的象征。在中国汉字中，与财富相关的字，基本上都带有“贝”作为组成部分或特殊标志。

这里需要特别注意的是：要充分发挥出作为价值尺度与交换媒介的本质属性与核心功能，货币必须得到流通范围内最广泛的社会认可并具有最高水平的流通性（用现代语言讲，货币就是流通性最强的“价值通证”或“价值权证”）。在实际使用过程中，不同的货币实物会因社会主体接受程度不同而优胜劣汰，货币朝着越来越集中统一的方向不断迈进。在不断扩大的流通范围内，不同的货币必然会相互竞争，接受度和流通性不够强的货币，就会被接受度与流通性更强的货币所取代，由此推动货币越来越趋于优化和统一。货币越统一，全社会交换交易的运行效率就会越高、运行成本就会越低。所以，尽管“任何被广泛接受可以用于支付的物品都可能成为货币”，但在不同货币的比较和竞争过程中，货币一定会越来越集中统一，最终由能够得到流通范围内最高级别信用保护、具有最强流通性的物品来充当。最高信用保护成为货币运行和存在的根本保障。

比如，经常有人会说，在监狱里，香烟就可能成为犯人之间使用的货币。这一说法本身没错，但香烟能成为货币，是有严苛条件或适用范围的，即只能是在没有更好的货币选择的监狱里，香烟成为最受犯人们欢迎的物品才行。一旦犯人走出监狱进入自由社会，面对受到国家最高信用保护的主权货币，香烟就只能作为普通商品，根本就不可能再作为货币流通。

由此，货币从一开始就不是单纯的实物，而必须得到其流通范围内最高级别的权威（包括神权、王权等）的认可与支持，能够直接用于向神殿或王室、政府缴纳贡品或税费（这也是广义的交换交易内容），具有特殊的信用保护，能够为最广泛的社会主体所接受。这是其具有最高流通性的根本保障，也是实物货币必须具有的重要特性。

有人因此认为，货币从一开始就是为了处理社会关系，特别是贵族之间以及王室收税等债权债务关系或进行社会财富分配而产生的，首先是一种信用契约和价值记账单位，所以"所有的货币都是信用、货币的本质就是信用"。这有一定道理，货币的确从一开始就具有一定的信用属性，但因此就否定货币最主要是为交换交易服务并伴随交换交易而产生和发展，并认为货币从一开始就与所谓的"内在价值"（充当货币的实物自身的社会价值）并无必然联系，则是以偏概全、脱离实际了。货币的"信用"属性是不断增强的，直到完全脱离实物彻底转化为信用货币之后，才充分体现出其信用的属性，所以，以"货币的本质就是信用"代替"货币的本质属性与核心功能是价值尺度与交换媒介"，则是过于宽泛和抽象，并不恰当和准确（所有的契约、合同、有价单证等，都是信用的产物，但它们并不是货币）。

这里还需要注意的是：货币首先是价值尺度和交换媒介，需要有明确的货币单位并用于支付转让。不能把可以相互转让流通的货币与不能相互转让流通而只是记录交换交易当事人及其收付货币数量的载体（账本）混为一谈。由此，不应把一些地方发现的记录交换交易或货币收付的砖头、瓦片、大石盘等文物也说成是货币。它们并不是货币，而只是一种账本。

无论如何，自然实物货币的出现、流通和不断统一，大大提高了交换交易的成功率，有力地促进了交换交易与经济社会的发展。

随着交换交易和经济社会的发展，人们对货币的需求量随之扩大，对货币价值档次细分和货币运行效率的要求随之提高。但由于自然实物货币天然的稀缺性以及其难以划分细微价值档次的内在不足，难以满足交换交易价值对应与经济社会更快发展的需求，其逐步成为交换交易发展的瓶颈。

货币升级形态：规制化金属铸币

随着一些国家或地区黄金、青铜、白银等金属冶炼技术的出现和进步，这些金属逐步成为一定社会范围内最受权威阶层追崇的贵金属。这些金属的品质更加稳定，产量不断增加，并且能够按照需要分割加工成不同规格（包括不同的品质与重量标准，代表不同价值档次）和式样，更容易满足作为货币的特殊要求，并扩大货币的供应。因此，金币、铜币、银币等金属（合金）铸币开始在不同国家或地区出现并不断加快发展，逐渐取代了原始的自然实物货币。

但缺乏统一标准和最高级别的信用保护，由民间不同主体自主铸造和管理的金属铸币，即使采用的是同一种金属，实际上也会因为标准不统一而实质上属于不同的货币，相互之间又存在鉴定、交换、保管和防范假冒伪劣等问题，难以很好地满足交换交易和经济社会发展的要求，需要更加规范和统一。这就推动金属铸币从非标准化的各种民间（私人）铸币，逐步发展成为由国家制定规范或标准，包括规格、式样、质量（成色）、重量、标识（主要是明确铸币人并由其对货币品质负保证责任）等，甚至直接由国家统一铸造和投放，由此极大地增强了金属铸币的规范性、统一性，并在货币实物自身价值的基础上，更多地增加了货币铸造的国家管控与货币使用的国家保护，增加了国家信用支持，使其流动性更强，成为国家“规制化金属铸币”。

规制化金属铸币的扩大供应和广泛流通，推动货币发展迈上了一个新的台阶，大大促进了交换交易和经济社会的发展。

但随着交换交易频率提高、品种增多、规模扩大、地域延伸，又逐渐暴露和放大了金属铸币自身在原材料供应、自身重量和体积、价值档次细分等方面存在的天然不足，难以满足经济社会发展的更高要求的问题再次显现且不断加重，货币载体和运行方式亟须新的突破和创新。进一步推动货币运行提高效率、降低成本、加强风控，再次成为货币发展需要突破的瓶颈。

货币替代形态：金属本位制纸币

面对金属铸币存在的问题，在长期实践探索中，逐步催生出在保持稳定的交易或往来关系的双方或多方之间，共同签署（签名和按手印）列明交易内容与债权债务关系和金额，并有加密保护的纸质证明，用于日常交易结算，替代金属铸币日常流通和交易逐笔交割，在约定期限进行双方债权债务汇总轧抵后，再对净额进行金属铸币清算的做法。同时也催生出在一地将金属铸币存入办理异地兑付（汇款）的机构，由兑付机构收取一定的费用，出具载明金属铸币或铸币金属数量，保证见票即付的“汇票”（Bill of Exchange 或 Draft）等纸质凭证，据以进行异地兑现金属铸币，减少双方金属铸币异地携带和运送的风险与成本。这一般是由出票方将同一加密凭证（防止假冒）适当分割，其中一部分交给申请人持有，可到约定的异地凭票兑换金属铸币，另一部分则由出票方自己送达约定的兑换机构，需要将两部分配齐核验成功证明真实有效后才能实际兑付票面载明的金属铸币。此后，又发展出由出票人出票签字或加密后，持票人可以直接交给当地或异地其他收款人并到指定机构办理款项托收的支票（Cheque）、旅行支票（Traveler’s Cheque）、承兑汇票（Acceptance Bill）等。

在汇票基础上，又进一步产生出事先印制的、标明票面固定金属铸币数额（设定不同面值，而且用有限的面值档次可以组合出任何金额，在减少印制版面和相关成本的同时，能够满足交换交易中任何金额的货币需求）以及出票人名称，具备加密措施以防假冒，需要与充当货币的金属固定挂钩和足额储备才能兑换投放的，持票人可以直接用于支付流通或向出票人兑换金属铸币的特殊纸质票据，作为金属铸币日常流通的代币（如最早于 1023 年在中国宋朝四川地区出现的“交子”），并逐渐被统称为“纸币”，即“金属本位制纸币”（严格讲，此时的纸币只是一种代币，并不是真正的货币）。

这种与金属铸币固定挂钩又相对独立运行的纸币，大大降低了货币铸造和流通的成本，需要配套形成更加严格的国家货币管理制度予以规范和使用保护（国家增信），严防假冒和任意拒收，使货币作为价值通证或价值权证的特性更加显现。这种纸币可以在国家统一的管理制度下由民间不同的投放机构独立设计、印制和投放，也可以由国家统一的货币投放机构集中设计、印制和投放。

这种需要以金属铸币足额支撑、可以向出票人兑换等值金属铸币的纸币，属于“金属本位制纸币”（另外还配有小部分廉价金属硬币作为辅币），其投放必须受到金属铸币或铸币金属储备的严格限制，不得超发。为保证纸币的频繁使用和支付流通，就需要确保纸币材质能够耐磨损、抗霉变等，需要使用特殊材料和加密技术。（中国率先发明了造纸术，并在四川出现了耐磨损、抗霉变的特殊纸，且四川多铁少铜，但铁与铜比非常廉价，与铜钱等价交换需要携带大量铁钱非常麻烦等，成为纸币 1023 年率先在四川出现的重要条件。）

金属本位制纸币，本质上是投放机构的一种无息负债证明，是一种特殊的可转让流通债券，是建立在货币投放机构信用基础之上的代币：纸币投放机构承诺，纸币持有人可以随时用纸币按照票面约定向投放机构兑换其金属本位。“货币是投放机构的负债或信用”的说法由此产生，而且也主要是在坚持金属本位制下的纸币阶段（货币有锚定物）才能成立。当然，尽管金属本位制纸币直观上是投放机构的负债或信用，但其背后仍离不开国家最高级别的货币监管和信用保护。

纸币的出现和广泛流通，推动货币的表现形态和运行方式出现深刻变化，货币朝着脱离实物的方向迈出了重要的一步（金属本位铸币逐渐转变成纸币的储备物而退出日常流通），成为货币最终彻底脱离具体实物的非常重要的试验和过渡阶段。相应地，货币在管理上要求更加规范统一、更加依靠信用保护，推动其在保证货币质量的前提下，运行效率不断提高、运行成本不断降低、货币供应不断扩大、防伪控制不断增强，为促进交换交易和经济社会发展发挥出越来越大的作用。

实物货币致命缺陷：供应不足

从自然实物货币发展到金属本位制纸币阶段，货币总体上仍属于“实物货币”（金属本位制纸币严格讲只是一种日常流通的“代币”）。

随着交换交易品种增多、规模扩大、地域扩张（甚至出现跨境交易）、频率提升，人们对货币的需求量也越来越大，对货币的标准化要求越来越高。不同的货币（包括不同国家的货币）必然出现相互竞争和优胜劣汰，其背后的决定性因素则是发行国的综合实力与国际影响力的较量。因此不同货币不断趋于集中统一，以确保其具备流通范围内的最高流通性。其中，黄金成为世界上流通范围最广、存续时间最长、影响最为深刻的货币或货币本位（金本位制），各种货币兑黄金的价格至今仍是其币值和相互之间汇率的重要参照因素。

实物货币，尽管其表现形态和运行方式也在不断改进，但却不断暴露出其内在的致命缺陷，即实物货币的供应，高度受制于充当货币的实物原材料的供应，很难与其流通范围内可交易财富价值规模的增减保持同步变化，很容易因充当货币的实物供应过度造成严重的通货膨胀，或者因充当货币的实物供应严重不足而造成严重的通货紧缩，进而严重影响经济社会的稳定与发展。其中，实物货币天然存在“货币短缺魔咒”，即随着生产效率的提升以及交通通信的发展，商品交换交易的范围不断扩大、品种不断增多，可交易财富的数量和价值规模也在快速增长，但充当货币的实物的供应，受到地球储量限制，根本无法跟上可交易财富价值的增长及其对货币供应的需求，而且在货币短缺、货币实物不断升值的情况下，还会刺激社会加大货币实物的储藏，进一步减少货币供应，因而客观存在着货币供应总量的有限性与可交易财富价值增长的无限性之间的难以克服的失衡难题，必然会产生日趋严重的通货紧缩，严重束缚交换交易与经济社会的发展，其危害远超货币供应过量引发的通货膨胀。同时，从可交易财富中选取一种或几种实物作为货币或货币价值锚定物，必然会造成货币总量与可交易财富价值规模无法对应的情况，本身就难以维持货币币值的稳定。

以人们最熟悉也最有世界影响力的“金本位制”货币体系为例，其存在的问题至少包括以下几个。

第一，金本位制会造成黄金极大的资源浪费。金本位制需要将社会生产的黄金大量集中起来，运送到货币投放机构进行收储保管并据以投放纸币，这不仅会大量挤占黄金的社会使用，造成黄金的大量闲置，而且需要很高的运输和保管成本。

第二，金本位制使货币政策调控难以发挥作用。金本位制使货币供给高度受制于黄金的供应，无法与全社会可交易财富价值的变化相适应，又难以通过货币政策加以调控，货币供应不足会严重束缚交换交易和经济社会的发展。在金本位制下，当经济表现强劲、货币需求扩大时，货币供给如果明显超出黄金储备，就会导致利率下跌；在经济不景气、货币需求萎缩时，货币供应大量收缩又会推高利率。这与今天同样情况下货币政策利率调控的做法刚好相反，使货币政策调控难以发挥作用。相较于摆脱金本位制后的信用货币体系，在金本位制下，经济产出和通胀水平的波动性不是更小，而是要大得多。金本位制货币体系对经济社会发展的束缚要严重得多！

第三，货币投放机构会因无法信守货币兑换黄金的承诺而遭受冲击并使货币体系难以维持。一旦货币投放机构为满足社会货币需求而突破黄金储备大量投放货币（以借出方式），就会破坏金本位货币的公信力。一旦人们对货币投放机构履行纸币兑换黄金的承诺失去信心，就可能引发人们对货币投放机构的黄金挤兑，就会对货币投放机构乃至货币体系产生毁灭性冲击。这在英国、美国等很多推行金本位制的国家都曾发生过。

1931 年，由于人们意识到英格兰银行投放的英镑远远超过其黄金储备，人们失去了对英镑的信任。于是，就像银行存款被挤兑那样，人们纷纷带着英镑来到英格兰银行，竞相兑换成黄金。因为没有足够的黄金储备支持其已经投放的全部货币，英格兰银行的黄金储备很快就被兑换告罄，迫使英国宣布放弃金本位制。与此同时，美联储也担心美元会受到同样冲击，在经济大幅衰退的情况下，为增强美元吸引力，防止美元挤兑和资本外流，美国被迫逆经济大势提高利率而非降低利率，这又进一步推动其他金本位制国家跟随加息，成为世界经济大萧条的重要推手。到1933年，美国罗斯福总统宣布废除金本位制，相应实施较为宽松的货币政策，美国经济随后出现了明显的复苏。

实际上，金本位制货币体系最后都必将引发金融恐慌和经济萧条，金本位制并不像人们想象中的那样能够防止货币超发和更能稳定货币币值、稳定货币金融系统。更重要的是，实物货币供应不足必然引发日趋严重的通货紧缩问题，并严重约束或阻碍经济社会发展。其一直都是货币管理最大的挑战，也是推动货币不断改进的根源和动力。

所以，即使发展到金属本位制纸币阶段，如何在保证货币质量的基础上跟随可交易财富价值的增长而相应扩大货币供应，有效避免严重的通货紧缩，依然是货币发展必须突破的重大禁锢与首要难题。

货币成熟形态：纯粹信用货币

在金属本位制纸币广泛流通，纸币的供应和流通逐渐替代金属货币的过程中，人们逐渐发现，货币作为价值尺度和交换媒介，其实并不需要完全建立在某种或几种特殊实物本身的价值基础上，而可以更多地建立在对货币发行机构和货币币值稳定的信任基础之上。只要具备令人广泛接受的信用，能够保证纸币持有人与金属本位的兑换需求（只要人们对纸币投放机构充分信任，一般情况下真正进行金属本位兑换的并不多），纸币其实可以超出其金属本位的储备适当多发（没有储备物的对应，就需要更多地以信贷方式投放出去），以保证货币的供应能够跟上财富价值规模增长带来的货币需求，避免严重的通货紧缩。这样反而更有利于保持货币币值和运行体系的稳定，更有利于促进经济增长和社会发展。

货币投放机构在以信贷方式投放货币的情况下，可以获取更多的利息收入，使其具有动力推动货币（纸币）总量超出其金属本位储备规模而不断扩张。货币的充分供应，又推动货物充分交易与货币流动不断加快，推动货币借贷利率保持较低水平，推动社会融资与投资规模的扩大，推动商品交易与经济社会加快发展、不断繁荣。

但现实社会中，货物（可交易财富）与货币的流动并不是完全对应的，货币流动越来越脱离货物流动独立进行，货币流动速度相比货物更快。在纸币发行量大大超过金属储备物情况下，一旦出现重大自然灾害或爆发战争等特殊情况造成重要物资严重短缺，或者出现其他外来货币对现有货币形成重大冲击等，就可能引发重要物资的社会抢购与大幅涨价，造成货币大幅贬值的恐慌甚至引发货币信任危机，就可能使得货币投放机构的信贷资产大量形成坏账损失难以收回，进而可能引发货币大规模兑换挤提与经济社会剧烈动荡。超出储备物价值的货币总量规模越大，货币流动速度越快，这种状况可能造成的危害也就越强烈、越突出。

在金属本位制下，由于纸币投放机构承诺纸币可以按既定标准兑换其挂钩的货币金属，纸币实际上是投放机构的负债。一旦社会对这种纸币及其投放机构失去信任，就会转化为对货币投放机构的挤兑（用纸币兑换金属本位），就容易冲垮货币投放机构。而一旦货币投放机构的兑换能力出现危机，就会使全社会对其投放的纸币产生恐慌，进而造成严重的货币抛售与货物抢购，引发物价疯涨和经济社会更大的危机，而货币投放机构的流动性和信用风险具有很强的外溢性，对经济社会有很大的冲击力。

所以，金属本位制纸币的出现和流通，既推动货币供应能够一定程度上突破金属本位的束缚实现货币总量的扩张（更好地满足社会货币需求）、运行效率的提高和运行成本的降低，也因其内在的机制缺陷而增大了货币危机的隐患与破坏力。其中，货币投放机构对纸币兑换金属本位的承诺，越来越成为束缚货币扩张、引发货币危机的根源，成为货币进一步发展必须摆脱的新的禁锢与难题。

需要看到的是，货币投放机构投放出来的货币，并非完全处于使用和流通状态，很多会沉淀在持有者手中，真正处于流通状态的比重不一定很高。但当人们急于将所持货币换成实物时，直观看就是社会闲置货币被集中用于购买货物，在需求大幅增长但货物没有相应增长的情况下，供需关系变化就会推动物价大幅上涨，引发商品流通领域的恶性通货膨胀，但其背后的原因则是人们对货币失去信心，急于抛售货币（减少货币持有），造成社会层面货币需求严重萎缩，带来全社会急性通货紧缩。此时，如果不能扩大商品供给并有效遏制（打击）恶性投机炒作，而只是采用抑制通货膨胀的一般方法进一步提高利率水平，抑制货币需求，结果只能是进一步恶化。这在美国 20 世纪“大萧条”爆发前后、2008 年金融危机爆发后的实践中都得到充分体现，是宏观政策必须汲取的重要经验教训。

实际上，随着经济社会发展，货币越来越重要，其作为价值尺度与交换媒介的核心功能越来越突出。货币本身并非必须拥有值得信赖的物理价值（说“货币天然就是金银”其实并不准确，这只能是金属货币阶段的特殊情况），而是需要得到流通范围内最高级别的信用（国家主权与法律等）对其与以其进行交换的财富双方都加以保护。保持货币总量与其流通范围内可交易财富的价值规模相对应，使货币供应和货币总量具有可调性、灵活性，才能维持货币币值的基本稳定，保证货币作为交换媒介、价值通证或价值权证的充分行使与流通。

由此可以发现：要维持货币币值的基本稳定，理论上就需要使一国货币总量与该国主权范围内法律可以保护的可交易财富的价值总额相对应，使货币总量能够随同可交易财富价值总额的变化而变化，具有可调性、灵活性。其中，不需通过货币交易的财富（比如计划经济时代无偿调拨的物资、社会上无偿捐献赠送的物品等），其价值的变化不需要货币衡量和支持，不会影响货币总量。这也是为什么在计划经济时代中国的货币供应量（M2）远远低于当年新增国内产值（GDP），但在计划经济转向市场经济后，M2 很快超过甚至远远大于 GDP，甚至中国 GDP 低于美国但 M2 却大大超过美国的重要原因。同时，已经通过货币交易获得的财富，在其进行新的货币交易或抵押融资前，不会影响货币总量，即社会财富交换价值是指实际通过货币计价结算实现的价值，属于“历史成本法”而非“现价（市价）估值法”。比如，美联储在 1 盎司黄金低于或等于 35 美元时购入了 8 000 多吨黄金，由此投放的美元远远低于 1 盎司黄金超过 1 800 美元乃至 2 000 美元时这些黄金的市场重估价值，这也是美联储在 2008 年金融危机爆发前资产负债规模一直不足 1 万亿美元的一个重要原因。

这样，原来充当货币的黄金、白银等实物，由于客观存在着其存储量、供应量的有限性与财富交换价值增长的无限性的矛盾，难以随同财富交换价值的变化而变化，就必须退出货币舞台，回归其作为可交易财富的本原，其自身价值也需要以新的货币加以标示（表现为价格）。货币则需要从所有的社会财富中彻底脱离出来，成为纯粹的价值尺度与交换媒介，不再承诺与任何一种或几种特殊物品（如黄金、石油等）的价值固定挂钩（锚定），而是要努力保证货币总量与可交易财富的价值总额相对应，凸显出其价值尺度和交换媒介的本质属性。

由此，世界各国的货币先后从实物货币彻底转化为信用货币。金属本位制纸币则成为货币从实物货币转化为信用货币的重要转换期或过渡阶段，金属（或实物）本位制货币体系虽然曾经发挥了重要作用，但却因为客观存在严重缺陷而不可能长期存在。

信用货币更需最高信用保护

货币彻底脱离具有内在价值的实物而成为纯粹信用货币后，之所以还能为人们所接受，是因为这种货币能够得到其流通范围内最高级别的信用保护。在国家主权独立的情况下，货币也就具有国家属性，国家主权和法律成为其最高级别的信用保护。因此，一国货币就成为以国家主权范围内法律可以保护的可交易财富价值作为整体支撑，由国家主权和法律对其作为计价单位与支付手段进行保护的国家信用货币，也叫作国家主权货币或法定货币。

这里需要特别明确的是：国家信用货币是以国家所有可交易财富的价值作为总体支撑的，即货币总量对应财富价值总额，所以，信用货币的“信用”，是国家整体信用，而不再是投放机构（如央行）自身的信用或负债（现在还说“货币是央行的信用或负债”是不准确的，即使是央行投放的现金，也不再是央行的信用或负债）。信用货币体系下，央行只能是受国家委托（特别授权），承担货币现金管理职责并进行货币币值监测与货币总量调控（货币政策制定与实施）的特设机构，而不可能脱离国家的管理成为完全独立的商业实体，央行的独立性必然受到很大约束或被弱化；信用货币也不是以国家财政收入或政府担保支撑的（这只能支撑政府负债，而不能支撑货币总量），将货币说成是政府信用或负债，是以税收作为支撑的，更不恰当。国家财政与中央银行必须分立而不能合二为一：中央银行专司货币监管和总量调控（货币政策制定与实施）职责，不能直接坐支其印制的货币或者直接给自己投放贷款用于开支，也不能无偿地向社会分发货币；国家财政专职负责国家公共收支管理，对社会财富进行必要的重新分配。国家需要无偿地对企业、单位或家庭、个人发放补贴、津贴、消费券、红包等，只能由财政出面进行，而不能由央行实施。由此使财政收支与亏空和负债等能够完整展示并得到社会监督，防止财政与央行（货币）高度融合造成政府过度负债和货币严重超发。

准确把握上述几点，对准确理解和把握信用货币至关重要。

在国家主权独立情况下，没有国家主权和法律这样全社会最高层级的信用对货币和财富的双向保护，货币总量与财富价值总额的对应就难以保证（一种货币如果没有得到最高权威充分保护的财富相对应，货币投放就缺乏基本依据，其币值就难以稳定，就难以维持其作为货币的信用和生命力），货币作为价值权证就难以充分行使和广泛流通。

所以，在国家主权独立的情况下，设想脱离国家主权，推动“货币的非国家化”（如诺贝尔经济学奖获得者哈耶克晚年所力推的）、去中心化、超主权化等，都是难以成功的。没有国家主权和法律对货币与财富最高级别的充分保护，仅仅把货币看作“人们共同接受的作为未来效用索取权的符号”，完全依靠“货币持有者对该符号具有的未来索取权的信任”，完全建立在依靠加密算法和分布式技术（以公链建立全球公共账本）提供信用保护等，实际上是不够保险和稳定的。特别是没有国家作为法定货币的严格保护，而允许多种货币同时并存，货币总量就更难控制，更难与可交易财富价值总额相对应。标榜货币总量和阶段性新增量完全由系统锁定，难以人为调整的比特币、以太币等“加密货币”，单个看，其总量和阶段性新增量很难突破，似乎能够杜绝货币超发，但如果没有国家对加密货币的保护与监管，社会上就可能出现无数类似的加密货币，其总量根本无法控制，完全可能使全社会货币总量远远超过可交易财富的价值规模而彻底失控（实际上，即使一国同时存在两种以上法定货币，都会给货币管理带来远比单一法定货币大得多的麻烦，所以，一国法定货币应该尽可能保持单一）。缺乏国家充分保护和严密监管，人们对这些“加密货币”的认知完全可能被误导，大量的“山寨币”可能泛滥，人们完全可能被欺骗，在交易平台上的相关财产完全可能被盗取。在面对国家主权货币竞争时，这些缺乏足够信用保护的所谓“加密货币”也完全可能被彻底取代或只能作为一种在特定网络平台（社区）范围内使用的必要补充，成为一种新型的“加密代币”，而不可能颠覆或取代国家主权货币。

需要特别指出的是，欧元尽管成为欧元区成员国的法定货币，但它不是与其成员国主权货币结构性挂钩形成并与挂钩货币同时并存，而是完全替代其成员国原有的主权货币（欧元正式推出后，其成员国原有的主权货币全部退出），由此，欧元实际上属于一种“区域主权货币”而非超主权货币。同理，只有在世界实现一体化治理的情况下，才可能出现超越各个国家主权的世界货币，但这仍将是主权货币，是“全球（世界）主权货币”而非超主权世界货币，将完全取代各个国家的主权货币，并得到全球范围内最高级别的信用保护。那种与多个国家主权货币结构性挂钩形成超主权世界货币并与其挂钩货币同时并存的设想，是难以成功实现的。

重回实物本位制难以成功

实物货币在世界货币史上保持了数千年时间，特别是黄金成为全世界流通范围最广泛、存续时间最长久的金属货币或成为货币本位（金本位），因此，人们对黄金作为货币有着根深蒂固的情结。连马克思都曾经指出：“货币天然不是金银，但金银天然就是货币。”在因黄金供应跟不上社会的货币需求，进而造成严重的通货紧缩，或者造成纸币超发引发严重的通货膨胀后，人们往往不自觉地总想去完善和维持金本位制，而并没有充分认识到金本位制本身存在严重的内在缺陷，必须予以扬弃，实现新的突破，创造新的体系。

比如，第一次世界大战爆发后，对原来坚持金本位制上百年的英镑造成严重冲击，巨大的战争开支迫使英国不得不放弃金本位制，英镑因而超出黄金储备大量超发并大幅贬值，造成严重的通货膨胀和经济社会动荡。战后，围绕是否恢复或如何恢复金本位制，英国爆发了激烈争论。最后，受到金本位制的传统思想影响，并为了找回英镑昔日的荣光和信誉，英国于 1925 年宣布恢复战前英镑对黄金的挂钩标准。但由于黄金供应严重不足，进而造成英镑供应严重短缺，反而给英国经济发展带来越来越严重的束缚。到 1928 年美国股市大涨，大量从欧洲抽吸资本，更加重了欧洲各国货币特别是英镑的紧缺，带来更加严重的后果。到 1929 年 10 月美国股市崩盘引发全球性金融大危机和经济大萧条之后，包括英国在内的主要经济体亟须更大的货币支持，这使得金本位制根本难以维持，在穷尽各种办法后，1931 年 9 月 20 日（星期天），英国最终无奈宣布再次退出金本位制，并开始探索新的货币体系。

更具国际影响力的，还是布雷顿森林体系的建立与废除。它充分证明恢复与保持金本位制无论如何都是不可能长久的。

“二战”爆发后，美联储聚集了全世界 70% 以上的官方黄金储备并坚持金本位制，而美国之外的主要经济体则全都放弃了金属本位制。世界主要国家货币之间的汇率剧烈波动，原有的以英镑为核心的国际货币体系陷入混乱或瘫痪，严重阻碍了国际经贸往来的进行，迫使国际社会不得不思考如何重建和维护国际货币体系。在美国和英国分别进行了长时间研究（自 1941 年开始）后，于“二战”尚未结束的 1944 年 7 月，在远离战火的美国新罕布什尔州的布雷顿森林度假酒店，44 个主要国家参加了国际货币体系专题会议，淘汰了英国著名学者凯恩斯提出的建立超主权货币（bancor）的设想，接受了美国财长哈里・怀特的方案并最终签署协议。会议确定了美元与黄金挂钩（1 盎司黄金对应 35 美元，其他国家持有的美元储备可以按此比率向美联储兑换黄金），其他货币与美元挂钩并保持基本固定的汇率水平（对美元汇率上下波动不得超过 1%）。同时成立国际货币基金组织（IMF）负责对主要国家货币汇率变化进行监测和调节，由此形成了以美元为中心货币的新的国际货币体系——布雷顿森林体系。这使国际货币体系本质上恢复或延续了传统的金本位制（也被叫作金兑换本位制），既有美国强大实力的支持，也比较容易被国际社会所接受并快速运转起来，有力地支持了国际经贸往来的恢复与发展。

但这实际上是在当时国际局势下的一种无奈的应急选择，本质上是货币发展史上的倒退（复辟）而非进步，由此引发了难以解决的悖论或难题：由于黄金的供应根本无法跟上全球可交易财富的快速增长，美元对黄金固定挂钩的承诺，要么造成美元供应严重不足，并因此严重阻碍全球经济和社会发展；要么就会造成美元供应大大超出美国实际的黄金储备，很容易引发国际社会用美元兑美国黄金的挤提，进而冲击美元与国际货币体系的稳定，根本不可持续。对美国而言，美元要成为他国日益增大的储备货币，就需要美国保持贸易与投资乃至国家对外援助不断扩大的逆差，形成美元对外输出的通道。但这又可能相应减少美国的黄金储备，并可能威胁到美国国内货币供应量的充足，迫使其超出黄金储备扩大美元投放，这就给美元汇率形成下跌压力并将影响到美元的信誉，进而影响到美元及整个国际货币体系的稳定。

到 20 世纪 60 年代末期，随着美国在“二战”后大量对外援助并由前期世界最大的贸易顺差国转变为越来越大的贸易逆差国，美元超出黄金储备发行的数量越来越大，美元的信誉随之受到冲击。美国遭到法国等越来越多的国家以美元兑黄金的挤提，严重威胁到美国货币金融体系的稳定。所以，到 1971 年 8 月 15 日，美国被迫单方面宣布终止美元与黄金挂钩的国际承诺。布雷顿森林体系随后瓦解，世界各国的货币随之彻底转换成为国家信用货币，浮动汇率取代固定汇率成为主流，由此成为世界货币发展史上最重要的转折点。1976 年牙买加协议确立了以脱离黄金的美元作为中心货币的国际货币体系，有人称之为“布雷顿森林体系 2.0”。

布雷顿森林体系在不到 30 年的时间内就走向了崩溃，并不是偶然的，而是必然的。其根本原因就是，其恢复的金本位制必然使货币的供应无法与可交易财富价值的增长相适应，必然走向灭亡。这也充分体现出货币从实物货币转化成为信用货币的方向性、必然性、规律性，逆潮流而行是不可能长久的。

所以，尽管信用货币在实践中因种种原因又出现了充满挑战的新问题，但再想回归金属实物货币，或者固定地“锚定”任何一种或一组特殊实物，或者采用新的技术提前设定货币总量与阶段性新增量来严格控制货币投放，没有因可交易财富价值规模的变化而相应调节的余地，都是违反货币发展方向、逻辑和规律的，必将引发严重的通货紧缩，其对经济社会发展的负面影响远比目前信用货币存在的问题更大。货币体系只能彻底摆脱与任何一种或几种特定实物锚定的束缚，使货币成为真正的价值尺度和交换媒介，并采取相应措施保证货币总量与可交易财富交换价值总额相对应，努力维护币值稳定，才是唯一正确的发展方向。在这一点上，必须有清醒的认识，必须得到理论上的清晰界定。

信用货币仍在演变改进

为了更好地满足经济社会发展的需要，货币需要不断提高运行效率、降低运行成本、加强风险防范，维护货币和金融体系稳定，其表现形态和支付运行方式也会不断改进。即使进入信用货币阶段，随着信息技术等的发展，货币的演变仍在进行。从有形的“现金货币”（纸币及小额硬币）以及收付款双方直接的现金收付清算，发展到把货币大量存放在银行转化为存款，甚至银行通过信贷投放直接将货币记入借款人存款账户（而无须大量印制现金），进而通过存单、存折等纸质存款凭据记录货币数额的方式进行保存，并可通过银行办理现金与存款的转换（存取）以及直接的转账支付（按照付款人指令或约定，将需要支付的货币从付款人存款账户转到收款人存款账户），由此推动货币越来越多地表现为“存款货币”。货币总量也由流通中的现金总量转变为“流通中的现金”及“银行吸收的社会存款”二者的总量（简言之：货币总量 = 现金 + 存款）。电子通信的发展，又推动银行存款的纸质凭据越来越多地转化为银行卡、手机二维码等电子载体，并以数字方式记录货币数额。通过银行办理的转账支付也从主要由银行人工操作，转变为更多地由系统连线实现交易信息及账户密码终端输入、电子传送和电脑自动验证与处理。货币进一步转换成为“电子货币”运行方式。随着互联网、大数据、区块链、人工智能等技术的发展，货币进一步取消专用网络与专门载体，更加数字化、智能化运行的加密“数字货币”出现，货币的表现形态与运行方式仍在不断改进。

流通速度对货币总量影响大大减弱

流通速度影响货币总量论断需反思

长期以来，货币理论中一直存在一个似乎不容置疑的基本结论，即货币流通（周转）速度对货币总量起着杠杆调节的重要作用，交换同样价值的社会财富，货币流通速度不同，所需要的货币总量就会出现成倍的重大不同。

例如，三个人 A、B、C 分别通过出让商品或劳务各自获得了100 元的货币，但他们收到的货币一直被其作为现金收藏着或者存放到银行作为存款而不再使用，那么，这 3 个人共 300 元的货币就停止流通处于闲置沉淀状态，总共仅对应着 300 元的财富价值。然而，如果 A 用 100 元向 B 购买了所需要的东西，B 又用获得的这 100 元向 C 购买了所需要的东西，C 又用这 100 元向 D 购买了所需要的东西……直观看，这 100 元的货币只要快速周转使用，就可以对应几倍甚至更多倍的财富价值，即货币存在周转速度产生的“乘数效应”。货币周转速度越高，同等规模的财富价值交换需要的货币总量就会越小，或者同等的货币总量就可以支持更多的财富价值交换。相反，如果货币周转速度很低，大量货币退出支付流通处于沉淀状态，同等规模的财富价值交换就会需要更大的货币总量才能支持，或者同等数量的货币就只能支持更小规模的财富交换。由此，就形成了著名的货币数量理论：$MV=PT$（M 为货币供应量，V 即货币流通速度，P 为物价水平，T 为社会交易量）。

上述结论，对没有货币信贷投放的实物货币而言是显而易见、确定无疑的。即使是在金属本位制纸币条件下，当货币仅指流通中的现金时，这个结论也同样成立。但在信用货币体系下，货币的投放方式和表现形态发生了重大变化。货币更多地依靠投放机构的信贷投放，而且不再只是流通中的现金，还包括规模越来越大的社会存款，这二者共同构成货币总量。这都越出了货币数量论的原有假设。这种情况下，所谓“货币流通速度对货币总量具有重大影响”的论断，就需要重新加以审视。

前面描述的例子，其实都是脱离实际的极端案例。现实生活中，货币与财富都是在不断周转或转换的，但交换交易的参与者并不一定会形成上下游的连带关系。即使存在上下游产业链或供应链经济往来关系，也不一定存在相互拖欠、必须等收到下游的货币才能支付上游货币的资金往来关系。更多的情况是，上游供应商需要先有钱用于加工产品，然后才能对下游销售并收回货币。前面所说的 ABC 之间的货币支付关系并不一定成立，对此还需要进一步深入分析。

首先，A 的 100 元货币从何而来，是自有的，还是借来的？如果是自有的，或者是从其他社会主体那儿借来或预收来的（出借或预付货币的一方就会减少货币），并不会增加新的货币，货币总量不受影响；如果是从货币投放机构以信贷方式获得（借入）的，则会增加社会货币投放、扩大货币总量规模。同时，A 购买的东西是用来干什么的？如果是自己消耗（如吃掉、用掉）或占用，则其购买的财富载体就可能灭失，其价值会全部或逐步转移到 A 自身的生存和功能开发与增强上，形成对劳动力的投入成本，并通过劳动收入转移出去；如果是用于新的产品生产，其购买东西的价值就会转移到新的产品上去，并通过新的产品出售而收回新的货币（可能多于或少于 100 元，产生盈余或亏损，从而增加或减少自有货币）。

其次，B 出让的东西是如何形成的？如果是通过货币购买原材料、支付劳动报酬等形成的，B 需要首先拥有货币。如果其货币是自有的或从其他社会主体那儿借来的，则不会增加新的货币；如果是从货币投放机构以信贷方式获得的，则会增加货币总量。同时，B 买入新的东西又是用来干什么的？结果同 A。

以此类推，从全社会整体而言，其动态运行的结果基本上就是：在信用货币体系下，凡是通过交换交易实现的财富价值，都会有货币（包括自有货币与借入货币）与之对应。当然，这里关键的影响因素是货币更多地依赖信贷投放，而且货币指的是广义货币，即流通中的现金加银行吸收的社会存款，而非仅指流通中的现金。同时，这里需要严格区分货币与财富在一定时期内的交易流量（时期累计数）与特定时点的保有存量（时点数），不能将二者混同。一个价值 100 元的商品，可能在一定时期内交易多次，其累计的交易额可能达到数百元甚至更多，但从时点数看，它仍旧只有 100 元的价值，也只需 100 元的货币与之对应。

从广义货币角度看，尽管货币周转速度提高，可以支撑更大的财富交易规模，反映出经济活跃度增强、货币使用效率提高，但财富交易规模属于一定时期交易发生额累计数（时期数）的概念，而不是财富交换价值存量（时点数）的概念。从时点数字看，货币总量与财富价值总额仍是基本对应的，所谓货币流通速度高低对货币总量变化的影响已经大大减弱（这也应该是货币数量理论通常假定货币流通速度不变的一个重要原因，只是没有讲清楚或搞清楚），货币信贷投放才是货币总量最重要的影响因素（能够保证货币充分供应）。

这一结论可能超出很多人的观念，对此需要仔细研判准确把握。

传统“货币乘数”概念已失去意义

传统理论在讲到货币流通（周转）速度时，通常是用“货币乘数”来表示的，货币乘数则是广义货币总量相对于基础货币的倍数。传统理论中“基础货币”也被称作“储备货币”，是指央行“发行货币”（主要指央行投放的现金）以及存款性机构和支付机构等在央行的存款（包括法定准备金存款、一般备付金存款、客户保证金托管存款等）的合计数。这里，储备货币实际上是央行的负债，既不是严格意义上由央行投放出来的基础货币（其中包括央行对商业银行等融出的资金），也不是社会主体自有货币的概念。按照这一口径，1999 年以来中国的“货币乘数”储蓄大幅提升（见表 1.1）。

其中，货币乘数 1999 年末为 3.50，2019 年末为 6.13，2022 年 11 月末为 7.91（相当于 1999 年末的 2.26 倍）。2022 年末因为临近春节，央行扩大现金和流动性投放，推动储备货币扩张，致使货币乘数下降为 7.39，仍是 1999 年末的 2.1 倍。这看似货币周转速度在持续大幅

表 1.1 1999 年以来人民币货币乘数

货币量单位：万亿元

项目	1999 年	2000 年	2001 年	2002 年	2003 年	2004 年	2005 年	2006 年	2007 年	2008 年	2009 年	2010 年
货币总量	11.76	13.25	15.29	18.32	21.92	25.32	29.87	34.56	40.34	47.52	61.02	72.58
储备货币	3.36	3.65	3.98	4.51	5.28	5.89	6.43	7.78	10.15	12.92	14.39	18.53
货币乘数	3.50	3.63	3.84	4.06	4.15	4.30	4.64	4.44	3.97	3.68	4.24	3.92
项目	2011 年	2012 年	2013 年	2014 年	2015 年	2016 年	2017 年	2018 年	2019 年	2020 年	2021 年	2022 年
货币总量	85.16	97.41	110.65	122.84	139.23	155.01	169.02	182.67	198.65	218.68	238.29	266.43
储备货币	22.46	25.23	27.10	29.41	27.64	30.90	32.19	33.09	32.42	33.04	32.95	36.09
货币乘数	3.79	3.86	4.08	4.18	5.04	5.02	5.25	5.52	6.13	6.12	7.23	7.39

注：2023 年 3 月末，货币总量 281.46 万亿元，储备货币 36.41 万亿元，货币乘数为 7.73。2013 年 6 月末，货币总量 287.3 万亿元，储备货币 36.52 万亿元，货币乘数为 7.87。

提高，实际上却是银行信贷派生货币大幅扩张（增速超过社会主体自有货币增速），社会负债率和借入货币占比大幅提升的结果，并不能真正反映央行投放的基础货币或社会主体自有货币的周转速度，更不能反映流通中的现金的周转速度（基础货币或自有货币的周转速度实际上不升反降，现金实际支付使用的频率和规模更是大幅下降）。

必须看到的是，货币总量只是时点数据，并不是流量（时期）数据。用货币总量除以储备货币计算的"货币乘数"，原本就不能准确反映出货币周转速度。因为包括央行购买货币储备物、银行扩大信贷投放以及财政扩大开支或税费减免与返还等，都会增加全社会的货币总量，而这些货币增量不可能同比例转化为储备货币。这样，即使这些货币不使用、不流通，也会扩大"货币乘数"，由此就认为货币周转速度加快，其实严重偏离实际，甚至与实际情况完全相反。这在其他国家同样如此，往往在"货币乘数"不断提高的情况下，经济增速和通货膨胀率却在下降，恰恰反映的是货币周转速度减慢，货币政策有效性降低。

所以，如何准确把握货币周转速度与货币总量变化的关系，如何准确计算货币周转速度，如何区分一定时期财富交换交易的价值流量（累计数）与特定时点财富的价值存量（时点数）及其与货币总量的关系，仍需仔细琢磨和准确把握。

实际上，真正对货币总量有重大影响的，除可交易财富价值变化外，最重要的不是货币周转或流通速度，而是社会融资结构的差异。

由此，长期以来一直被人们广泛接受的流通速度是货币总量重要影响因素的结论在信用货币体系下实际上并不成立。久居盛名、具有重要国际影响力的货币理论——"货币数量论"（$MV=PT$）在实物货币阶段是成立的，但在信用货币体系下亟须重新反思。

融资结构：货币总量的重要影响因素

当社会主体需要进行新的投资或消费，但自有货币不足，需要增加新的货币时，就需要对外进行融资，包括股权融资、债权融资、股债可转换或结构性融资等不同类型的各种具体的操作方式。

从是否涉及货币投放机构以及是否影响全社会货币总量的角度，社会融资又分为直接融资和间接融资两大类。

直接融资与间接融资

直接融资是指融资主体可以向货币投放机构之外的其他社会主体直接进行融资，包括直接借款、发行股票、发行债券、发行票据等方式。这种情况下，在融入方增加货币的同时，融出方就会等额减少货币，全社会货币总量不变，这种融资方式被叫作“直接融资”。

间接融资是指融资主体向货币投放机构以各种信贷方式融入货币。这种情况下并不会减少全社会原有的货币总量，而是会增加新的货币投放（信贷投放）并扩大货币总量。由于货币投放机构需要在保持充足流动性（保支付）的基础上才能扩大信贷投放，直观看，似乎是货币投放机构需要先吸收到足够的存款（即向存款人融入资金），然后才能进行信贷投放（对借款人融出资金），信贷投放机构似乎成为全社会投融资的一种中介机构，所以，这一融资方式也被叫作“间接融资”。

直接融资与间接融资在是否增加货币投放、扩大货币总量上存在根本不同。出现这种差异的原因是：

直接融资方式属于社会既有货币的转移，是对既有社会货币的重新分配，可以激活存量货币，提高既有货币的使用效率，所以，不会增加货币总量。

间接融资方式则属于对借款人已经拥有或在约定期限内将会拥有，但没有货币对应的社会财富提供新的货币投放，会增加货币总量，能够保证货币充分供应。相对而言，不利于提高存量货币的使用效率。

合理把握融资结构

从提高货币利用效率、激发全社会投融资活力角度，应该积极发展直接融资。但直接融资的发展并不是无条件的，风险更多地由出资者承担。没有国家严格的产权债权保护以及足够的监督管理，仅靠民间自己进行直接投融资，往往因信息不对称、不充分、不真实等问题，直接融资难以充分发展，或者容易形成全社会的相互拖欠，扩大社会债务传播风险等。所以，直接融资的发展，需要非常严格有效的法治与监管环境，并要积极发展相关的规范化投融资产品发售与交易市场，如股票市场、债券市场、期货及衍生品市场等，严格市场规则、加强市场监管、保证公平公正、提高运行效率、降低运行成本、控制市场风险，增强投资产品的流动性，充分保护投资者的合法权益。超越现实条件盲目发展直接融资也是很危险的。正因如此，不同国家直接融资发展水平以及全社会投融资结构存在很大差异，直接融资很难完全取代间接融资，而是需要与间接融资相互补充。

需要指出的是，直接融资与间接融资，不是单纯以融资产品划分的，不能简单地将股票融资、债券融资、票据融资等全部视为直接融资。货币投放机构购买股票、债券及其他权益类金融产品提供的融资，都属于间接融资而不是直接融资。同样，社会主体通过银行办理的严格意义上的委托贷款、信托贷款，仍属于直接融资，而不是间接融资。同时，由于间接融资会增加货币投放与货币总量，所以必须严格控制银行进行股权（资本）或权益证券化金融产品的投资或这类权益的抵押贷款，避免因此引发严重的货币重复投放和超发。

在任何国家，直接融资与间接融资都不是绝对分离、非此即彼的，而是同时存在、相辅相成，形成一定的社会融资结构。但由于传统文化、社会制度、市场监管等方面存在不同，世界各国的融资结构（直接融资与间接融资占比）也存在很大差异，由此也会造成同样财富价值对应的货币总量确实会出现明显不同的结果。这也成为以间接融资为主的中国，其货币总量与GDP之比远高于以直接融资为主的美国、欧洲等主要经济体的一个重要原因。例如，2019年中国GDP不足美国的67%，但中国货币总量M2却超过美国与日本或美国与欧元区的货币总量M2之和。不过，美国、欧洲等主要经济体在2020年遭受严重的疫情冲击后，纷纷推出大幅降息和量化宽松货币政策，实施大规模经济刺激和社会救助计划，间接融资规模快速扩张，货币总量与GDP之比快速升高，与中国的差距大大缩小。

当然，中国货币总量与GDP之比远高于美国、欧洲等主要经济体的原因非常复杂，其中不仅包括M2的口径和社会融资结构的不同，还包括社会保障程度不同而带来的社会储蓄程度不同、房地产等生产要素的原始成本或分摊成本不同、同样的东西交换的价格不同、新产品附加值程度不同、资源浪费程度不同等。

需要强调的是，虽然融资结构不同的国家存在着货币总量对应的财富价值规模明显不同的结果，但并不影响每个国家仍然存在着货币总量与可交易财富价值规模相对应的基本结论。不同国家货币总量对应的财富价值不同，会反映到不同国家的货币币值与货币汇率上。各国货币并不都是等值的，而是存在货币币值差异的；各国货币的汇率也不是固定不变的，而是会随同其货币币值的变化（包括未来预期变化）出现浮动或变化。

关于信用货币的重要基本结论

货币从自然实物货币转化成规制化的金属货币，再转换成金属本位制纸币，最后转化成纯粹的信用货币，并越来越从有形货币转化成无形货币，经历了漫长而复杂的过程，就如同蝴蝶从卵变蚕、由蚕变蛹、由蛹化蝶一般，不断深化裂变（蜕变），最终去除不必要的外形或载体，仅保留其本原或元神而成为真正的价值尺度与交换媒介，实现了货币发展质的飞跃与升华。由此也带来一系列需要准确认知和把握的深刻变化：（1）货币早已突破了“现金”的范畴，更多地表现为银行“存款”，作为价值权证或价值通证，更多地表现为“价值索偿力”或“社会购买力”；（2）信用货币不再像金属本位制纸币那样是货币投放机构（如央行）本身的负债或信用，而是以整个国家可交易财富作为支撑的，是国家的信用（在信用货币体系下，依然说“货币是央行的负债或信用”是不准确的，同时，不能将国家信用货币说成是由政府担保、以税收支撑的政府信用和政府负债，政府信用并不能等同于国家信用，税收只能对政府负债提供支撑）；（3）国家将投放与管理货币的权力赋予特定机构，依赖国家主权和法律保护，所以，货币政策必须服从整个国家的战略要求，货币投放机构（如中央银行）的独立性势必被大大削弱（美国甚至通过专门法案明确美联储未经国会批准不得启动央行数字美元的试点计划，美联储也公开承诺，只会在有合法授权的情况下才会发行数字美元），货币政策中性（单纯追求币值稳定）越来越难以维持；（4）货币是以整个国家可交易财富作为价值支撑的，而不是以政府的税收或财政收入作为担保的，并非依赖政府机构自身的信用做支撑（财政收入只能支持政府债务，而不能对应货币总量）。

由此可以进一步得出以下结论。

第一，在国家主权独立，世界尚未实现一体化治理情况下，要推动货币的非国家化（如哈耶克晚年力推的“货币非国家化”）、去中心化、去监管化，通过加密算法打造如比特币、以太币等纯粹的网络“数字加密货币”，或者不与法定货币等值挂钩并通过兑换或抵押产生（亦非通过算法产生），完全依靠算法维持货币币值稳定的“算法稳定币”（实际上根本难以保证），或者与一篮子主权货币结构性挂钩设计“超主权货币”，如国际货币基金组织的 SDR（详见附录 1）、Facebook 曾经设想的 Libra（详见附录 3）、其他与多种主权货币结构性挂钩的区域超主权货币（如有人曾经设想的与人民币、港币、日元、韩元结构性挂钩的东亚货币“圆币”，与金砖国家货币或黄金挂钩的“金砖币”，形成亚洲货币基金组织与“亚元”，南美国家共同货币）等，都是难以行得通的。实际上，与一篮子主权货币结构性挂钩的超主权货币如果真能推出并广泛流通，将对其挂钩货币的地位带来巨大冲击，而不是对其产生加持作用，二者不应同时并存；在一国同时维持两种及以上法定货币体系，将给货币管理带来巨大挑战，实际的运行效果不会很好。

第二，欧元（EURO，详见附录 4）并不是一种超主权货币。实际上是一种“区域主权货币”。所以，欧元正式推出后，其成员国原有的主权货币必须全部退出，二者是彻底的替代，而不能同时并存。当然，由于欧元成员国并未成为统一的主权国家，在主权融合、财税体系、统一治理上仍存在欠缺，使得欧元在政策调整、危机应对的效率和功能发挥方面仍存在很多挑战，难以达到预期效果。

第三，与单一主权（法定）货币等值挂钩（以挂钩货币等值兑换或以挂钩货币流动性足够高的资产作为全额储备支持）的“数字稳定币”，是容易推出的，但必须明确的是：它只能是其挂钩货币在特定网络平台或网络社区（商圈）内使用的一种特殊的数字化代币，不应该跨出设定范围像其挂钩货币一样广泛流通，否则就会给其挂钩货币的管理带来冲击。稳定币的储备物管理与使用范围等必须接受挂钩货币发行国的严格监管，严控挪用储备物以及超出储备物价值滥发或通过信贷方式扩大投放（作为代币，理论上是不可以发展信贷业务并派生新的代币的，否则，其币值很难与挂钩货币保持稳定关系），防止其出现失控而对挂钩货币产生重大冲击，威胁到挂钩货币及其金融体系的安全。由此，这种稳定币也就不可能颠覆或取代其挂钩货币。

实际上，即使在中华人民共和国，人民币是唯一的国家法定货币，但也存在一些被赋予特殊权利义务和优惠、只能在设定范围内使用的代币，如曾经流通过（已经退出）的“外汇购物券”“华侨购物券”，以及目前仍存在的一些单位内部食堂的饭菜票或卡、一些商场的购物券或卡、一些电商平台的消费积分或 Token（代币）等。但这些代币必须得到中央银行认可，并只能在设定范围内使用。中国人民银行明确规定：任何单位和个人不得制作、发售代币票券和数字代币以代替人民币在市场上流通。所以，各个电商平台的积分或 Token 等要跨平台流通使用或交易都是不合法的（直到目前，仍有不少人或资产交易中心还在设想推动电商平台的积分或 Token 进行跨平台流通使用或交易，这是存在很大违规风险的）。其中，电商平台积分或 Token 往往不需用法定货币兑换，而且形式更加隐蔽、使用范围更广、转换速度更快，更需要有严密的管理办法并切实监管到位。

第四，真正的“数字货币”，只能是国家或区域主权（法定）货币的数字化、智能化。即使未来实现了世界一体化治理，世界各国融合成为一个地球村，其货币高度统一成为一种货币（各国主权货币应随之消失），也仍然是全球主权货币，而非去中心的超主权货币。

第五，货币的表现形态和运行方式需要不断改进，但货币作为价值尺度和交换媒介（可流通的价值通证或价值权证）的本质与核心功能不能改变（否则，就不再是货币了）。同时，货币运行效率越高、流通范围越广，其对经济社会的影响力越大，就越要接受更加严密的合规监管，满足反洗钱、反偷税、反恐怖融资等要求，并加强国际的协调与配合，保证货币所有者的合法权益与货币金融体系安全。

第六，信用货币下，货币总量对应的是其流通范围内可交易财富的价值总量，而不再与任何一种或几种特定实物固定挂钩。简单地将货币兑黄金或其他任何物品的贬值程度直接等同于货币的贬值程度是不准确的。例如：有人指出 1 盎司黄金在布雷顿森林体系崩溃前对应 35 美元，现在国际市场上 1 盎司黄金价格已经是 2 000 美元上下了，可见，美元至少已经贬值 55 倍了。类似的说法在中国和其他国家经常出现，也很容易产生社会影响，煽动人们对信用货币的不满，但这完全是偷换概念或对信用货币的误解。实际上，因为黄金仅仅是全社会可交易财富中非常小的一部分，黄金供应量远远跟不上可交易财富总体价值的增长，而货币总量是对应可交易财富价值总额的，所以，伴随货币总量远超黄金的快速增长，黄金总体上必然是存在升值趋势（不排除阶段性波动）、具有保值潜力的，不能因为布雷顿森林体系崩溃后黄金的美元价格大幅上涨，就认定美元出现同比例的贬值。

同样，撇开可交易财富价值的增长，简单地将当前货币总量相当于以前某个时点货币总量的多少倍，直接等同于货币贬值了多少倍，就更是不准确的说法。例如有人指出：中国 2000 年末货币总量是 13.25 万亿元，到 2020 年末已达 218.68 万亿元，20 年时间货币贬值超过 16 倍，也就是说，2020 年末的 16 万元还比不上 2000 年末的 1 万元。或者说，2020 年末的 1 万元，仅相当于 2000 年末的 625 元。到 2022 年末货币总量达到 266.43 万亿元，有人进一步说，此时的 1 万元，仅相当于 2020 年末的 8 208 元，相当于 2000 年末的 497 元。这样的结果着实会让很多人深感震惊，但这种算法和阐述完全忽视了同时期可交易财富的增长，同样存在严重差错和误导！

附录 1 SDR

SDR，是“Special Drawing Right”的缩写，中文译为“特别提款权”。它是国际货币基金组织（IMF）根据会员国认缴的基金份额分配的（IMF 规定，每 5 年为一个分配基金份额和特别提款权的基本期），可以向 IMF 兑换外汇以偿付其对其他会员国的国际收支逆差或偿还 IMF 债务，或者经基金组织批准用于基金成员国与非成员国之间其他相关金融业务的特殊储备资产（不是货币，没有现金，完全是记账反映），是 IMF 会员国特别享有的权利。

SDR 是在 20 世纪 60 年代美元受黄金储备束缚供应不足，以及美国通过不断扩大贸易逆差对外输送美元引发美元信任危机后，IMF 为维护国际货币体系稳定而于 1968 年开始研究，于 1969 年正式确定方案，初始价值被设为 1 单位 SDR 对 1 美元，相当于 0.888 671 克黄金（1 盎司黄金对 35 美元）。基金组织的会员国都可以自愿参加特别提款权的分配，成为特别提款账户参加国，也可不参加。参加后如要退出，只需事先书面通知，就可随时退出。1970 年 1 月 1 日，IMF 首次发行了 30 亿 SDR 分配给其成员国。其后，根据会员国国际储备需要，灵活安排 SDR 增加投放的时间和规模，没有实际性需求时，可以连续数年不增加投放。自 1970 年至今，SDR 共进行了五轮投放，分别是：第一轮

1970—1972年，共投放93亿；第二轮1979—1981年，共投放121亿；第三轮2009年（主要应对全球金融危机），投放1 612亿；第四轮2009年（解决历史遗留问题特殊安排），投放215亿；第五轮2021年（主要应对新型冠状病毒感染疫情全球大流行），投放4 560亿。累计投放6 601亿SDR。

当然，SDR的定价方式也是根据实际情况发生变化的：1971年8月美国宣布美元与黄金脱钩后，其他主要货币对美元的固定汇率先后被放弃，布雷顿森林体系彻底解体。因此，SDR也不再与美元或黄金等值挂钩，而改为与美元等多个主要国家货币综合挂钩，起初是16个国家的货币。鉴于货币篮子过于复杂，管理难度太高，为提高效率，之后改为美英德法意五国货币。1980年日元被纳入SDR货币篮子。自1986年1月1日起以国际出口贸易和服务贸易额最高的五个基金成员国的货币组成SDR货币篮子，并将意大利里拉剔除，以后每五年调整一次。1999年欧元出现后，代替德法两国货币，排美元之后，SDR的货币篮子由美元、欧元、英镑、日元一起组成，并保持到2015年。

其中，2005年11月，IMF执行董事会明确，纳入SDR篮子的货币必须满足两个标准：

其一，必须是IMF参加国或货币联盟所发行的货币，该经济体在篮子生效日前一年的前五年考察期内是全球四个（2015年扩大到五个）最大的商品和服务贸易出口地之一；

其二，该货币为《基金协定》第30条第f款规定的“自由使用货币”。

自由使用货币存在两条认定要求：一是在国际交易中广泛使用，包括该国在IMF会员国中出口所占份额、以该货币计价的资产作为官方储备资产的数量；二是在主要外汇市场上广泛交易，包括外汇交易量、是否存在远期外汇市场、以该货币计值的外汇交易的买卖价差等指标。纳入SDR篮子货币要求不少于70%的国际货币基金组织会员国投票支持。

根据上述标准，2010年11月15日，IMF执行董事会完成了对SDR篮子货币的例行五年期审查，并对货币篮子权重进行调整并于次年的10月1日生效：美元权重由2005年审查确定的44%下降至41.9%，欧元权重由34%上升为37.4%，英镑的权重由11%上升至11.3%，日元的权重由11%下降至9.4%。

2015年11月30日，IMF时任主席拉加德宣布将人民币纳入IMF特别提款权（SDR）货币篮子，相应调整篮子货币权重并于2016年10月1日生效：美元41.73%，欧元30.93%，人民币10.92%，日元8.33%，英镑8.09%。

2022年5月11日，IMF执董会再次宣布对SDR篮子货币的权重进行调整并于2022年8月1日生效：美元43.38%，欧元29.31%，人民币12.28%，日元7.59%，英镑7.44%，美元、人民币占比上升，其他三种货币占比下降。

由于SDR是与一篮子国家货币结构性挂钩形成的，其实际汇率的确定就相对复杂。主要计算过程是：

（1）确定各篮子货币的权重；

（2）确定 SDR 对美元（权重最大的货币）的基期汇率；

（3）按照上述两个因素计算出基期 1 个 SDR 中各篮子货币折算的美元数 {（1）×（2）}，

（4）确定基期各篮子货币兑美元的市场汇率（取自最主要的国际交易中心）；

（5）将（3）×（4），得出各篮子货币在 1 个 SDR 中的本币数量；

（6）确定计算期各篮子货币兑美元的市场汇率（取自最主要的国际交易中心）；

（7）以（5）÷（6），得出各篮子货币在 1 个 SDR 中的美元值，将其汇总即可得出 SDR 兑美元的汇率；

（8）将 SDR 兑美元汇率乘以各篮子货币兑美元的市场汇率，即可得出 SDR 兑各篮子货币汇率。

SDR 是计息的，其利率每周调整一次，基数是 SDR 篮子货币发行国货币市场上具有代表性短期债务利率加权平均数。

附录 2　比特币

比特币，是 Bitcoin 的中译词。Bitcoin 则是 bit 与 coin 的联

合体，其中，bit（比特）是最小的信息量单位，是二进制单位（binary unit）或二进制数字（binary digit）的缩写，它代表从一个二进制数组中选出一元（0或1）所提供的信息量；coin则是硬币、钱币。

2008年美国当地时间10月31日下午2点10分，署名“中本聪”（Satoshi Nakamoto）的人，在一个“密码朋克邮件群”（Cypherpunks mailing list）网站上发布了一份电子邮件，其中写道：“我一直在研究一种电子现金系统，这完全是点对点的，无须任何可信任的第三方”，并随邮件提供了一份关于比特币的声明文件（比特币白皮书）——《比特币：一种点对点的电子现金系统》（*Bitcoin: A Peer to Peer Electronic Cash System*）。其中主要内容包括：

我们要建立的是一种基于加密证明而非基于信任的点对点的电子支付系统，允许任意双方在不需要信任第三方（如金融机构）的情况下直接进行在线支付交易（价值交换）。我们按照每10分钟推出一个包含在此期间发生的若干交易记录（items）在内的数据区块（Block），赋予每一个区块一个哈希值（hash，亦翻译为“散列值”）并打上时间戳（Timestamp），每个时间戳在其哈希中包含着之前的时间戳并添加到之前的区块之后，由此构成了一个前后连接的“区块链”（Blockchain）。我们设计出一种针对一笔钱可能“双花”（或多花）的解决方案，使用点对点交易、分布式验证和记录、带时间戳服务器去生成基于算力的证明（工作量证明法，Proof of Work，PoW），由所有节点按照时间顺序记录每条交易。我们使用SHA-256算散列数值的唯一答案——这个散列数值必须以一定数量的0开头，每增加一个0的要求，将使得工作量指数级增加，要获得散列数值中的唯一答案非常不容易，而且需要所有参加系统运行的节点相互竞争，但这个唯一答案的验证却只需通过计算一个哈希，非常简单。通过计算率先获得唯一答案的人（节点），可以得到规定数额的比特币奖励（这也被称作比特币"挖矿"，成为比特币产生的唯一途径），并参与到新的区块的创建，维护比特币系统运行和比特币区块链的延展。所有交易记录必须被公开宣布，进而需要一个系统能让参与者们（节点）认同它们所接收到的是同一个唯一的交易历史。收款人需要证明在每笔交易发生之时，大多数节点能够认同它是第一个被接收的。把交易的散列数据录入一个不断延展的、以散列为基础的工作量证明链上，形成一个如非完全重做就不可能改变的记录，由此不断增加新的记录，形成最长链，证明已被见证的事件及其顺序，并不断增加被攻击的难度，确保系统是安全的，只要诚实节点总体上相对于相互合作的攻击者掌握更多的CPU算力。算力保障的不可逆转交易能帮助卖家不被欺诈，而保护买家的分布式托管机制也很容易实现。由此，就形成一个去中心化（由成员节点共同运行和维护）的比特币"公链"或"公有链"（无须任何许可与缴费，可以自由下载比特币系统并参与运维），能够保证比特币的运行全程连接、公开透明、可以溯源、难以篡改。

比特币白皮书介绍了全网广播以防止“双花”的“时间戳记”运行原理、“工作量证明法”的应用、交易处理的具体步骤、“默克尔树”（Merkle Tree）与分叉技术、隐私保护、哈希计算等方面的内容。比特币成为“区块链”技术最为系统、最为成功的应用案例，也让区块链知识得以广泛传播。比特币及其区块链成为加密货币和区块链的原生版本。

2008年11月16日，中本聪通过邮件发布了比特币开源代码的先行版本，公布了系统运行的基本规则，比特币除了应用区块链技术打造了一个加密运行体系外，在“币”的方面，则高度模仿黄金（黄金在世界范围内作为货币历史最久、流行最广，模仿黄金设计货币最容易被人们广泛接受）的原理（黄金在地球的储量是有限的，直观上，黄金的挖掘越往后越不容易，其阶段性新增产量会递减），运用加密数学算法，确定了比特币的控制规则：总量为2 100个，以此为基数，在实际产出量达到基数一半（1 050个）前，每10分钟一个区块可以奖励的比特币为50个；实际产出量达到基数一半（1 050个）之后，每10分钟一个区块可以奖励的比特币也自动减半为25个；之后在新的产出量达到新的基数一半（如525个）时，每10分钟一个区块可以奖励的比特币也自动减半（如12.5个），以此类推。由于每一次调整基本上需要4年时间，所以也被看作每隔4年新增比特币均减少一半，到2140年基本上全部结束，之后不再增加新的比特币。将这一规则内置于比特币运行系统中（编码即规则），通过大量参与者（节点）分布式运行和共同备份与验证，避免任何人擅自更改，严格按照规则控制比特币总量和阶段性新增量。每个比特币可以分割到小数点后8位，以满足比特币大幅升值后的小额支付需求。

比特币系统是开源的，任何人都可以免费下载和运行比特币系统，成为比特币系统的参与者和计算机节点，并且可以保留一份比特币区块链副本。在下载和使用比特币系统软件时，实行高度匿名，所有人都无须提供姓名、电子邮箱地址或其他个人信息，比特币系统无须了解参与者的个人身份，而只对账户上拥有比特币的真实性进行管理。甲方要将比特币转让给乙方时，实际上是将比特币从甲方账户地址转移到乙方账户地址，并由甲方进行全网广播，但不需提及任何一方的身份。网络在证实甲方确实控制这部分比特币后，会把这部分比特币标注为“未使用交易输出项”，并与乙方账户地址关联起来。只有得到乙方认可，网络才会确认这部分比特币归乙方账户所有。比特币用户会涉及两个功能不同的密钥，一个用来加密，由系统自动赋予，被称为“公钥”；另一个用来解密，由用户自己按照规则设置，被称为“私钥”，二者是不对称的，以确保安全性。任何人都可以拥有多个账户地址和多个公钥与私钥，就像他们可以拥有多个设备与网络接入点以及不同化名的电子邮箱地址一样，可以增强隐私保护，增强比特币区块链去中心化、高匿名的特性。

2009年1月3日，中本聪在芬兰赫尔辛基的一台小型服务器上推出了比特币的第一个区块（创世区块，Genesis Block），并得到了第一批50个比特币的奖励，由此比特币正式诞生并开启了发展之路。

最早比特币仅仅是在密码朋克社群与IT技术极客中传播，大家更多地将其作为一种游戏币，并没有流入社会作为货币使用。

2010年5月18日12点35分20秒，一个网名为Laszlo Hanyecz（拉斯洛）的电脑程序员，在Bitcoin Forum网站上发布了一个“用1万比特币换取两张比萨”的求助帖，到5月22日，在经历了4天零4小时42分的等待后，拉斯洛在当天下午5点17分发出了一个交易成功的帖子，用1万比特币换取了两张价值25美元的比萨饼（比特币兑美元为1：0.002 5），成为比特币公认的真实购物使用的开端。之后，比特币越来越多地用于支付，特别是与国家主权（法定）货币的兑换，“5·22”因此成为比特币历史上具有特殊意义的“比特币比萨日”。

比特币“总量和阶段性新增量提前设定并完全由系统锁定无法调节”的规则，有利于防止比特币的超发。在2007年、2008年接连爆发美国次贷危机和全球金融危机后，人们对信用货币体系下货币很容易受政府干预严重超发，造成人们合法收入形成的货币性资产实际的价值被无形掠夺，由此加剧社会不公和贫富分化等若干问题日趋不满。比特币的出现一度让很多人充满惊喜与期待。人们认为这种去中心化（防止人为干预）、防通胀、公开透明的加密数字货币体系，将增强社会公平性，将彻底颠覆或替代国家主权货币。区块链也被认为是“信任的机器、价值互联网”。区块链与比特币被认为将重构商业和社会组织架构、再造社会生产关系。在这一过程中，由于世界各国对这种全新的区块链技术与“数字货币”缺乏足够认知，相关法律法规与监管在很长时间内处于空白状态，不敢严格监管而扼杀这种可能影响巨大的世纪大创新，一些国家也积极推动模仿比特币打造自己的国家数字加密货币，甚至直接宣布以比特币作为法定货币。在资本的积极参与和极力炒作下，比特币价格总体上不断攀升，成为以区块链为基础的去中心化数字“加密货币”的先行者和领军者。

但在比特币区块链出现后，人们也逐渐意识到，比特币区块链体系过于封闭，工作量证明法成本高效率低，难以满足现实社会重复交换交易的支付需求，需要有新的突破，进而衍生出以太坊区块链，其算法从比特币区块链的“工作量证明法”转换成“权益证明法”，并增加了在约定条件下可以自动处理的“智能合约”，相应推出了以太币，一定程度上提高了货币挖矿和支付运行的效率。这使得以太币及其区块链成为加密货币和区块链的准升级版本，并进一步推动加密货币和区块链的全球升温。

然而，在比特币和以太币区块链之上，却一直难以实现新的突破，缺乏有效应用场景，难以解决现实世界的实际问题。于是，在资本逐利推动下，更多的人热衷于下载或克隆比特币、以太坊区块链开源系统，随意设定总量和阶段性新增量等规则，推出类似的或山寨版“加密货币”，并以区块链和加密货币作为噱头公开募集资金或进行社会传销，推出了以新发加密货币募集主流加密货币（比特币、以太币）的“ICO”（Initial Coin Offering），为主流加密货币创造了新的应用场景，推动其价格快速上升，并由此增强所有加密货币的社会影响和市场价格。但这些衍生出来的加密货币，实际上在区块链体系和加密规则上没有突破，只能属于加密货币和区块链的衍生产品，不能形成足够的市场影响力。

由此，到目前为止，比特币一直在加密货币领域保持市值第一，并形成了全球范围内领先的影响力。以太币则紧跟其后，成为具有重要影响力的加密货币和区块链体系。

然而，这种总量和阶段性新增量完全事先设定不能调节的比特币，高度模仿黄金原理，也必然像黄金作为货币或货币本位一样，其流通量难以与其流通范围内可交易财富价值规模的变化相适应，根本无法满足货币作为价值尺度和交换媒介的基本要求，很容易推动其价格上涨，并因此造成人们更多地用于收藏而非交换，进一步减少比特币作为货币的流通数量，造成可使用货币严重短缺。黄金因此已经退出货币舞台，比特币就更不可能成为真正的流通货币，而最多只能成为一种新型数字资产，可以投资或投机炒作，但其价格必然会大起大落。2017 年首次数币发行 ICO 在市场快速发展，衍生（克隆）出大量新的数字加密货币，极大地增强了主流加密货币的需求后，1 个比特币的价格从年初的 1 200 美元左右快速上涨到 11 月接近 1.9 万美元，但这种缺乏基本监管的ICO，很快就演变成为非法集资、金融诈骗（传销）的代名词。在中国于2017年9月4日率先叫停ICO并严格控制金融机构参与加密货币交易和支付结算后，比特币又快速下跌至2018年4月份的4 000多美元，之后基本上保持低迷状态。

2020年全球新型冠状病毒感染大暴发后，美国实施大规模的量化宽松货币政策以及社会救助行动，推动美元大量投放，美元指数相应下降，也相应推动比特币等数字币价格加快上涨。再加上不断增加的加密货币交易平台不断扩大业务和服务范围，纷纷推出交易平台自己的稳定币（代币），甚至演化成资金池、信贷源，大量发展抵押贷款，支持投资者开展杠杆交易，推动加密货币交易不断升温，价格不断上涨，到2021年11月1个比特币一度达到6.9万美元。

但在2022年3月美国为抗击超出预期的高通胀而调整宏观政策，收缩量化宽松货币政策并开始不断加大加息力度，美元指数随之走高，比特币等加密货币和平台稳定币价格随之大跌。由此又造成很多加密货币交易平台因高杠杆下抵押不足等问题陷入流动性困境，甚至很快暴雷并破产倒闭，暴露出交易平台严重的内部管理、关联交易等问题，对加密货币交易平台和交易量最集中的美国造成很大影响。美国及国际社会开始大幅加强加密货币监管，由此也推动加密货币价格大幅下跌。到2022年11月，比特币价格一度跌至1.6万美元以下，较1年前的高峰值下跌超过76%。

实际上，比特币区块链体系本身只是一个计算产生比特币以及比特币在成员之间转移处理的完全封闭的体系，其功能非常简单，并没有比特币与国家主权（法定）货币兑换的功能，也没有比特币存贷与利息收付的功能。比特币完全是区块链体系内生的（链生资产），从一开始就被链内全部节点验证和分布式记录，公开透明、高度保真、难以造假，所以，有利于保证比特币及其区块链的安全。（比特币从2009年初诞生至今，一直保持安全运行，没有被黑客攻破，并成为其后各种数字币、区块链最底层、最基础的原始链，几乎所有主流区块链平台都要找它跨链。以太坊在比特币区块链基础上做出了一些改进，增加了智能合约，提高了一定的效率，成为重要的加密货币和区块链版本，但安全性也随之受到一定的影响，一直难以完全替代比特币区块链。）但这些特性使比特币区块链与现实世界完全隔离。所谓的比特币可以在相互并不认识或信任的人甚至是不同国家的人之间直接进行点对点交易，前提是参与交易的人都必须先加入比特币区块链平台，而且只能转移比特币，而不涉及任何比特币圈外资产的保真和交易。比特币要与国家货币进行兑换，只能通过外接的加密货币交易平台进行，而这种交易平台并不是去中心化的，而是中心化的，在没有得到有效监管的情况下，其风险是非常大的（历史上出现问题的案例已经很多，到2022年更是充分暴露）。这就使得比特币区块链应用场景非常有限，并不能直接应用于现实世界各种财富的交换交易。比特币不与国家货币兑换，就难以实现其自身价值。

所有以比特币区块链为范式的区块链项目，天然存在着“去中心化、高效能、安全性”难以兼得的“不可能三角”难题，除了克隆出一些类似的“加密货币”、局限于“币圈”应用外，至今都几乎没有能成功解决现实问题的应用案例，除非变异成由少数节点参与的“联盟链”（许可链）或“私有链”。虽然比特币区块链可以实现跨越国界、不受国家主权控制的“去中心”，但是在互联网世界，由于存在诸多的区块链互联网平台，其相互之间并没有实现无缝对接，仍是以各区块链平台为中心独立运行的。从这一角度看，所谓区块链去中心，是有条件的，虽然突破了“国界”，却难以突破“链界”。所以，区块链的有效应用与广泛发展，必须跳出比特币区块链高度封闭的范式，实现基础架构的重大突破。

同时，比特币的产生（计算“挖矿”），需要消耗越来越庞大的算力和电力，而其产出数量却会越来越低，单位成本则会越来越高。同时，随着区块链条越来越长、参与节点越来越多，总体看，其分布式验证和存储，更是会占用越来越大的存储空间，其运行效率会越来越低、运行成本越来越高，难以满足节能减排、绿色发展的要求。目前，比特币区块链平台每秒可能处理的内部转让业务（TPS）只有十几笔，而与外接的加密货币交易平台办理一笔比特币与国家货币兑换业务，基本需要十几分钟甚至更长时间才能完成，根本无法与大型银行或支付清算机构每秒处理几十万笔甚至超过百万笔业务的速度相比。而且这种高度匿名的加密货币，实际上也更多地应用于逃避监管的灰色地带，出现了很多金融骗局，难以满足反洗钱、反恐怖融资和投资者保护等金融监管要求，对货币金融安全构成威胁，已经引起国际社会的重视和越来越严的监管。事实证明，一些违法比特币账户照样可以被追索、冻结和处置，并不能完全逃避监管。全球联合加强监管正对比特币的安全性和真实价值甚至生死存亡带来越来越大的威胁。

实际上，比特币一开始就是要挑战乃至颠覆国家货币、逃避国家监管，所以设计的是去中心化、超主权、高匿名的加密货币，连设计者本身都是高度匿名的，中本聪（Satoshi Nakamoto）到底是谁一直是个未解的世界之谜，其中也存在着逃避监管、自我保护的可能。尽管在比特币大幅升温形成国际影响力后，也有数人自诩为或被认为是中本聪，却并没有得到证实（实际上这并不复杂，只要谁能提供比特币创世区块所奖励的比特币，就可以证明其中本聪的身份）。而货币作为社会财富交换交易必需的“价值尺度、交换媒介”（即“价值通证”），其支付流通和投资交易等如果缺乏严密的规则和严格的监管，得不到其流通范围内最高级别的信用保护和违规制裁，势必引发严重的经济社会问题，是根本不可行的。无论采用何种技术、冠以何种名称，货币金融的任何创新都必须符合货币的本质和发展逻辑，任何货币金融活动都必须得到同样的严格监管而不能成为例外。

所以，对比特币及比特币区块链以及类似的加密币与区块链，必须保持理性，需要认真剖析、准确把握。

附录3 Libra

“Libra”是美国著名网络社交公司Facebook于2019年6月18日发布白皮书，声明将联合全球上百家大型跨国公司形成管理协会共同管理、建立在安全稳定的开源区块链上、有多种国家货币（随后明确为美元、欧元、日元、英镑和新加坡元并明确了各自的份额）高流动性资产足额储备、可以跨国流通的超主权数字加密稳定币，中文含义为“天秤币”（天秤，寓意着公平公正）。

Libra白皮书声明，其要建立配套的区块链运行体系，致力于建立一个简单的、无国界的全球货币和金融基础设施，为数十亿人提供便捷支持与服务，使全球范围内转移资金像发送短信或分享照片一样简单且具有成本效益，甚至更安全可靠。与比特币等大多数网络加密货币不同，Libra需要用选定的一篮子国家货币购买，由高流动性资产（现金、现金等价物以及以该货币计价的非常短期的政府证券等）作为Libra储备和价值支撑，其价值与一篮子国家货币结构性挂钩（其中，美元占50%，欧元占18%，日元占14%，英镑占11%，新加坡元占7%），而非只与单一国家货币等值挂钩，借以摆脱对单一货币的依赖或成为该种货币的代币，规避单一国家法律监管。Libra交由独立的管理协会管理，该协会将拥有大约100名成员单位，包括地理分布合理且多样化的企业、非营利性组织和多边组织以及学术机构，是一个非营利性会员组织，总部设在瑞士日内瓦（注重于突出其中立性）。协会成员同时也是Libra区块链系统交易验证、记录并参与其规则维护与调整的核心节点，每个节点成员需要缴纳1 000万美元的成员费。该协会的目的是协调和提供网络治理框架，并为支持金融包容性而保留和领取社会影响力补助。作为众多成员中的一员，Facebook在协会治理中的角色将与其同行的角色相同。计划于2020年一季度或年中推出Libra，并推出Libra专用钱包Calibra，同时加快推动Libra区块链从有许可的联盟链向无许可的公有链转化。

基于包括Facebook在内的上百家大型企业组成的管理协会强大的互联网基因与科技实力以及其遍布全球庞大的用户群（月活数量超过23亿，有人估计30亿左右），Libra白皮书一经发布，立即在世界范围内引发巨大反响。很多人并未对Libra与一篮子货币结构性挂钩的设想本身是否合理与可行进行仔细分析，而是天然地认为Libra一定能很快推出并世界流行，不仅将对传统的国家主权货币（特别是弱小国家的主权货币）以及现有的国际支付（如SWIFT）与金融体系产生巨大冲击（有人说“Libra注定要引发无硝烟的世界货币战争，没有一个国家可以独善其身”），而且会对比特币等网络加密数字货币带来巨大挑战，Libra将定义货币史新坐标,Libra管理协会将成为全球数字经济的中央银行。

Libra白皮书的发布，在中国引发更大的反响。不少人认为，由于Libra篮子货币中，美元占据半壁江山（50%的份额更是高于其在SDR中的份额），Libra的全球流通，会将美元带到其尚未进入的国家和地区，极大提升美元的全球化水平和国际地位，并带动美元数字化抢占全球央行数字货币（CBDC）的先机与制高点，可能弯道超车，超越原本领先的中国数字人民币的国际化。特别是考虑到与SDR篮子货币相比，Libra篮子货币中恰恰将世界第二大经济体中国的人民币排除在外，替换成了新加坡元，而且美国货币金融监管部门一开始对这一事件似乎没有任何警示，甚至连美联储主席都声称当前不会对Libra进行监管，Facebook创始人在10月份的国会质询中也特别强调，Libra将增强美元等篮子货币的国际地位，如果美国不支持，其他国家（主要指中国）就会领先，将对美国经济金融的国际领导地位带来严重影响。这让一些人深信，Libra就是美国的阴谋，是要借助Facebook等大型跨国公司力量，快速推出Libra并实现其全球范围内的广泛流通，强化美元在数字时代的霸权，将原本领先的中国数字人民币排挤出数字货币与数字经济的世界赛道，阻碍中国在这一领域的进步与人民币国际化，所以，中国必须从国家安全的战略高度充分重视，切实加快数字人民币的研发与推出速度，加大区块链等相关技术的研发和投入。紧随其后，中国人民银行在当年7月就宣布数字人民币项目已得到国务院批准，其研发已进入“每天早9点到晚9点，每周6天”的“996”工作状态，“数字人民币已经呼之欲出了”。

但这些说法实在是言过其实了！

笔者早在2019年6月17日（Libra白皮书发布之前，已有媒体对Libra的基本内容进行报道）就发文《Facebook的加密货币真的有那么神吗》，指出与一篮子主权货币结构性挂钩打造超主权货币的想法早就存在，但实际上很难成功。之后笔者又连续发文《必须冷静看待Libra，七个问题待明确》《透过Libra看无国界全球币》《Libra很难成为超主权世界货币》《为什么Libra很难成功》等，明确指出Libra尽管不是与单一法定货币等值挂钩并直接表现为所挂钩货币的网络代币，但根本上，它仍是以多种法定货币作为支撑的网络代币，从这一点上就根本不可能完全取代其挂钩的法定货币。与一篮子法定货币结构性挂钩，远比与单一法定货币等值挂钩更复杂、面临更多风险挑战，很多关键问题仍有待明确和解决，包括：其货币篮子的构成是否合理、如何维持，是否真正具有国际代表性；如何办理法定货币与Libra的兑换，汇率风险由谁承担、如何控制；Libra的储备资产如何管理才能真正保持充足储备，支持其价值稳定；Libra没有利息（还不像SDR是有利息的，用户兑换Libra形成的挂钩货币储备资产的收益归基金会），这如何高效吸引用户和业务（即“引流”，不能想当然地认为Libra管理协会的客户天然就会自动成为Libra的用户，社交用户与金融用户是存在很大不同的）等。笔者同时指出：实际上，对没有篮子货币的人，要获得Libra，还需要先将其持有的其他货币兑换成Libra的篮子货币才行；拥有Libra的人，在Libra不能使用的地方也还需要兑换成可以使用的法定货币才行。这都是需要成本和时间的，根本不可能如同宣传的那样“像发送短信或照片一样简单和具有成本效应”。Libra注重于去中心化、去监管，“遵循区块链的匿名原则，允许用户持有一个或多个与他们真实身份无关的地址”，难以满足反洗钱、反恐怖输送等监管要求。如果Libra真的能够在全球大量流通，首先冲击的就是其篮子货币，首当其冲的就是份额最大的美元的国际地位，而不是冲击非篮子货币，必然会受到美国的坚决抵制或严厉监管（而不是鼓励与没有监管）。Libra不可能与其挂钩的主权货币同时并存（就像欧元一经推出，其成员国原来的主权货币必须同时全部退出一样）。Libra可能在运用技术（区块链等）与运行方式上有所改变，但其本质上与SDR并无差别。SDR同样以美元为主，而且美国在IMF重大决策上拥有一票否决权，但美国却一直阻止SDR成为真正的世界货币，而使SDR仅仅成为使用范围很小的成员国之间的特殊的补充储备资产。这就已经说明，美国绝不可能鼓励Libra成为超主权世界货币（尽管美元在Libra货币篮子中占50%的份额）。所以，Libra很难成功落地，不可能形成巨大国际影响。

不出笔者意料，随后美国国会不断加强对Libra的质询，监管部门也越来越认识到 Libra 显然会威胁到美元的国际国内地位，给监管带来巨大挑战，由此反对的力量不断增强，使投入巨大的 Libra 举步维艰。

2020 年 4 月 16 日,Libra 管理协会发布了 Libra 白皮书 2.0 版，强调 Libra 网络旨在成为一个全球性的、低成本的支付系统，它是对国内货币的一个补充，而不是替代；将优先推出单一货币稳定币，为挂钩货币的央行提供最大的灵活性和控制权，并希望各国央行开发出央行数字货币（CBDC）后可以直接与 Libra 网络集成。其后，又将这种与单一法定货币（首先是美元）等值挂钩的稳定币命名为“Diem”以与 Libra 相区别。由此，Libra 原有的设想已经大大退步。然而这依然面临很大阻力，特别是与市场原有的稳定币（如 USDT、USDC、GUSD 等）相比，已经难以形成市场优势，Diem 的推动日趋艰难。

为寻找出路，2021 年 Facebook 创始人扎克伯格宣称要“All in”（全力投入）元宇宙（Metaverse），并将 Facebook 的相关资产和业务整合，成立 Facebook 的母公司，直接命名为“Meta”，将原 Libra 的钱包 Calibra 更名为“Novi”。然而情况并未好转难以为继，最终于 2022 年 1 月 31 日，Meta 宣布停止 Diem 项目。到 2022 年 7 月 4 日，其数字货币钱包平台 Novi 在官网发出公告：我们将会在 2022 年 9 月 1 日关闭所有服务。由此，曾经轰动全球的 Libra 项目胎死腹中，彻底落下帷幕。

这种结果让很多曾经对 Libra 等与一篮子主权货币结构性挂

钩打造超主权区域或世界货币充满期望、极力推崇、无限拔高的人陷入困顿或无语之境，彰显出这些人对货币本质及其发展规律认知的极其匮乏。

事实一再证明，货币作为价值尺度和交换媒介（即价值通证），需要保持其币值的基本稳定，并得到其流通范围内最高级别的信用保护，使得货币总量与其流通范围内可交易财富的价值总量相对应，这是货币的本质要求与发展逻辑或规律。因此，在国家主权独立、世界尚未实现一体化治理情况下，无论采用何种先进技术，要超越国家主权，打造与一篮子国家主权货币结构性挂钩并与挂钩货币同时并存的超主权世界货币，都是没有道理、难以成功的空想！

附录4　欧元（Euro）

欧元是欧洲联盟（欧盟，EU）成员国中，同意实行统一货币政策（Single Monetary Act）并签署协议加入欧元集团（欧元区）的国家共同流通的区域主权货币或法定货币。欧元主要由德国、法国、意大利等国推动，于1999年1月1日率先在符合条件的德国、法国、意大利、荷兰、比利时、卢森堡、爱尔兰、西班牙、葡萄牙、奥地利、芬兰共11个国家作为记账单位（存款货币）推出试运行。2002 年 1 月 1 日，欧元纸币与硬币正式全面流通，开始代替欧元集团成员国原有的国家货币。同年 2 月 28 日，成员国原有的本国货币全面退出流通领域，欧元与成员国货币转换过渡期完全结束。

随后，又有一些国家陆续加入欧元集团，包括立陶宛、拉脱维亚、爱沙尼亚、斯洛伐克、斯洛文尼亚、希腊、马耳他、塞浦路斯，到 2022 年欧元集团共有 19 个成员国。另外，2022 年 6 月 16 日，欧元集团批准了 19 个成员国财政部部长提出的让克罗地亚成为欧元集团成员并使用欧元的建议，克罗地亚自 2023 年 1 月 1 日起正式加入欧元区，成为欧元集团第 20 个成员国（同日，克罗地亚同时成为欧洲《申根协定》成员国）。另外，尽管摩纳哥、圣马力诺、梵蒂冈、安道尔并不是欧盟国家，没有成为欧元集团成员国，但是由于他们以前使用法国法郎、意大利里拉或者西班牙比塞塔作为货币，欧元推出后，经欧元集团同意，这些国家也使用欧元并被授权铸造少量的他们自己的欧元硬币。还有个别国家，如黑山和科索沃，虽未经欧元集团同意，其自己也使用欧元作为支付工具。

欧元集团，是在欧盟基础上，由更加强调经济货币一体化的国家组成的。

欧盟则是由 1958 年正式成立的“欧洲经济共同体”发展而来的，创始成员国有 6 个，分别为德国、法国、意大利、荷兰、比利时和卢森堡，旨在创造共同市场，取消会员国间的关税，促进会员国间劳力、商品、资金、服务等的自由流通，形成共同体增强整体合力与国际竞争力、影响力。欧洲共同体同时成立欧洲投资银行（The European Investment Bank），总行设在卢森堡，于1959年正式开业。1965年4月8日，欧洲经济共同体六国签订《布鲁塞尔条约》，决定将欧洲煤钢共同体、欧洲原子能共同体和欧洲经济共同体统一起来，统称“欧洲共同体”。条约于1967年7月1日生效，欧共体总部设在比利时首都布鲁塞尔。

在IMF设计SDR的过程中，欧共体也启动了欧盟货币联盟的研究。1969年3月，欧共体海牙会议提出建立欧洲货币联盟的构想。但是，随后发生的石油危机和金融风暴，致使这一构想难以实施。直到1979年3月，在法国、德国的倡导和努力下，欧洲货币体系宣告建立，欧洲货币单位“埃居”（European Currency Unit，ECU）诞生，作为欧共体各国之间维持汇率稳定的补充清算工具和记账单位（类似SDR），欧洲货币体系EMS（European Monetary System）开始运作。

1986年2月，欧共体签署《单一欧洲文件》，提出最迟在1993年初建立统一大市场。

1989年6月，欧共体同意分三个阶段创建欧洲经济与货币联盟：第一步，完全实现资本自由流通；第二步，建立欧洲货币局（即欧洲中央银行的前身）；第三步，建立和实施经济货币联盟，以单一货币取代成员国各自的货币（这也是基于SDR一直与其挂钩货币并存，难以成为真正的流通货币的现实，认识到必须取代成员国原有的货币，新的区域货币才能成为真正的流通货币的结果，是对货币认知的重大进步）。

1990年12月，欧共体有关建立政治联盟问题的政府间会议举行。经过长达1年的谈判，欧共体成员国在1991年12月召开的马斯特里赫特首脑会议上通过了《欧洲联盟条约》，通称《马斯特里赫特条约》（简称《马约》）。其主要内容是成员国将实行共同的外交和安全政策，并将最终实行共同的防务政策。此外还将实行共同的渔业政策、建立欧洲货币体系、建设经济货币联盟等措施。该条约规定，在成员国之间要求实现资本的自由流通，真正实现统一市场，并使经济政策完美地协调起来；最迟于1999年1月18日在成员国范围内发行统一货币，并希望成为欧洲经济货币联盟正式成员的国家必须符合几个基本标准，包括：通货膨胀率不得超过通货膨胀率最低三个成员国平均值的1.5个百分点；财政预算赤字不得超过国内生产总值（GDP）的3%；政府负债率不得超过GDP的60%。1992年2月7日欧共体12国外长和财政部部长在马斯特里赫特正式签署了该条约，计划1992年底前完成批准程序，于1993年1月1日起生效。

1993年1月1日，《马斯特里赫特条约》正式生效，欧盟正式诞生。之后，越来越多的欧洲国家加入欧盟，其成员国达到28个。

1994年1月1日，欧盟下的欧洲经济暨货币联盟（Economic and Monetary Union of the European Union）进入第二阶段，成立欧洲货币管理局，其任务是在货币政策上进行协调，加强成员国中央银行间的合作和筹建欧洲中央银行体系。制定和执行货币政策的权力仍由各成员国政府保留。

1995年12月15日，欧盟马德里首脑会议决定将欧洲单一货币定名为“欧元”（Euro），取代“埃居”，成为欧元集团的区域主权货币或法定货币。

1998年1月欧洲中央银行（European Central Bank，ECB）成立，总部设在德国金融中心法兰克福（当时的目标是要打造整个欧洲统一的货币，因此其中央银行被冠名为“欧洲中央银行”而非“欧元区中央银行”，但现实是已经很难打造出全欧洲统一货币，所以，欧洲中央银行更恰当的称谓应该是“欧元区中央银行”）。ECB是根据《马斯特里赫特条约》规定而设立的欧元区中央银行，是共同货币政策的制定者、实施者、监督者，是欧洲经济一体化的产物，是世界上第一个管理超国家货币的中央银行。欧央行主要任务是维持欧元购买力即欧元区物价稳定。欧央行管理主导利率、货币储备与发行，以及制定欧洲货币政策。欧元区货币政策的主导权力虽然集中了，但是具体执行仍由欧元区各成员国央行负责。欧元区各国央行仍保留自己的外汇储备，欧央行的储备由各成员国央行根据本国在欧元区内的人口比例和国内生产总值的比例来提供。

欧央行管理委员会是最高决策机构，负责制定利率和执行货币政策，由6名执行董事会成员和欧元区成员国央行行长组成，每月定期召开会议。相比各个国家的中央银行，欧央行在制定和调整货币政策上具有更高的独立性、自主性，这一度让不少人对其货币政策的准确性、有效性寄予很大期望。

2002年欧元正式流通后，欧元区不光节省了巨额交易成本，还使人才、资金、技术和资源等能够得到区域内更好的配置，从而获得更大的经济效益。欧元使其成员国获得了走向更紧密联合发展的重要基础。欧元区19国人口达3.3亿，其经济体量与国际贸易规模具有重要的国际影响力，也有力地支持了欧元国际地位的增强，欧元兑美元的汇率出现较大幅度的上升。目前欧元在国际支付中的份额接近40%，逼近美元在国际支付中的份额；在国际外汇储备中的份额在20%上下，与美元接近60%的份额尚有较大差距，但欧元自成立开始就成为仅次于美元的第二大国际货币，并对美元的国际货币统治地位构成挑战。如果英国能够加入欧元区，那么欧元区的经济体量、国际贸易和金融交易的规模，就完全可以与美国抗衡，也势必对美元与美国的世界霸主地位产生巨大冲击。正因如此，德法主导的欧央行一直希望英国能够加入欧元区，并将英语列作欧央行第一法定语言。但美国则竭力阻拦英国加入，并不断在欧元区周边挑起事端甚至战争，扰乱欧元区的稳定，狙击欧元给美元带来的挑战。

当然，欧元区包括多个主权国家，并没有实现一体化治理，特别是成员国财政依然保持基本独立，但成员国之间经济发展水平与财政状况相差很大（欧元区成员国中，德国、法国、意大利、西班牙的GDP占75%左右，但德国、法国与意大利、西班牙经济实力相差巨大，欧元区存在以德国、法国、荷兰、比利时及北欧成员国组成的经济发达的“北方国家”和以意大利、西班牙、希腊、爱尔兰等南欧成员国组成的经济落后的“南方国家”不断分化的格局），难以像一个国家那样顺利实现内部转移支付，货币与财政方面的重大决策和执行效率难如人意（无法达到单一国家的水平），也使得欧元的管理和货币政策实施面临更多现实困难与挑战。再加上欧元带来的区域红利已经消耗殆尽，欧元区经济发展后劲不足。欧元兑美元汇率在2007年美国次贷危机爆发后一度加快攀升，至2008年4月接近1.6的历史高点，但2008年8月全球金融危机爆发后，欧元区应对危机的能力与效率不足，2010年希腊、意大利、西班牙等多个成员国爆发债务危机乃至经济危机，迫使欧央行放松很多既定规则。南方国家央行购债增加，“赤字率不超过3%、政府债务率不超过60%”的规则难以严格履行，进一步加剧成员国内部争议和矛盾。欧元区整体经济复苏比美国、英国更加缓慢，由此造成欧元兑美元汇率基本上保持持续下降态势。

在欧元酝酿期间和推出之后，一直希望英国能够加入，因为只有这样，欧元区经济和金融的国际影响力才能与美国抗衡，但英国却一直徘徊在美国与欧元区之间，在最大限度上进行双边套利。2010年之后，欧洲面临债务冲击，经济增长迟缓，英国反而出现了脱欧倾向。2015年欧洲大陆又深受难民潮冲击，经济社会稳定面临更多挑战，这也使英国是否脱离欧盟的争论更加激烈。

伦敦时间2016年6月23日，英国就是否留在欧盟举行全民公投。投票结果显示支持“脱欧”的票数以微弱优势战胜“留欧”票数，英国将脱离欧盟。经过长时间的国内法律程序以及与欧盟的谈判，2020 年 1 月 30 日，欧洲联盟正式批准英国脱欧，英国随后宣布将于伦敦时间 2020 年 1 月 31 日 23 时正式“脱欧”，结束其 47 年的欧盟成员国身份，也使欧盟成员国减少为 27 个。英国脱欧，也彻底断绝了其进入欧元区以及仅靠欧元区自身实力推动欧元赶超美元的可能。

2022 年 2 月下旬爆发俄乌冲突后，欧洲全力跟随美国制裁俄罗斯并援助乌克兰，使得俄乌冲突很快上升为俄罗斯与美国等西方国家的直接对抗，由此也大幅恶化了俄罗斯与欧洲的关系，阻碍了石油、天然气等重要资源的相互贸易，给石油、天然气匮乏的欧洲，特别是欧元区经济社会带来更大影响。在滞胀压力不断加大的形势下，希腊、意大利等国家再度面临债务危机考验。欧元区滞胀压力远超美国，再加上美联储大幅加息（力度超过欧元），到 8 月下旬，欧元兑美元汇率跌破 1（平价）的关键水平，到 10 月一度接近 0.96，使欧元的管理面临严峻挑战，很多人对欧元原有的期望受到冲击，甚至认为欧元必将瓦解的声音都明显增强。但是，欧元作为区域主要货币，从理论上是成立的，其兑美元汇率波动就如同其他货币一样是在所难免的，认为欧元必将瓦解理由并不充分。

所以，如何在国家主权独立情况下，打造和维护多成员国组成的区域主权货币乃至世界货币依然是一个非常复杂的难题，需要认真研究和深入探讨。

第二章

信用货币：投放与管控

实物货币（包括纸币）的增加，主要取决于货币投放机构货币实物（原材料）或货币本位金属的获取（包括自有或购买、接受抵押等）与实物货币的投放。所以，长期以来，人们习惯性讲钱（货币）是货币投放机构（如钱庄、银行等）铸造或印制与发行出来的。时至今日，当问到人民币是如何出来的，很多人依然会说，是中国人民银行印发出来的；当说到货币总量大规模扩张时，很多人以及媒体仍会说“央行开足马力印钞票”。

但是，在货币彻底脱离实物转化为信用货币后，货币已不再只是现金，而更多地表现为存款，其投放不再受制于黄金等任何特殊实物的约束，上述传统说法就偏离现实不再准确了。信用货币需要形成新的投放方式与配套的管理规则——这也是理解信用货币本质与运行机理非常重要的关键环节。

信用货币：如何投放出来

信用货币的投放渠道主要包括以下几种。

货币投放机构购买储备物投放货币

货币投放机构购买和保持一定的货币储备物，就可相应地将等价的货币投放出来，这是货币投放最传统的渠道或方式。由此也会据以确定和维护货币币值，增强货币信誉：货币储备物主要用于应对货币币值，特别是货币汇率出现超预期的大幅波动，必要时可通过买入或卖出储备物扩大或收缩货币供应、调节流通中的货币总量进行对冲或反向调控。由此，货币储备物并不是一般物品，必须具有高度流通性。

从世界范围看，最理想的货币储备物主要是原来充当货币时间最长、流通范围最广的黄金，以及主要国际货币（属于国际硬通货的国家货币）等能够得到全世界最广泛认可、流动性很强的价值载体。

保持充足的高质量储备物，对货币信用特别是其国际声誉具有重要支撑作用。由此投放的货币，属于社会主体以等价物换取的自有货币，成为全社会最重要的“基础货币”，其增减变化在整个货币总量调控中具有重要的基础作用。

但货币储备物和基础货币并不是越多越好，而是需要控制在必要的合理水平，否则就会使货币倒退回实物货币体系了。同时，央行买卖储备物，并不是以经营和营利为主要目的，而主要是为了平抑币值和汇率的剧烈波动，在币值和汇率波动没有超出预期范围时，央行一般不应或无须进行储备物的买卖。央行储备物买卖盈利及其他经营收益，一般也需要在扣除符合规定的开支或成本后，专项上缴国家。

需要注意的是，货币投放机构购买黄金（包括从国内和国际市场上购买）或国际硬通货（外汇），并不是随心所欲想买就能买到的，而会受到诸多现实条件的约束。在缺乏有效供应（来源）的情况下，不少国家的货币投放机构实际上购买不到足够的黄金或国际硬通货作为储备物，所谓合理的"外汇（含黄金）储备规模"实际上并没有客观现实的基础。一些国家在缺乏足够的外汇或黄金储备情况下，只能转而购买当时本国最受社会追崇的重要物资（如粮食、棉花、食盐等），特别是本国范围内信用最好、流动性最强的国债作为货币储备物。但如果这些储备物的国际声誉和流动性与黄金或国际硬通货存在很大差别，其支撑货币的国际声誉同样会受到很大影响。所以，从扩大开放、增强本国货币国际声誉角度讲，除主要国际货币发行国外，国债或政府机构债等一般不应成为货币储备物的首选。即使是美国、英国、日本等主要国际货币发行国，也依然保持着很大规模的黄金储备或外汇储备（因美元属于国际中心货币，美联储的外汇储备需求很小，但美联储依然保持超过 8 000 吨的黄金储备，雄踞各国央行黄金储备之首；而货币国际化程度相对较低，但对外贸易和投资规模很大的日本，则需保持很大规模的美元等外汇储备）。

另外，日本央行为维持资本市场稳定并扩大货币投放，2002 年 9 月开始大量购买股票或股票 ETF（Exchange Traded Fund，交易型开放式指数基金，代表一篮子股票的所有权，是一种在交易所上市交易的，基金份额可变的开放式基金，其买卖不会对个别股票价格产生特殊影响），成为新的货币投放渠道，2023 年 3 月末达到 37.12 万亿日元。这种做法引起很多国家的关注，有可能被借鉴运用。当然，这也涉及央行能否和如何进入股市，如何避免导致货币超发和对个股产生特殊影响等问题，需要仔细论证和把控。

时至今日，如何准确定位和把握货币储备物的管理（包括其品质标准、品种结构、储备规模、有效运用等），实际上在全球范围内仍存在很大争议，成为货币研究和管理需要厘清的一个重要课题。

货币投放机构以信贷方式借出货币

所谓“信贷投放”，包括货币投放机构通过发放贷款、购买债券、账户透支、票据贴现等，按照约定条件向其他需要货币的社会主体（企业、住户、政府机构、其他金融机构等）借出货币。

货币信贷投放背后的原理是：引入借款人与货币投放机构一道，共同对其已经拥有或在约定时间内将会拥有且能变现的可交易财富的价值规模进行评估，以借款人能够按照约定偿还借款本息作为隐形（信用贷款）或显形（抵质押贷款）支撑，并根据其拥有财富的未来变现能力或风险的大小确定相应的折扣率和借贷金额，进行货币的投放。这样做，既能避免过度依赖购买储备物投放货币而使信用货币倒退回实物货币或金属本位制货币的风险，又能够充分满足全社会扩大投资和消费的货币合理需求，最大限度地保持货币充分供应以及货币总量与财富价值总额相对应。由此，信贷就成为信用货币投放越来越重要的渠道或方式，成为全社会货币总量（包括社会主体自有货币 +

向货币投放机构借入货币）与财富价值总量能够相互对应、灵活调节的重要保证。

可以说，货币信贷投放的产生与发展，对信用货币体系的成功运行具有十分重要的意义：没有货币的信贷投放，就难以保证货币的充分供应和灵活调控，就难以形成真正的信用货币体系。

央行集中开户制下的国库开支

国库是指国家（政府）财政收支形成的结余，会随着国家税费收支以及债券募资与本息偿还等发生变化。在国家规定国库收支集中在中央银行开户和处理，并定期将结果向政府和议会报告的情况下，国库增加收入，等于从社会上向央行回笼货币，会减少社会上的货币总量；国库增加支出，会增加社会上的货币总量。这样，国库收支也成为一个特殊的、对前面两大渠道投放出来的货币具有一定调节作用的另类投放或调节渠道，并体现出财政政策对货币总量的一定影响。

当然，国库开支并不是货币投放的主体渠道，而只是特殊的调节渠道，所以，在讲到信用货币投放渠道时，通常只是讲前两大渠道，而很少提到国库开支。

信贷投放：货币裂变重要推手

在出现货币的信贷投放后，货币的表现形态、运行方式和功能发挥也随之出现深刻变化。

由现金投放转向存款投放

货币投放机构可以直接用现金购买储备物或发放信贷进行现金投放，但这样做不仅需要大量印制现金，成本很高，而且发展空间是非常小的。一种更加简便易行的方式是：将在社会流通的现金尽可能集中起来，存放在货币投放机构形成“存款”，并承诺存款与现金等值且可以按照约定进行互换（即存款标明的货币与现金所代表的货币，在“货币”层面是完全相同的，没有任何不同，现金和存款都只是货币的载体或表现形态），存款人可以按照约定条件将现金转入存款或从存款提取现金（活期存款存取自由），也可以直接用存款对外付款。这样，除保持必要的现金投放和流通外，货币投放机构将购买储备物或提供新的信贷所投放的货币直接记入收款人的存款账户即可，无须再大量印制和投放现金。

这样，就推动货币投放由原来单纯的现金投放，越来越多地转变为存款投放，即将投放的货币数额直接记入社会主体在货币投放机构开立的存款账户中，而不必投放现金，包括中央银行向商业银行再贷款也同样如此。由此就大大减少了现金印制、投放和管理的相关成本。

由现金支付转向转账支付

在发生交易需要支付货币时，货币所有者可以直接使用现金支付，也可以通过存款机构将货币从付款方存款账户扣减并记入收款方的存款账户，即通过存款机构办理转账支付、记账清算的方式完成货币支付，由此以收付款双方以及其存款开户机构之间的债权债务关系调整，替代货币现金的实际流动。

随着交通通信与交换交易的发展，货币的支付越来越多地从原来收付款双方直接的“现金收付”，转向存款机构参与进行的“转账支付”和记账清算，即由存款机构（银行）按照付款方的支付指令减记付款方存款，相应增加收款方存款的方式进行支付清算。现金支付在全社会支付总额中的占比不断下降（2022 年中国的现金支付占比已经不足 2%），由此大大减少现金的社会需求，降低货币印制和运行的成本，提高货币流通的安全性和运行效率，增强货币使用第三方合规性监控。

如果收付款双方不在同一家存款机构开立存款账户，还需要其开户机构之间相互开立清算账户（对开账户），或者共同在清算中心（包括专门的卡组织或网络支付清算中心等）开立清算账户（集中开户），建立清算通道以实现支付款项的跨机构转账（完成信息传递与资金划拨并确保安全准确与成本效率可接受）。由于对开账户方式会形成远超集中开户方式的账户数量，并相应增加账户管理的难度，所以，实践中集中开户成为存款机构之间开立清算账户的首选。国家和地区内一般都会建立清算中心，各存款机构集中在清算中心开立账户后，即可以清算中心为枢纽打通相互之间的清算通道。

为增强存款的吸引力，推动转账支付的发展，存款机构还会为存款支付一定水平的利息，增加存款人的收益（现金是没有利息收入的），并强化存款安全性管理。存款机构则可以通过收取合理的转账支付费用增加收益，并将存款中稳定的部分用于信贷投放（保证足够的支付流动性），收取更高水平的利息，实现合理的存贷利差收益。

由现金货币转向存款货币

银行存款和记账清算的出现与发展，也推动货币形态从“现金货币”，发展出“存款货币”，货币总量就表现为“流通中的现金＋存款机构吸收的社会存款”。货币进一步摆脱“现金”的外形，更多地用货币符号与存款数字来表示，“现金”和“存款”都成为货币的表现形态，二者背后表示的货币是完全相同的。

由此就带来一个“货币”概念上的重大变化：货币不再只是现金，现金只是货币的一种表现形态，不能将货币等同于现金；现金投放只是货币投放中越来越小的一部分，而不是货币投放的全部。

长期以来，人们习惯性地把货币的载体直接看作或叫作货币，比如把充当货币的贝壳叫作“贝币”，把金银铜等铸币叫作“金币”“银币”“铜币”，把金属本位制下纸质代币叫作“纸币”等，并在很长时间内都把“货币”等同于“现金”，但实际上贝币、铸币、纸币等，都只是货币的表现形态，而不是货币本身，所以它们才会不断演变升华，从贝壳等自然实物货币，发展到金银铜等金属铸币，再发展到纸币。货币的运行方式也随之发生重大变化，不得提高效率、降低成本、加强风控。随着信息技术的发展进步，货币又从纸币等现金货币，发展出存款货币、电子货币、数字货币等，其表现形态与运行方式仍在不断改进，但货币的本质属性与核心功能没有改变，所以，不能把货币与载体或其表现形态等同起来，现在仍将货币与现金画等号完全脱离实际。

但是，令人非常遗憾的是，时至今日，在全球范围内上述变化并没有得到人们的充分认知，将货币等同于现金的观念仍然根深蒂固。有关“货币是央行发行的、是央行的信用或负债”“由央行发行的货币，属于央行的负债和信用，具有法偿性，是国家法定货币或公共货币（央行货币），不存在违约风险。由商业银行通过信贷投放并转化为存款表示的货币（银行货币），以及非银行金融机构以电子钱包表示的货币（钱包货币），则属于民间交易派生的私人货币，存在违约风险，其信用和安全性低于央行发行货币”等表述，一直作为经典表述而没有得到纠正，依然在世界各国和国际组织（如 IMF、BIS 等）的教科书和相关法规、文献中得以保持。这种说法是不成立的，仍是将货币与其表现形态等同起来了。实际上，现金、存款、钱包背后的货币是完全相同的，只是它们存放在不同机构作为负债的风险不同。如果将其划分为不同的货币，那么，货币在现金、存款、钱包之间相互转换，就成为不同货币之间的转换了，这是完全脱离实际的。

在中国，《中华人民共和国中国人民银行法》中关于“人民币”的论述，一直都是：中华人民共和国的法定货币是人民币。人民币由中国人民银行统一印制、发行。中国人民银行发行新版人民币，应当将发行时间、面额、图案、式样、规格等予以公告。《中华人民共和国人民币管理条例》也明确：“本条例所称人民币，是指中国人民银行依法发行的货币，包括纸币和硬币。”这些说法，毫无疑问，就是将人民币（货币）等同于现金了。这也成为至今很多人仍坚持货币是央行发行的，是央行的信用或负债这种说法的重要原因。

现实是，即使是央行直接投放的货币，也并非只有现金，而更多的是其面向商业银行通过再贷款等方式投放的存款货币。央行投放的现金，并不是央行投放的“基础货币”的全部，而只是其中比重很小的并且比重会越来越小的一部分。即使是现金，央行也是面向少数具有资质的现金运营机构（主要是大型商业银行）进行投放，再通过运营机构向外兑出才能真正投放到社会中不断流通。随着货币数字化和移动支付的发展，现金支付规模在全社会货币支付总额中的占比不断降低，甚至可能被完全取代，全社会的现金需求也会大大降低，央行从加强货币使用合规监管角度，也会积极推动非现金化支付，流通中的现金占货币总量的比重必然会不断降低。

所以，《中国人民银行法》和《人民币管理条例》等法规中关于“人民币”的描述，都应该修改为“人民币现金”，《人民币管理条例》应该修改为《人民币现金管理条例》。

也正因为至今仍将货币等同于现金，而现金的设计、印制、发行和管理一直由央行负责，所以2019年开始中国人民银行也明确将其研发的“数字人民币”定位于流通中的现金（M0），主要用于小额零售支付和替代流通中的现金。数字人民币完全比照现金人民币，由央行专门制作，并设计了专门的版面，其投放也采取“中央银行—运营机构—社会主体”的“二元结构”。数字人民币也不予计息，且兑入兑出一律免费。这让很多人认为：数字人民币不能用于银行存款和记账清算，甚至一度传出数字人民币不能用于购买黄金、外汇等，更不能用于银行贷款并派生新的数字人民币。央行也没有设想直接以数字人民币投放再贷款等，向金融机构注入数字人民币流动性。在试点过程中，人们用数字人民币钱包与商家办理支付结算时，全部都是免费的。其支付使用与现有的支付宝、财付通（微信支付）等移动支付在用户端体验上几乎没有什么领先的感受。这让很多人对国家投入巨大资源进行研发并长期广泛开展试点（往往需要政府或运营机构提供大额资金发放数字人民币消费券或红包等）的数字人民币的实际效果及其生命力深感疑惑和担忧。

实际上，这些问题的出现，根本上还是对“人民币”概念描述和定位理解上存在偏差，仍然将货币等同于现金。

客观讲，为控制数字人民币可能给现有货币金融体系带来太大冲击的风险而实施分步走，先从小额零售和替代M0起步，然后再向大额批发和全面替代推进，似乎存在一定的合理性。但这也应该从一开始就明确：只有“由中国人民银行（央行）专门制作并投放的数字人民币定位于流通中的现金”（即数字现金），这部分数字人民币不计息，其在中国人民银行、运营机构和社会主体钱包之间的兑出、兑回一律免费。但数字人民币同样是人民币，凡是现有人民币能够应用的地方，数字人民币一律都能使用，并要遵守同样的金融法规，接受同等的金融监管。所以，数字人民币可以应用到所有的金融业务上，包括形成数字人民币存款和转账支付（记账清算）、用于信贷投放和派生数字人民币以及用于购买外汇、黄金等；商业性金融业务只能交给各类商业性金融机构（银行、保险、证券、基金、期货、信托、租赁等）办理，而不能将所有数字人民币金融业务全部收归中央银行集中办理；商业性金融业务办理数字人民币业务，必须按照商业（市场）法则计息收费，而不能一律是无息免费的（否则对金融机构严重不公平，也不可持续）；数字人民币同样要纳入人民币总量进行调控。数字人民币试点成功后，应该作为一种新的结算或运行方式，由央行发布公告，在限定时间内在全国全面推行，完全彻底地替代原有人民币运行方式（当然，人民币现金可能难以因此完全退出，应该需要长期保留适量现金以备应急之需）。

从“数字货币”的本质，以及放眼于未来数字人民币全面应用的角度看，将数字人民币定位于 M0 本身就是不成立的。

实际上数字人民币根本不可能是具有现金（纸币及小额硬币）一样的实物，无须不同面值不同的版面设计和每张纸币固定的编号，而是统一用钱包余额（含角、分位）直接表现；钱包需要通过运营系统按照统一规则赋予的系统密码（公钥）与所有者自设的个人密码（私钥）共同验证通过后才能使用，以确保钱包的真实与安全；钱包每次收付使用，都是直接增减其余额即可，不存在找零问题；每次动用后钱包随即更新（旧钱包随之灭失），显示最新的余额，并将由运营系统赋予其新的系统密码（不影响客户自身的密码）；数字人民币钱包全程都有其开户银行或支付机构监管，每次动用都需要检验密码等，并不像现金一样，付给持有者后，其支付使用以及毁坏、丢失或被盗等，一律由现金持有者自己负责。由此，数字人民币钱包在运行和管理上根本不同于现金，本质上完全属于一种存款，理应纳入银行存款账户体系统筹规划、分类分级管理（就像现有的存款及支付钱包一样），应该从现有人民币（特别是各种存款）转化而来，而不应将数字人民币定位于流通中的现金，不应刻意要求钱包与存款隔离形成独特的运行体系，不应将数字人民币计入 M0。

前期由于太过强调定位于 M0，数字人民币设计高度模仿现金，配有专门的版面设计，形成与存款隔离的完整运行和管理体系，造成很大无效投入，并给数字人民币的设计、推广、运行和管理带来诸多不必要的麻烦，严重影响数字人民币向所有存款账户和金融业务的延伸，更难以支持国际支付应用。所以，必须准确把握、尽快调整数字人民币的 M0 定位。

可见，传统的将货币等同于现金的认识，在信用货币体系下，使货币在最基本的概念上就出现了差错，给货币理论研究与货币金融管理带来很多问题，首先需要彻底纠正。

现金货币、狭义货币、广义货币

长期以来，管理实践中将货币划分为“流通中的现金”（M0，即“现金货币”）、“狭义货币”（M1，包括 M0+ 企事业单位结算类活期存款）、“广义货币”（M2，包括 M1+ 企事业单位定期存款以及个人所有存款等），并不是因为它们是不同品质或档次的货币，而只是因为它们的流动性、影响力和管理要求存在不同（M1、M2 的定义或内涵可以根据管理需要进行适当调整，包括进一步划分出 M3 等）。之所以有“货币总量”的概念，是因为货币早已突破了现金的形态，更多地发展为“存款”（包括“电子钱包”“数字钱包”等非现金形式）。由此，在货币监管上，绝不能停留在只管现金上，而必须把存款纳入其中，对货币总量进行全面监管。

所以，准确理解“货币本身”与“货币表现”形态的关系，明确现金货币、狭义货币、广义货币的关系，明确货币不再只是现金，是准确理解信用货币的关键。

信用货币：利率水平更趋合理

在出现货币信贷投放后，货币完全可以根据可交易财富价值的增长而增长，实现货币对应社会合理需求的充分供应，彻底摆脱了实物货币体系下货币供应跟不上可交易财富价值增长（存在“货币短缺魔咒”），造成货币借贷利率水平不断攀升、高居不下，对经济社会发展形成严重束缚或阻碍的局面。因此，在信用货币体系下，货币借贷利率总体上要比实物货币体系大幅下降并更趋合理。这又推动社会借贷等融资行为更加活跃，推动经济社会加快发展。

这一点解答了一个困扰世人很久的货币金融难题：为什么在全社会负债规模不断扩大、负债水平大幅提升的情况下，货币借贷的利率水平却比金本位制时大幅下降，总体上呈现出高负债、低利率、低增长的发展态势？答案就是：货币的信贷投放彻底解决了实物货币体系下客观存在的货币供应不足问题；货币的充分供应必然推动利率水平进入一个合理的较低状态；货币的充分供应、负债水平的大幅提高、全球性产能日趋过剩（需求不足增强），必然造成世界经济增长潜力削弱和速度低迷。

信贷质量：货币质量决定因素

在信用货币越来越依靠信贷投放的情况下，货币投放机构信贷资产的质量（对应的是全社会对信贷投放机构债务的质量）就成为影响货币质量的决定性因素。如果对财富价值及其变现能力出现严重高估并据以进行货币的信贷投放，就会形成货币投放机构到期不能依约按时足额收回信贷资产本息的坏账损失，就意味着这部分损失并没有真实的财富价值相对应，就形成了货币真实的超发。

由于财富价值在很大程度上受到供求关系和市场预期的影响，存在很强的顺周期性，在市场向好情况下，很容易出现财富价值高估并因此扩大货币投放，但在信贷到期前，如果市场发生逆转，就可能造成信贷到期时财富变现不足而形成信贷不良损失，形成货币真实的超发。这些不良损失必须得到及时确认与损失核销，才能将超发的货币予以消除。

由此，有效控制财富价值的高估和货币投放机构相应的信贷超发，就成为保证货币质量的首要环节。同时，对信贷资产质量定期检测，及时发现并处理坏账损失（足额计提损失拨备或直接予以核销）则成为保证货币质量的重要保证。相应地，货币投放机构信贷资产中尚未核销的真实不良损失水平，就成为反映一国货币质量最重要的指标。

“铸币税”：不是更大而是更小

一种长期流行的观点和说法是：在信用货币体系下，货币的印制成本大大降低，甚至可以作为数字直接记入借款人存款账户增加货币而无须印制，因此其“铸币税”就会相应大幅提高，甚至接近其票面价值，并随同货币总量的扩张而大幅扩张。有人据以说央行就是“无本万利”，可以“无中生有”（直接投放货币购买财富或形成债权），其投放的基础货币，基本上可以看成全部是央行的铸币税；国家通过扩大货币发行即可收敛巨大社会财富形成政府收入，远比征收一般的税费容易得多。国际上也经常有人说，美国可以利用美元的国际中心货币地位，凭借一张印制成本仅十几美分的百元美钞，就可以买到其他国家价值相当于100美元实实在在的商品或服务，用“高额铸币税”的方式就能从全世界攫取或掠夺巨额财富（薅羊毛），是典型的货币霸权或金融霸权。这种观点和说法听起来言之凿凿，然而却纯属偏离实际的主观臆想，是对信用货币严重的无知和误解！

首先，所谓铸币税，特指在金属铸币时代，铸币所使用的原材料内含价值与铸币的面值会存在一定的价差，货币铸造和投放机构会由此获得一定的收益或利润。由于铸币权往往归封建君主或领主所有，铸币收益类似于国家通过特定权力征收的一种税赋，所以这种收益也被叫作“铸币税”。

铸币税在自然实物货币阶段是不存在的。

在金属（铸币）本位制纸币阶段，由于纸币的印制成本或内含价值大大低于金属铸币的内含价值，但却可以等同于金属铸币流通使用，因此很多人就简单地认为，纸币条件下的铸币税等同于纸币票面价值减去其印制成本后的盈余，其铸币税比铸币阶段大幅度扩大了。这是对铸币税很大的误解：在金属本位制纸币阶段，真正的货币仍属于金属铸币，纸币只是金属铸币日常流通的代币，同时也是纸币印制和发行机构对持币者的一种负债证明（实质上是货币投放机构发行的一种标准化可流通的债券），承诺持币人可以按照约定的比率用纸币向投放机构兑换金属铸币或铸币金属（如金条、金块等），纸币对应的铸币金属储备并不是货币投放机构的收入或收益。此时的铸币税依然是金属铸币内含价值与其面值之间的差额，而不是纸币本身印制成本与其面值之间的差额。

同样，在纯粹的信用货币阶段，央行用货币购买储备物的价值，并不是央行由此投放货币实现的铸币税（否则，央行出售货币储备物回笼货币，也应该被看成央行在缴纳或退还铸币税了）。出让货币储备物的社会主体，并不是无偿上缴了储备物充当铸币税，而是由此换取了代表一定金额的价值通证或价值权证，即货币（属于其资产），是等价交换，还可以凭借货币在社会上购买所需要的财富。央行购买储备物投放货币能够实现的铸币税，最多只能是其将储备物卖出后实现的净收益。由于央行购买储备物投放基础货币并不是越多越好，而是应该控制在必要的合理范围内，而且央行货币储备物的买卖不是以营利为目的，而主要是为平抑币值，特别是平抑汇率而进行必要的逆市操作，真正能实现的收益（“铸币税”）远不像货币总量那么大（还可能出现买卖损失），其规模其实很小，甚至可以忽略不计。

同时，包括美元在内的各国货币，都是一种价值尺度和交换媒介，是受到国家主权和法律保护的流动性很强的价值通证或价值权证，其内含价值并不等于其印制成本。将纸币面值减去其印制成本后的余额作为铸币税是根本不成立的。

美元能够成为国际中心货币，是其强大的综合国力特别是国际影响力决定的。美国以外持有美元的人，同样可以从美国或世界很多地方购买到所需要的商品或服务。对美国出口商品或提供服务所换取的美元，并不像有人所说的那样，是用货真价实的财富换取了一张不断贬值的“废纸”（否则，就可以把所有国家的信用货币都说成是“废纸”了）。其他国家如果对美元不信任，完全可以拒绝收取美元，或者将已获得的美元在国际市场上卖出，转换成其他国家的货币或黄金等实物。美元成为国际中心货币，可以降低美国的对外结算成本和汇率风险等，给美国带来很多好处，但也给美国调控美元全球流动性，维持美国金融体系和国际金融市场稳定带来很大挑战，并不是只有好处没有风险的。以美国可以用印制成本仅十几美分的百元美钞向他国购买到百元美元的商品或服务来说明美元巨大的霸权和铸币税，证明美国是巧取豪夺他国财富的经济恶霸，是经不起推敲的，理论上并不成立，这样说反而会成为国际笑柄。

当然，中央银行拥有的黄金，特别是外汇储备，可以在风险可控前提下进行适当的市场运作获得收益（也同样可能出现损失），但严格讲，这已经跟铸币税没有多大关系。另外，中央银行作为维护市场流动性的管理者和最后贷款人，还会保持一定规模的再贷款或定向货币投放（实施结构性货币政策）等，由此实现一定水平的利息收入，并可能减去金融机构在央行的存款利息后形成利差收入。所以，尽管央行不是营利性机构（不以营利为目的），但一般情况下仍会实现比较可观的利润。然而，这些都属于央行经营性收益，并不属于铸币税。把央行实现的利润通通说成是铸币税，也是不准确的，尽管国家会因为将货币印制与管理的特权赋予中央银行，而可能要求其将利润中的很大一部分作为专营费（专项所得税）上缴国家财政。

由此，在信用货币体系下，特别是在数字货币阶段，铸币税不是无限放大了，而是大大缩小了，甚至可以忽略不计。这会颠覆很多人的看法以及传统的经典说法，对此需要准确把握。

央行利润：需大部分上缴国库

信用货币的“信用”，是国家信用，而非央行信用，是国家将货币印制或监管的特权赋予央行，所以，央行实现的利润，除保留合理的部分外，一般大部分都要专项上缴国家财政（这会有专门的管理办法）。

例如，《中华人民共和国中国人民银行法》明确：中国人民银行属于中国的中央银行，应当保持与履行职责和承担风险相适应的财务实力，建立健全准备金制度和资本补充机制。应根据资产性质和风险状况提取专项准备金，用于核销资产损失等。每一会计年度的收入减除该年度支出，并按照一定比例提取总准备金后的净利润纳入中央预算。中国人民银行的亏损由国家资本和中央财政拨款弥补。中国人民银行应当于每一会计年度结束后，编制资产负债表、损益表和相关的财务会计报表，并编制年度报告，按照国家有关规定予以公布。

即使是在美国、英国等很多国家，中央银行并不是法律意义上的国有银行，而是私人合伙机构，但由于是国家特别赋予其货币的监管特权，并由其承担货币储备物和再贷款的运作管理，所以也需要定期向社会披露其资产负债和损益情况等相关报表，其利润很大部分仍需专项上缴国家财政。但这并不是传统意义上的铸币税，而是专项所得税。

信用货币的基本管理要求

彻底脱离实物货币后，信用货币完全突破了实物（或实物本位制）货币跟不上可交易财富价值增长而客观存在的越来越严重的货币供应不足对交换交易和经济社会发展造成严重阻碍的桎梏。信用货币可以通过货币投放机构进行信贷投放，以保证货币的充分供应，充分满足全社会合理的货币需求，有力地支持交换交易和经济社会的发展。但这又可能走向另外一个极端——诱发货币超发滥发，严重破坏货币的质量和信誉，甚至引发货币金融危机。为此，就需要建立严密的管理制度，强化相应的监督管理。

强化全社会信用体系建设

要严厉打击逃废债行为，对资不抵债的债务人应该及时进行重组或破产清理。货币投放机构也需要及时识别其信贷资产的不良损失并相应计提拨备或直接予以核销，由此造成资不抵债的，同样要予以重组或破产清理。这样才能将超发的货币尽可能予以消除。如果一味地追求短期的经济金融稳定，维持企业和金融机构“大而不能倒”，或形成大量“僵尸企业”（僵尸企业是指收益能够让它继续运营并支付债务利息，但却不能偿还债务的公司）或金融机构，就会严重威胁货币质量和金融安全。

建立中央银行与商业银行分离运行体制

将货币投放机构划分为“中央银行”与“商业银行”分别管理，建立货币投放“双层（二元）结构”和风险隔离与缓冲机制。

中央银行主要负责货币现金的标准制定与运行监管（可以直接负责现金印制，也可以委托其他机构按照标准和储备要求进行现金印制），负责货币币值监测与货币总量逆周期调控（货币政策制定与实施），负责对商业银行货币投放的宏观审慎监管与金融市场流动性调节（通过再贷款等的投放和回笼，成为金融市场最后贷款人），但不能直接面向社会公众与政府办理一般性金融业务，特别是不能对其发放贷款或购买债券等进行信贷投放，避免由此可能形成信贷不良损失，危害中央银行与货币体系的稳定（央行不能破产倒闭，否则影响和危害极大）。正是基于这一要求，《中华人民共和国中国人民银行法》明确规定：中国人民银行是中华人民共和国的中央银行。中国人民银行不得对政府财政提供透支，不得直接认购、包销国债和其他政府债券；不得向地方政府、各级政府部门提供贷款，不得向非银行金融机构以及其他单位和个人提供贷款，但国务院决定中国人民银行可以向特定的非银行金融机构提供贷款的除外；中国人民银行不得向任何单位和个人提供担保。

面向社会公众办理金融业务，只能由商业性金融机构办理，特别是发放贷款或购买债券等信贷投放，只能由参与市场竞争的商业银行进行，并要接受中央银行的信贷监管；商业银行不能只有一家，否则，包括信贷派生的存款全部集中在同一家银行，银行就不会存在跨行支付的流动性风险以及资不抵债的经营风险，就会成为实质上的中央银行而非商业银行；商业银行资不抵债的，同样要实施重组或破产清理，而不能由央行一味地提供流动性予以支持，使其成为隐形央行而威胁货币质量。

货币投放上“中央银行—商业银行—社会公众”的“双层结构”以及推动从事货币信贷投放的银行成为在资不抵债时可以破产清盘的真正的商业银行，是信用货币管理的基本要求。

其中，由于央行不得直接面向社会主体（包括政府）提供信贷投放，而只能面向商业银行等金融机构提供流动性支持，即使是央行投放现金，也需要通过商业银行才能到达企事业单位和居民个人等社会主体手中，转化为社会流通中的现金，由此就带来一个前所未有并一直没有得到足够重视的重大变化。

信用货币的投放并不是传统表述的“央行投放现金—现金转换为银行存款—银行用存款发放贷款派生出更多存款（货币）”这种基本流程，而是“银行可以直接通过发放贷款派生出存款（货币）”，银行不必依赖央行的现金投放进行信贷投放；现金已经从货币主体转变成货币的从属品，现金投放根本不再是货币投放的全部或基础；中央银行主要是现金与货币总量管理和调控的主体，而不再是信用货币投放的主体。信贷投放才是货币投放的主渠道，商业银行才是信用货币真正的投放主体。

在信用货币体系下，中央银行对货币总量的调控，也只能通过调节商业银行信贷投放才能间接实现，而且应该更多地采用市场化手段（如通过基准利率调整加以引导）而减少行政化干预，最大限度地推动商业银行自主经营、自担风险、自负盈亏，所以中央银行对货币总量的调节其实是间接的，其货币政策需要通过商业银行才能传达到全社会最终实现。而商业银行信贷投放对货币总量的影响是直接的，没有商业银行的积极配合，中央银行对货币总量进行调控的政策传导效果将受到严重影响，除非央行直接对商业银行的信贷投放实施规模管理与行政干预，但这样做就会模糊中央银行与商业银行的边界，违反信用货币管理的基本规则，是应该尽可能避免而不是鼓励的。

这里需要强调的是：从货币角度讲，商业银行以信贷方式投放的货币，与中央银行投放的货币（包括向商业银行投放的现金和再贷款等）完全是相同的货币，都是国家信用货币或法定货币，不存在任何差别，不能因投放主体不同而将货币区分成“央行货币”（主要指现金）与“银行货币”（主要指存款）等，并认为它们是不同的货币，代表不同的信用或法偿性。这种划分实际上是将货币与其表现形态混同了。从存款（负债）角度看，存放在央行、银行、第三方支付机构等不同机构的存款其风险程度确实是不同的，对存款划分为央行（持有）存款、银行（持有）存款、支付机构持有的“钱包存款”等才是合理的，但不能因此就认为其背后的货币也是不同的。

上述变化，对央行调控货币总量带来新的重大挑战，其调控政策实际效果可能会受到很大影响。

控制银行信贷过度投放

在信用货币主要依靠银行信贷投放的情况下，理论上，商业银行并非必须先有存款，然后才能发放贷款，而是可以通过发放贷款直接派生出等额的存款（货币），增加货币总量，只要其能够保持充足的支付流动性即可。因此，所谓“贷款创造存款”或“贷款创造货币”（这并不等于“银行可以凭空创造货币”），是信用货币信贷投放的自然属性或必然结果，原本不应成为什么重大理论发现，但由于人们长期对信用货币缺乏充分了解，一直认为货币就是中央银行印发的，对信用货币越来越多地由银行信贷创造视而不见，反而对此难以接受，或者一度使信贷创造货币成为一个重要的货币理论大发现。

但是，由此也产生了一个需要特别关注和有效管控的重大问题：商业银行投放信贷是自己的资产，可以由此获得高于存款的利差收益，并能与客户的关系更加密切，而信贷投放形成的货币却是国家货币，根本上属于国家信用，会得到国家隐形信用支持，由此就形成银行信贷的收益与风险并不完全对应的格局，很容易诱惑银行更多地扩大信贷投放并转化为存款，获得更大利差收益，维护客户关系。存贷款规模庞大、与各方面社会主体甚至其他银行存在密切债权债务关系的大型银行一旦发生流动性问题，就会引发大范围系统性风险，威胁到整个货币与金融乃至经济社会的安全稳定，就会迫使央行和政府予以救助，结果很容易形成银行“大而不能倒”（Too big to fail）的局面，进而容易造成信贷泛滥和货币超发。这是信贷创造货币带来的特殊风险，对此必须加以有效控制。

所以，商业银行必须是多家共存、相互竞争（只有一家就成为中央银行了），由此形成跨行支付的流动性约束——扩大信贷投放可以增加货币总量，但并不能等量增加信贷投放机构可以跨行支付的流动性。当借款人用信贷融资对他行客户支付时，如果信贷投放机构没有足够的备付金，就可能出现流动性危机并形成巨大的经营压力，由此形成对银行扩大信贷投放的内在约束。

为强化对商业银行信贷投放的约束，中央银行还可以实行法定存款准备金制度（将银行存款的一定比例予以冻结，相应减少银行流动性和扩大信贷的能力）、存贷款比率管理（将贷款控制在存款一定比率之内）、确定流动性及资本充足率最低要求等，使商业银行必须保持足够的流动性和资本金以备支付和应对其他潜在风险。银行只能在保证足够的流动性和资本保障基础上才能扩大信贷投放，从而有效控制银行信贷过度投放。

在商业银行从事的存贷款业务中，社会主体将货币存放银行转化为存款，并没有转让货币所有权，本质上只是按照约定条件的一种货币出租或托管，存款人由此需要收取存款利息（类似租金）或支付托管费（如银行失去的小额存款账户管理费，这也体现在存款利率上，由此会出现存款负利率）。

所以，在信用货币体系下，商业银行并不是一般的货币经营机构或金融中介机构，其最主要的角色是货币投放机构与货币托管及运营机构（这是商业银行职能定位出现的一个深刻却并未得到足够认知的重大变化），其经营管理具有广泛而深刻的社会影响力，必须从货币管理角度得到包括中央银行宏观审慎监管在内的全社会最严格的监管（形成一套科学严密、行之有效的监管指标和制度体系）。

严禁货币投放机构坐支或分发货币

信用货币体系下，货币不再是投放机构自身的信用和负债，而是国家整体的信用，所以，即使是中央银行印制的现金，也不得直接用于自身的开支（其开支需要有合规的收入或经费来源），不得直接向社会主体无偿分发，而只能用于购买货币储备物或向商业银行提供现金兑换或再贷款等对价投放；商业银行也不得直接给自己发放贷款用于自身开支，而只能向其他社会主体发放贷款，并且其投放的信贷不得承诺可以不予偿还（即无偿提供），严格控制其“凭空创造货币”。

严禁货币投放机构坐支货币或无偿分发货币，这应是货币管理不可逾越的红线，需要得到严格执行。

严控政府或央行对银行信贷的行政干预

实施中央银行与商业银行分离，面向社会的信贷投放主要由商业银行进行，根本的考虑就是强化信贷投放机构的商业属性与财务约束，如果出现严重的流动性危机或资不抵债，就将被接管或破产重组，由此抑制其过度扩大信贷投放，严重影响货币质量。

但这需要严格约束政府或央行对银行信贷的行政干预，增强商业银行自主经营、自负盈亏的法治氛围。否则，如果政府或央行直接对银行信贷进行指标摊派，甚至强制银行承接政府直接或间接债务（如大量购买地方政府债券或城投债等），银行信贷的质量就难以保障。而且在这种情况下，银行出现流动性危机或资不抵债，政府和央行也难以推脱责任，不得不出面救助，帮助其刚性兑付、刚性履约，结果会形成过度保护，严重弱化商业银行的财务约束，推动其成为隐形央行，并由此严重弱化全社会的契约精神和风险意识以及风险管理能力、降低社会资源配置有效性和劳动生产效率。这将对货币质量和经济发展构成严重威胁。

严格其他信贷机构或影子银行监管

信用货币管理还涉及可能同样开展信贷业务的政策性银行，以及隐形开展信贷业务的“影子银行”的监管问题。

政策性银行

政策性银行（policy lender/non-commercial bank）是指由政府创立，以贯彻政府战略规划和特定目标为宗旨，在商业银行不愿参与的特定领域开展先导性、开发性信贷业务（一般为专款专用），不以利润最大化为目标的特殊银行。中国在 1994 年设立了国家开发银行、中国进出口银行、中国农业发展银行三大政策性银行，均直属国务院领导。2015年3月，国务院明确国家开发银行定位为开发性金融机构，从政策银行序列中剥离单独列示，但也并未归属商业银行序列，管理上仍偏向于政策性银行。

政策性银行一般不能吸收活期存款和公众存款，主要资金来源是政府提供的资本金、各种借入资金和发行政策性金融债券筹措的资金。由于其资金来源更多地来自中央银行和商业银行，所以，政策性银行发放贷款同样会增加货币投放。因此，政策性、开发性金融机构发放的贷款和由此形成的存款同样应纳入中央银行货币监管之中。

影子银行

影子银行是指并未取得一般银行牌照，但隐形或变相吸收社会资金（类存款）或变相发放贷款（类贷款）及购买债券的持牌金融机构或非持牌金融机构。

例如，违背“信托”严格意义的“信托（投资）公司”就是典型的影子银行。

严格意义上的“信托”，是指拥有合法资产的委托人，基于对信托公司的信任，经协商同意后签署协议，由信托公司作为受托人，按照委托人的意愿，提供专业化的理财方案，经委托人认可后，由受托人进行相应的投资、管理和处置等，并按照约定收取管理费，投资损益则由委托人承担的法律协定及相关业务。“信托”本质上就是“信任为基、受人之托、代人理财”。

但实践中经常会出现偏离本质的变相信托，信托公司演变成为投资中介，在很大程度上自主承担投资损益，由此将受托资产变成隐形存款，把信托投资变成隐形贷款，将自己演变成为“影子银行”。如果得不到严格监管，势必对货币监管形成冲击，容易引发重大金融风险。

另外，非严格意义上的银行“委托贷款”（实际上属于银行自营贷款）、银行用吸收的存款办理未纳入信贷管理的理财、回购、资产证券化产品投资等，也属于影子银行业务。

随着金融自由化和金融创新（包括金融衍生品迭出，以及金融互联网化、数字化运行和金融机构混业经营等）的发展，各类“影子银行”机构和业务也出现野蛮发展，越来越超越金融监管，引发越来越严重的金融风险，成为 2007 年美国次贷危机和 2008 年全球金融危机爆发的重要原因。尽管全球金融危机爆发后，金融监管明显加强，影子银行得到很大程度的控制，但近年来互联网、信息化、数字化加快发展过程中出现的“数字加密货币”“网络直接借贷（P2P）”“网络众筹”“互联网金融”“金融科技”“NFT（Non-Fungible Token，指非同质化通证或权证）”“元宇宙”等新概念层出不穷，给监管机构准确认知、科学把握、有效监管带来新的巨大挑战。

加强对金融多元化经营集团监管

在金融细化领域不断增多、专业化水平不断提高、市场竞争日益激烈、为客户提供更多金融产品和服务的同时，也需要客户在不同的金融机构开立不同的账户，到不同的金融机构办理各自领域的业务，这给客户带来了更多的麻烦和费用。所以，围绕给客户提供全面而方便的服务，并因此能够获得客户更全面的资金运行和信用变化信息，更好地把握客户的资信情况，需要金融机构以及金融交易所运用先进的信息科技，推动跨领域多元化（混业）经营，并高度整合中后台职能和数据中心资源，提高资源共享程度，挖掘客户资源潜力，降低综合经营成本，为客户提供优惠便捷的服务。这是金融发展的必然方向和客观要求。

这就需要重新审视、准确把握和适当调整我国在1999年大规模金融治理整顿过程中确立的“分业经营、分业监管”的基本原则。

必须承认，针对20世纪90年代各类金融业务野蛮发展、缺乏基本监管暴露出来的严重问题，当时确立的区分银行、保险、证券等不同金融领域实施“分业经营、分业监管”（设立不同的金融监管部门对其分管领域的机构和业务进行专业化审批与监管；不同的金融机构必须取得金融牌照，按照核准的经营范围和业务品种开展经营并接受审批部门的监管）的基本原则是非常必要的，也对强化金融监管、促进金融健康发展发挥了非常重要的作用。但这一原则在实践中也形成了谁审批的机构谁监管，出了问题则是“谁家的孩子谁抱走”（谁批的机构谁负责处理）的格局，很难适应金融机构多元化经营的发展。要么出现过度强调各类金融经营机构必须分设，监管要求其营业场所和人员、系统、大数据等绝对分隔，难以整合内部资源、加强资源共享、形成综合实力；要么就出现对一些地方政府部门批准或未经批准发展起来的跨监管领域的业务，各监管部门相互推诿形成监管真空，也造成一些大型企业财团（产融结合）或金融控股集团、地方政府金控平台公司等，依托多地多个不同领域的业务，逃避金融监管，大量开展关联交易或内部交易，迅速做大规模、抬高市值、掩盖真实风险、扩大社会融资，积累了重大金融风险，造成了恶劣社会影响。

这种格局必须尽快转变。既要顺应科技和时代发展，积极支持金融机构开展混业经营，又要切实加强金融监管和风险控制。多元化经营机构内部需要按照专业板块设立独立的经营实体，获取相应的金融牌照，建立必要的风险隔离机制。在此基础上，要积极运用科技手段，加强各机构中后台的充分整合与客户资源及大数据的充分共享，形成科学合理的金融控股公司（集团）管理架构与体系。

金融监管部门也需要相应推动整合。理想的模式是形成集中统一的金融监管委员会（金监会/委）或金融监管总局（金管局），将银行、保险、证券、期货、信托、基金、金融租赁、消费金融（含小额贷款、汽车金融等）、资管理财、支付公司，以及金融控股（集团）公司、消费者（投资者）权益保护等全部纳入，实施金融监管全覆盖，并推行金融监管机构的国家垂直管理，避免因银行、保险、证券等监管机构分设、中央和地方政府金融监管分离可能造成的相互抢地盘、监管业务重叠但规则不统一，存在诸多规则漏洞和套利空间等问题。此外，还要增强金融监管共性问题的全面统筹和全国统一，有机协调机构监管、行为监管、功能监管、穿透监管（即透过金融机构法人组织，确定其背后的投资人和实控人，并以投资人特别是实控人为主体，全面完整地监督其所投机构之间的关联交易和实际风险等）、持续监管，减少监管空白以及监管重叠下的规则不统一，防止出现问题后的推诿扯皮和地方保护，加强金融监管统筹与宏观审慎监管，有效防范和化解重大或系统性金融风险。在充分整合共性问题的监管职能基础上，金监会/委内部可按不同的专业领域设置相应的内设机构（局/司），以增强和保持对不同领域产品准入与监管规则制定的专业性、准确性。

当然，也可以将更专业、更复杂、更敏感的面向公众充分开放、在公开市场广泛交易的证券化标准化金融产品（股票、债券、期货、资产证券化产品与相关的衍生品等）及其公开交易市场运行配套机构的监管分离出来，在金管局之外单独设立“证券交易监管委员会”（证监会，SEC）负责，或者成为金管局下特设的独立机构，以增强证券交易监管的专业性和有效性。

货币总量需要有效调控

需要央行逆周期调控

由于信用货币体系下货币不再等同于现金，商业银行已替代中央银行成为货币投放的主体，央行货币政策需要通过商业银行才能传导到社会上并影响到货币总量变化，存在着传导效率问题，信用货币的投放并不像很多人想象的那样，完全能由货币当局自主决定，央行或政府想投放多少就能投放多少（或者想放就放、想收就收），信用货币的投放根本上取决于社会主体的货币需求与商业银行信贷投放的意愿，并受到经济周期的深刻影响，具有很强的顺周期性。

在经济上行周期，投资回报率预期向好，容易拉动资产价格上升，社会主体愿意扩大杠杆（负债）增加投资和消费，推动其资产负债表扩张。在资产价格上涨、投资风险减少的情况下，商业银行也愿意扩大信贷投放以求赢得更多信贷收益。由此会推动货币需求、货币供给和货币总量不断扩张。

但在经济下行阶段，由于缺乏有效投资潜力，社会主体不仅难以保证合理的投资回报率，甚至连收回投资本金都难以保证（预期恶化、缺乏信心），就可能不再需要新的信贷融资，甚至还会急于收缩投资和消费并尽可能压缩既有的负债规模，包括提前偿还原有贷款等负债，银行也会收缩信贷投放，推动全社会资产负债表收缩。由此就会引发因货币需求萎缩而形成的内在的通货紧缩。

由于信息不对称问题的客观存在，以及人们追求利益最大化和风险最小化形成“追涨不追跌”的羊群效应，完全的市场调节，很容易调节过头，引发货币投放过度或收缩过度，资产价格过度上涨或过度下跌，并进而引发严重的金融或经济危机。为防止市场调节严重过头，就需要货币当局（央行）进行必要的逆向调控：在社会货币需求旺盛、银行信贷投放意愿强烈的情况下，通过提高基准利率、提高法定存款准备金率或定向发放央行票据、强化存贷比率限制、实施信贷投向和信贷额度控制等，抑制银行信贷扩张的速度和幅度；而在社会主体货币需求萎缩、银行信贷意愿消极的情况下，则做反向安排，对货币总量增长进行必要的逆向调控。

货币调控：控通胀易、控通缩难

需要注意的是，在经济下行预期强化、社会主体不愿扩大债务、银行也不愿扩大信贷投放情况下，中央银行下调基准（政策）利率，降低银行和社会融资成本，有利于形成反向刺激。但在社会预期继续恶化，基准（政策）利率降低到零利率，或者央行对银行实施负利率的情况下依然难以扭转社会预期时，就会出现“利率陷阱”，降低利率很难实现预期目标，除非银行承诺其借出的货币本金也可以不还，但这样银行的信贷质量就会失去保障，整个货币体系就会彻底崩溃。所以，只有政府或财政可以免费向社会主体投放资金而无须偿还（发放补助、津贴、救济等），货币投放机构不得事先承诺其信贷资金可以不用偿还，这一点上，财政与银行（包括央行）需要建立明确的边界。正因如此，越来越多的国家已经出现这种结果：中央银行即使面向商业银行实施零利率甚至负利率，乃至推行量化宽松货币政策，大量向商业银行购买资产并相应释放流动性，也很难推动商业银行同比例扩大信贷投放，更容易让大量流动性淤积在金融体系内（包括回存到中央银行）“空转”，难以真正流入实体经济领域。

所以，相对而言，在社会主体货币需求旺盛、商业银行扩大信贷比较积极的情况下，中央银行要抑制货币总量过快增长（收紧货币缰绳），控制通货膨胀水平，通过提高基准利率、提高存款准备金率、直接压缩信贷规模等，是比较主动和有效的。但在基准利率已经降低为零甚至是负利率之后，面对社会主体货币需求依然萎缩、商业银行依然不愿扩大信贷投放的情况，中央银行要扩大货币总量、抑制通货紧缩，则是非常被动和困难的，经常难以达到预期目标。这在越来越多的发达国家和地区，特别是日本、欧洲乃至美国等已经普遍出现。央行调控货币总量的作用并不是无限的、可以随心所欲的，货币政策发挥作用需要合适的条件。

在社会主体货币需求萎缩、商业银行信贷投放不积极情况下，为维护基本就业与经济社会稳定，除央行加大降息降准以及结构性货币政策力度外，还需要政府推动逆周期宏观调控，扩大财政赤字或政府负债，进而扩大政府投资与社会救助。由此就引发出投资性功能财政、财政赤字货币化、货币政策财政化与现代货币理论等新的概念。但原则上这只能是一种应急的举措，而不应是常规的宏观政策，在危机过后理应及时进行政策回调，而不应不断依靠政策加码刺激，否则就会使问题难以出清和消除。因为这是在投入产出效果并不理想的情况下政府的被动投资，长此以往，势必积累更大问题，产生更大危害。

货币从商品实物货币彻底转化为国家信用货币，从购买货币储备物投放货币转化为更多地依靠货币的信贷投放后，突破了实物货币或实物本位制货币供应有限的藩篱，有效解决了货币供应不足的痼疾，使货币需求能够得到充分满足，推动银行信贷等金融活动日趋丰富和活跃，有力地促进了经济社会的发展。可以说，信用货币的产生、银行信贷的发展，是货币发展史上的巨大进步与根本性飞跃，是货币发展的必然方向和重大成果。没有信用货币与货币信贷投放的出现和发展，全球经济社会发展将落后很多，根本不可能发展到今天的程度！

但与此同时，信用货币带来的深刻裂变并没有得到世界范围内充分准确的认知和把握，并未形成清晰的控制边界或严格的控制标准，其需要的配套管理体系和监管措施没有落实到位，也使得人们对货币币值变化与货币总量调控的准确把握面临诸多挑战。在有效解决了货币供应不足的痼疾之后，又很容易诱发货币超发滥发和严重的通货膨胀，进而引发经济社会更大的风险。这成为信用货币日益突出的新挑战，需要切实解决货币币值监测和货币总量调控的准确性与有效性，推动信用货币体系与国际货币体系深刻变革。

货币归属：持有主体与流通转换

货币从投放机构投放出来后，从持有者角度看，主要分布在企业部门、住户（居民）部门、政府部门、其他金融机构等社会主体。

由于货币会用于交易支付，而并非全部沉淀不用，所以就会在不同持有者之间流通转换。比如：企业向员工发放工资奖金或向个人投资者分红等，会将货币转到住户部门；缴纳税费会将货币转到政府或财政部门；政府扩大开支，会将货币转到企业部门或住户部门；企业部门和住户部门购买保险、基金，进行信托、理财等投资，或者偿还信贷本息等，会将货币转到金融机构等；得到保险理赔，或者收回基金、信托、理财等投资（含本息），或者收到存款利息等，则会将货币从金融机构转回到投资者。

总体而言，由于住户部门属于最基础的社会主体，全社会的货币最终会更多地集中到住户身上，住户存款在全社会存款总额中的占比会不断提升。

从表 2.1 可以看出，住户存款在各类社会主体存款中占据主要地位。随着社会财富和货币总量的扩大，住户存款规模也必然会不断扩大（2022 年末住户存款已超过 1999 年末的 20 倍）。其中，一季度一般都是银行的“开门红”，当季存款新增额一般都会达到全年新增额的 40% 以上。

当然，住户存款并不是住户全部的财富，而只是其中的一部分。

表 2.1　2015 年以来我国本外币存款合计分布情况

单位：万亿元

存款类型	2015 年	2016 年	2017 年	2018 年	2019 年	2020 年	2021 年	2022 年
住户存款	55.19	60.65	65.20	72.44	82.13	93.44	103.31	121.21
企业存款	45.52	53.09	57.16	58.91	62.11	68.82	73.01	77.94
机关与财政存款	24.25	27.11	30.56	32.63	33.92	34.44	36.24	38.02
非银行金融机构存款	13.03	12.94	14.16	16.17	17.33	18.50	22.58	24.04
存款类型	1999 年	2000 年	2001 年	2002 年	2003 年	2004 年	2005 年	2006 年
住户存款	5.96	6.43	7.38	9.43	11.07	12.62	14.71	16.66
存款类型	2007 年	2008 年	2009 年	2010 年	2011 年	2012 年	2013 年	2014 年
住户存款	17.56	22.54	26.86	31.23	35.19	41.02	46.54	50.69

注：2023 年 6 月末，住户存款 133.14 万亿元，企业存款 82.70 万亿元，机关与财政存款 40.15 万亿元，非银行金融机构存款 25.23 万亿元。

住户存款的变化还会受到其实际收入增长、投资和消费（衣食住行、教育、医疗等）支出变化、存款与其他资产相互转换等诸多因素影响，其增长规模和速度并不是稳定的，而是变化的，并且会对不同时期的经济金融产生重要影响。2000 年以来，我国住户存款年度增长规模出现了几个不同阶段或增长台阶：2000—2007 年住户存款基本上保持每年增长 1 万亿—2 万亿元；2008—2017 年基本上保持在年增长 4 万亿—5 万亿元的规模；2018 年增长 7 万多亿元；2019—2021 年住户存款每年增长进一步跃升至 10 万亿元左右的规模；2022 年更是大幅增长近 17.9 万亿元；2023 年上半年又增加了 11.93 万亿元。这种阶段性跨越变化（不宜将此说成是“超额储蓄”）的背后，存在着深刻的经济社会原因，并会反过来对经济社会运行产生深刻影响，需要仔细分析考证。

从时点静态看，货币主要表现为货币投放机构之外的社会主体拥有的现金和存款（包括钱包等），其中可以区分为社会主体自有货币（表现为社会主体既有的净财富）与向货币投放机构借入货币两大部分（社会主体相互之间的货币借贷，在全社会汇总时会全部抵消，不会增加货币总量）。其中，自有货币的增长更能反映出全社会已实现财富真正的增长情况，其在货币总量中的占比（“自有货币占有率”），或者借入货币在货币总量中的占比（即“借入货币占有率”，这才是真正的“全社会负债率或杠杆率”）的变化，更能反映出全社会经济活动真实效益水平（GDP 的真实价值水平）的走势，也会在很大程度上反映出货币质量可能的走势：自有货币占有率提高，或借入货币占有率降低，反映经济活动真实效益水平提升，货币质量向好；反之，则反映经济活动真实效益水平下降，货币质量走弱。

不同国家自有货币占有率存在很大差别，相应就会反映出货币质量的优劣并一定程度上反映在相互之间的汇率高低上。

随着可交易社会财富价值的增加，货币总量必然随之不断扩张。但已经投放出来的货币，因为货币所有者中有的并不需要使用，货币就会沉淀在手中（现金）或银行（存款）。而有些社会主体需要扩大货币开支（投资和消费）时，其自有货币可能又不足，需要进行对外融资。在社会直接融资不够发达的情况下，就需要更多地依靠向货币投放机构借款（即间接融资，增加社会整体负债），由此就会进一步增加货币总量。货币总量越大，其中沉淀于不用的部分（现金及存款）也会越大，需要从银行间接融资（银行信贷）的规模也越大，并反过来推动货币总量增长规模也越大（见表 2.2）。由此，融资结构不同成为影响货币总量的一个重要因素。

需要强调的是，货币并不是在社会主体（法人、个人等）之间平均分配的，而主要依靠各个社会主体以其拥有的财富通过交易获得，或者以其已经拥有或将会拥有的可交易财富作为支持向货币投放机构借款获得（政府收缴税费除外）。这样，能够获得可交易财富才是获得货币的关键。由于市场竞争日趋激烈等种种原因，社会财富的获得很不容易，能够通过财富交易变现或以可交易财富作为支撑获得银行信贷支持并进行投资获得财产性收入或资本性利得就更不容易，而且在货币可能超发并推动货币贬值的情况下，占有更多可保值增值的财富（资产）而不是可能贬值的资产，才能真正保持财富的增长。由此就必然会造成社会财富与货币更多地向少数人和企业聚集，推动社会财富与货币占有两极分化日趋严重。这种情况下，能够获得大量货币与财富的人，其消费和投资的需求可能已经饱和难有新的增长，而存

表 2.2 1999 年以来我国货币总量 M2 增长变化情况

单位：万亿元

项目	1999 年	2000 年	2001 年	2002 年	2003 年	2004 年	2005 年	2006 年	2007 年
M2	11.76	13.25	15.29	18.32	21.92	25.32	29.87	34.56	40.34
+%	—	12.67	15.40	19.82	19.65	15.51	18.01	15.70	16.72
项目	2008 年	2009 年	2010 年	2011 年	2012 年	2013 年	2014 年	2015 年	2016 年
M2	47.52	61.02	72.58	85.16	97.41	110.65	122.84	139.23	155.01
+%	17.80	28.41	18.94	17.33	14.38	13.59	11.02	13.34	11.33
项目	2017 年	2018 年	2019 年	2020 年	2021 年	2022 年	2023 年	2024 年	2025 年
M2	169.02	182.67	198.65	218.68	238.30	266.43	—	—	—
+%	9.04	8.07	8.75	10.08	8.97	11.80	—	—	—

注：其中，2001—2011 年 11 年 M2 年增长率简单平均达到 18.49%；2012—2016 年 5 年 M2 年增长率简单平均达到 12.73%；在 2017 年国家强化去杠杆、控风险后，到 2021 年 5 年 M2 增长简单平均为 8.98%。2020 年和 2022 年为抗击新冠病毒感染冲击等因素影响，国家加大宏观政策刺激，M2 增速有所反弹。所以，尽管 2022 年 M2 新增规模 28.13 亿元，创下新的历史纪录，但增长率相对 2000 年以来的历史水平却并不是很高。2023 年 6 月末 M2 余额 287.30 万亿元，比上年末增加了 20.87 万亿元，再次刷新纪录，但同比增长率为 11.3%，增速有所降低。

在消费和投资需求的人却又可能得不到足够的货币，由此就会催生出货币总量越来越大，但消费需求不足、社会消费和投资日趋低迷的困境。如果没有必要的社会财富重新分配对这种状况加以调节，如果外需再出现收缩，就会引发更多严重的社会问题。

从总量角度看，已经投放出来的货币，主要表现为流通中的现金和银行存款，除非向银行偿还信贷本息，相应压缩向货币投放机构借入货币的规模，或者核销社会主体和金融机构的经营亏损，相应减少全社会自有货币规模，否则已经投放出来的货币总量是不会轻易减少的。

附录5 NFT与元宇宙

1. NFT

NFT，是“Non-Fungible Token”的缩写，即非同质化通证（权证）。

有人把NFT翻译成“非同质化代币”，直接将其视同一种可流通的“货币或代币”，是非常不恰当的。NFT作为非同质化、不可分割的东西，是不能加总反映的，所以不可能成为一般等价物或统一的记账单位，不可能成为货币或代币。在这方面，NFT与比特币等网络内生的数字加密货币（实际上是“数字资产”）是根本不同的。NFT不通过加密货币或法定货币实际上都无法交易和变现。

实际上，NFT是在区块链技术基础上衍生出的一种内含若干规则与信息的具有不可复制、不可分割的唯一性数字编码加密权益证明，用来表明某个数字物品的权益归属。所以，NFT翻译成“非同质化通证（或权证）”更为恰当。

其中，不同类型的NFT内含的规则和信息会不同。

数字艺术类NFT，包括创作人信息、发行数量、权益规则（有些NFT仅仅出售的是所有权而不含版权，有些NFT是连带着版权一同出售，但具体的版权处理也会不同，这涉及原创人、投资人的权益，是需要特别辨识清楚的）、存储地址（指定区块链平台上）等信息。

游戏道具类NFT，在数字艺术类NFT内容基础上，还包括作品属性、等级、稀缺性等信息。

2021年NFT成为全球快速升温的热点词汇，NFT数字产品价格突飞猛进，一双名人的袜子拍出15万美元；推特上最早的5个英文单词拍出250万美元；一幅将5 000天每天发布的数码绘画作品汇集在一起的作品《每一天：5000天》（*Everyday: 5 000 days*）拍出6 900多万美元。甚至有人为推销名画数字复制品NFT，公开将原画烧毁，并声称将让被烧毁的画作在数字世界重现和永生。这些因素很快掀起了一股NFT全球投资热潮，也推动NFT价格大幅上涨。

毫无疑问，单纯从上述NFT的基础物品（一双袜子、5个英文单词、一幅已发布数码作品的汇集作品）看，都是不可能有这么高价格的！

那么，为什么这些物品加上NFT作为加密的权益证明，就可以使其价格几十倍、几百倍、几千倍甚至无限升值？显然，一双袜子，无论使用何种权益加密技术，也难以使其价格涨得离谱；推特上最早的5个英文单词的推送人更是世人皆知明确无误，实际上是否需要类似NFT的权益证明都值得怀疑；一幅将5 000天每天发布的数码绘画作品汇集在一起的新作品加上NFT权益证明（不代表对其归集的5 000幅作品都进行了权益证明保护），就使其价格惊人地大幅上涨，并不存在合理的基础。

所以，对这些高价格合理的解释只能是信仰的力量、炒作的结果。

至于将名画烧毁，要么是当事人认为通过数字复制品可以赚回更多钱，要么就是故意造假，通过虚假宣传哄抬价格。无论如何，烧毁名画原作都是社会财富的破坏。

有人说，很多人急于投资 NFT，一个重要原因就是为了彰显自己在数字世界的领先地位并抢夺 NFT 升温后可能大幅升值的潜在收益，并会为此不遗余力地夸大 NFT 的价值，甚至进行相互炒作抬高 NFT 的价格，竭力让更多的人相信并跟随投资，由此存在强烈的“传销”特性，投资风险是非常大的。

实际上，进入 2021 年 4 月份以来，海外 NFT 的热度已经大幅减弱，NFT 的交易量大幅缩减，不少人投资 NFT 遭受重大损失，NFT 领域存在的价格泡沫与合规风险已经让不少人所认知。其中，Coinbase 的创始人 Fred Ehrsam 表示：“目前 90% 被制作出来的 NFT，可能在未来的 3 年到 5 年里失去价值，几乎一文不值。这与 20 世纪 90 年代后期的早期互联网公司的情况是一样的。”

在中国，NFT 是一个全新的概念，尽管作为一种利用区块链技术产生的加密权益证明，对加强资产权益保护与促进交易流通存在好的功效，可以鼓励有益的探索，但由于缺乏官方明确的指引和监管规则，很多投资人和自媒体的宣传报道存在严重的浮夸和误导问题，在国家严厉控制比特币等虚拟货币的挖矿和交易炒作之时，NFT的快速升温和大规模投资，特别是参与海外NFT投资，同样存在很大的风险隐患。国家需要加强对NFT的准确解释，加强对民众的投资者教育，强化交易平台的职责，加强NFT产品和交易的全流程监管，特别是对相关的虚假宣传、内部炒作、金融欺诈、违规转移资产和洗钱等进行严厉制裁。

2. 元宇宙

“元宇宙”（Metaverse）一词源自作家尼尔·斯蒂芬森1992年在美国出版的科幻小说《雪崩》（*Snow Crash*），书中描述了一种人类可以通过数字化身（Avatar，阿凡达）在一个虚拟三维空间的生活和交流，并将这种以人的数字化身为核心，超脱于现实世界独立运行的虚拟三维空间称为元宇宙。

2021年，综合运用区块链、云存储、量子计算、人机交互、人工智能、虚拟现实（VR与AR、MR）、生命科学等多种技术和数字产品（包括NFT、数字货币等），相互汇集融合，形成人们可以通过自己的数字化身参与其中，与现实世界相互连接但又相对独立存在和并列运行的新型数字全息世界类产品大量涌现，并被统称为元宇宙。还有一些人将元宇宙描述为三维立体全真全息互联网，将像移动互联网改变PC平面互联网一样，颠覆现在互联网的使用方式，成为新一代互联网，即“Web3.0”，被说成是互联网的终极、人类数字化生存的最高形态，其可能形成的经济体远比物理世界更为庞大，将为人类社会最终数字化转型提供新的路径与模式，成为具有可以与大航海时代、工业革命时代、宇航时代同样历史意义的新时代。

元宇宙吸引全球大型科技公司以及风投资本竞相进行巨额投入。其中，Facebook 创始人扎克伯格誓言在 5 年内把该公司转型为元宇宙公司，并由此将 Facebook 的部分品牌整合并更名为“Meta”；中国的腾讯、字节跳动等很多公司同样拥有这样的雄心壮志。元宇宙成为网络相关技术集成发展新的更大风口，也自然成为资本热烈追逐的新宠。有媒体将 2021 年称作“元宇宙元年”。

毫无疑问，元宇宙的发展，必然会推动信息传输及三维立体生态互联网相关科技和产品的大发展，会产生互联网新业态，产生很大的经济和社会价值，相关技术和应用创新理应得到鼓励和支持，推动其加快发展和有益应用。但元宇宙的发展，需要多种技术和基础设施的重大突破及其安全高效的组合运行，目前仍处于概念与架构探索的起步阶段，概念尚未清晰统一（也有人将其说成是“Web3.0”，但元宇宙与 Web3.0 到底是什么关系目前并不明确），很多技术本身尚不成熟稳定，配套的基础设施建设存在很大不确定性，多种技术和基础设施极其复杂的组合运行就更加充满风险挑战。

特别需要警惕的是，目前所谓的“元宇宙”，更多的是致力于创造一个以沉浸式游戏和 NFT 产品交易为主，以谋取高额回报为目标（最终仍需要现实世界的货币转移予以支持）、超脱现实世界独立运行的虚拟世界，而不是更多地致力于为现实世界的改进完善和高效运行服务。如果虚拟世界的运行规则与现实世界发生重大异化，并且依托去中心化（去主权、去监管）、公开透明、平等自由、民主公平、权益保护等美好愿景（也可能是无法实现的“乌托邦”）吸引越来越多的人的精力和物力大量投入其中，就可能引发现实世界与虚拟世界的严重分化乃至极端对立。人们越是陷入一种虚幻的自我想象的美好世界之中，就越可能对现实世界产生厌恶甚至憎恨，进而催生心理扭曲与极端行为，对现实世界带来巨大威胁。元宇宙所要创造的虚拟世界，主要解决的是人们非物质的精神需求，并不能解决人们真实的物质需求，人们在有生之年内不可能完全脱离现实世界进入虚拟世界，没有现实世界真实的物质支持，人类难以生存，虚拟世界也必将是虚无的、无法存在的（所以，把这种虚拟空间叫作“超宇宙”，明确其是以现实世界为基础的虚拟世界，应该更为恰当）。如果不能协调好虚拟世界与现实世界的关系，不能形成虚拟世界真正科学合理并可得到监督执行的运行规则（避免被少数人通过技术和资本所操控，或者出现人工智能超出人类控制的过度发展），相关技术和资本不能坚持为现实世界服务的宗旨，而是过于追求自身利益，创造虚幻神话给人洗脑，诱惑人们脱离现实涌入虚无，实际上是非常可怕的。其结果甚至可能像诱惑人们无节制地沉迷于网络游戏甚至吸食毒品一样。对游戏和毒品提供者而言，可能获得暴利，但对整个人类而言却是贻害无穷，甚至可能导致人类灭亡。

所以，现在亟须准确回答的问题是：元宇宙到底是美好未来还是虚幻迷途？如何才能做到趋利避害造福人类？

目前，快速膨胀的元宇宙热潮，推动包括NFT（数字作品、虚拟房地产等）、虚拟货币等相关元素极度炒作甚至欺诈传销，价格已经高得离谱，投资者权益以及NFT的版权与安全性难以得到有效保护，已经呈现出脱离现实世界和有效监管野蛮发展的重大风险隐患，亟须引起高度警惕（实际上，到2022年下半年，很多NFT产品价格大幅下跌，虚拟房地产更是严重暴跌）。特别是作为一个致力于创造新的虚拟世界、可能对人类发展产生巨大影响的新概念，更不能仅仅从技术和经济的角度看问题，还需要从人类伦理、法律规范、社会管理、世界治理等方面深入分析、准确把握，并切实加强世界合作，加强相关的法律建设和有效的联合监管，防范化解其可能对现实世界和人类发展带来的巨大危害！

第三章

金融发展：从货币金融到交易金融

货币与财富：分离与统一

货币彻底转化为信用货币之后，就形成一国货币总量与该国可交易财富的价值总额整体上相对分离、相互对应，又相互影响、相互交融的“双循环”大格局，使货币与财富的关系变得模糊。微观上更是将货币看作资产或产权，宏观上也就形成货币总量与财富价值“双重叠加”的局面，相应带来很多需要仔细甄别、准确把握的重要概念。

货币与财富是价值的一体两面

财富是价值的载体、货币的基础；货币则是财富价值的映像或表征物，是一种可转让流通的价值权证价值或价值通证，可以脱离财富更快地流动（转让）。失去财富支持的货币，或者用货币买不到所需要的财富，货币将失去真实价值和生命基础，很容易遭到社会抛弃而消亡。由此，传统所讲的货币具有“价值储藏”功能，严格意义上并不准确，货币只是具有价值兑换或索偿功能的价值权证或价值通证，是财富价值的影像和索偿权（当然，不能将拥有价值索偿权的有价证券都叫作货币），价值只能储藏在财富本身而非货币身上，脱离财富基础的货币将没有价值。所以，脱离真实财富的创造，仅靠印发货币，是不可能带来长期社会繁荣的，反而可能引发经济社会危机。

货币与其对应的财富是价值的一体两面，都需要得到流通范围内最高级别的信用保护，由此才能最大限度地保证货币总量与可交易财富的价值总额相互对应，保证货币作为价值尺度和价值通证（价值权证）的有效性与最强流通性。

货币支付与价值转移

货币通过交换媒介（支付）的功能发挥，能够更好地实现财富价值的转移与传承。一些财富的实体或载体可能停止流动甚至完全灭失，但其价值却不会由此灭失，而是可以通过货币支付转移到新的财富载体上，价值对应的货币会继续存在并体现在货币总量里。那些没有得到利用而被浪费或毁坏的财富，则会被作为损失核销处理，相应减少社会主体的盈利规模以及投资分红的规模，削弱其新的融资能力，进而减少货币新的投放或货币增加量的规模。

资产与负债及权益对应关系

信用货币主要是依靠银行信贷投放出来的，即社会主体拥有的货币越来越多是通过增加对银行负债获得的，其用货币换取的财富，也有很大一部分是对外负债形成的，由此就进一步增强了社会主体拥有的资产与其负债及自有资产（所有者权益）相对应的关系，形成其资产负债平衡表。货币所有者与实体财富所有者既可能分离，又可能相互融合：实体财富所有者为获得这些财富，可能需要通过交换付出相应货币，在自有货币不足情况下，还会因此而增加借入货币（负债）。货币所有者则可能为获得货币而需要转让出去相应的实体财富或劳务，或者同样会由此而增加很大的负债（借入货币）。一些社会主体的负债又必然表现为另外一些社会主体的债权。这就在微观主体层面上，形成货币与财富既分离又交叉或融合的复杂格局，并在全社会形成了货币与财富的双重叠加。

这让不少人深感迷惑，有人由此质问：货币到底是不是财富，有钱（货币）是不是真的富有？

其实，由于债务的存在，任何一个社会主体所占有的货币与财富的总量（被归类为资产总量），并不一定都是其真正自有的财富价值，只有减去其对外负债之后的净财富（净资产），才是其真正自有的财富价值。所有社会主体拥有的净财富合计（相互之间的股权、债权等投融资也需要对应抵消，以防止重复计算），才是全社会自有的可交易财富价值总额。所以，从全社会宏观整体看，可交易的财富才是真实的、根本的，货币只是财富的价值影像，是从属的。在货币总量中，自有货币才是已实现的财富价值，借入货币则属于透支未来，其对应的财富价值具有很大不确定性，因此，自有货币扩张远比货币总量增长更加重要（遗憾的是，至今人们对此尚未充分认知）。

债务：货币投放和经济增长重要变量

债务是指社会主体因向其他社会主体欠债（借入款项、应付款项、预收款项、发行债券或票据等）而承担的按照约定条件和金额还本付息（可以是无息）的义务。承担债务的社会主体即为债务人。与债务和债务人对应的则是债权和债权人。

债务人能够承担债务，一般都是以其已经拥有，或者在约定期限内将会拥有并能变现以按约定还本付息为基础，并需要与债权人签订合约，有的还需要提供专门的资产抵押或第三方担保等。所以，债务的扩大，应该以债务到期前有足够的资产（财富）可变现价值作为支持。在这一前提下，社会主体愿意扩大债务，特别是增加对银行的信贷需求，拉动货币扩大供应，相应扩大全社会的投资或消费，能够发挥加杠杆的作用，有力地推动或促进经济更快发展。所以，债务并不都是魔鬼，能够按照约定偿还的债务都是好债务，其扩大恰恰是经济社会发展所需要的，不应对债务一味排斥。

但问题是：债务一般是以合约形式存在的，约定的本息金额记录在案不会轻易灭失，但其对应的资产（财富）的价值却会受到诸多因素影响而出现明显萎缩，甚至难以变现而彻底成为废品，由此就可能造成债务人偿还不了到期债务而爆发债务危机，并进一步影响到债权人的流动性和偿债能力，进而演化成为全社会的债务与流动性危机，债务人纷纷压缩债务规模，形成资产负债表衰退与持续的通货紧缩，对货币扩张与经济增长产生深刻影响。

由此，对社会债务，既不能一味排斥、不敢发展，因为没有债务，社会上合理的货币需求就得不到满足，有效的经济活动就难以开展，经济社会发展就会受到阻碍。但对债务的扩张，又必须小心谨慎、控制风险、趋利避害，不能盲目发展过度扩张。对已经存在的债权债务，债权人也需要及时识别可能的损失并足额计提损失拨备。

货币流动与财富流动

货币除因财富交换的支付而转移（相对财富的流动出现逆向流通）外，还可以直接进行货币的借贷、投融资等，在实体财富不动的情况下，实现其价值（所有权、收益权等）的转移，形成“金融资本”和更加活跃的金融活动。因此，货币的流动性大大高于财富的流动性。在正常情况下，拥有货币，就拥有财富价值的一般索偿权，拥有可以更好地满足自己对各种财富需求的灵活性，并可以通过货币实现股权投资，以有限的投资控制和调配更多的社会财富。正因如此，金融资本逐渐脱离“实物资本”得到更快发展，并形成对社会财富和资源配置乃至国家治理更大的控制力，对经济社会发展形成更大影响力。金融服务业在全社会新增产值（GDP）中的占比不断上升，成为现代经济的核心和资源配置的枢纽。

货币扩张与价值增长

货币是适应社会财富价值扩大的需求而增加投放的，而社会财富价值的扩大，不仅取决于财富数量的增加，还取决于财富单位价值的提高。一种财富的单位价值（价格），不仅取决于创造这种财富的一般社会劳动量，还取决于其满足人们需求的程度，会随着供需变化而变化。所以，在财富数量规模扩大之外，财富需求的增长、价格的提高也成为货币扩大投放与总量扩张的重要影响因素。财富价格的提高，又会拉动相关产能的扩张和产品数量的增加，进而推动货币投放和货币总量的扩张。当然，这种交互影响螺旋上升的态势很容易造成产能过剩、需求不足，进而造成价格下跌、利润收缩甚至产生亏损，推动产能和产量的压缩。

在这一点上，不能本末倒置，一味地认为价格上涨都是货币超发造成的，货币超发也可能是价格上涨引发的。比如，有人说，中国在 1998 年推动全面深化住房体制改革后，随着货币总量的不断扩张，越来越多的货币投到了房地产上，推动住房价格快速上涨，房地产成为货币超发最重要的蓄水池，在很大程度上抑制了因货币超发而引发严重通货膨胀的出现，成为我国 2000 年以来以 CPI 表示的通货膨胀率总体保持 3% 左右水平的重要原因。这种说法广泛流传，但其实并不准确。这是因为，有人用货币买房子，直观看货币就流到房产上了，但实际上房款（货币）会从买房者手中转到卖房者手中，货币总量并没有减少，卖方还可以继续使用货币购买其他财富或进行新的投资。所以，即使房子的流通停下来了，但货币的流通并没有停止。当越来越多的人愿意扩大房地产投资，就会不断推高房地产价值，并可能形成房地产价格只升不降、房地产投资稳赚不赔的社会预期，由此吸引民间资本乃至国际资本大量投入，甚至吸引更多人通过贷款等增加杠杆扩大房地产投资，推动房地产价格进一步上升。同时，房地产价格上升，又会推动政府等土地出让金和房地产交易税费收入大幅增长，支持其扩大投资并扩大负债。这实际上成为带动货币扩大投放的重要原因。可见，说“房地产成为货币超发的蓄水池”并不准确，恰恰相反，是房地产需求的增强、房地产价值的扩张，拉动货币需求与货币总量的扩张并吸引更多货币投入，房地产需求的扩张和价格上涨成为货币扩大投放、增加货币总量重要的抽水机或输水管，而不是货币超发的蓄水池。货币的蓄水池主要是银行，无论货币从什么渠道投放出来，又是如何不断地流通转移，从时点形态上都会表现为现金和存款，其中绝大部分会沉淀在银行存款上。

金融发展三大阶段

货币既可以伴随财富交易的支付而逆向运行，也可以脱离财富交易，直接通过借贷、投融资等形式独立运行并引导财富的价值配置和流动，还可以通过股权、债权、期权等权益证券化产品的交易直接转换权益，或以资产未来现金流或收益作为支撑形成资产证券化产品的交易实现其收益和风险的转移等。由此就催生出以货币的投放与管理，以及货币运用运行为核心，以货币代表的价值转移（财富配置）及价值索偿权的条件设定与规范交易为主体内容，形成配套的基础设施和运行规则、监管体系等，以及越来越独立运行、越来越活跃、影响力越来越突出的金融活动与金融体系。金融成为越来越重要的服务业，成为资源配置的枢纽、现代经济的核心。

如同货币不断发展一样，金融也是在不断发展变化的。总体上，金融的发展可以划分为以下三大阶段。

金融基础阶段：货币金融

货币金融是以货币的印制、投放以及支付、流通及其监管为核心的阶段。这一阶段主要是货币本身的投放以及货币围绕交换交易进行的现金支付和流通，凸显的主要是货币本身的价值尺度和交换媒介功能。虽然也会有一定的货币借贷或投融资，但规模有限，影响不大，基本上都属于直接融资，很难派生出新的货币，金融的功能发挥不突出。由此可以称作“货币金融”，属于金融发展的基础阶段。

金融成熟阶段：融资金融

在货币金融的基础上进一步发展，货币更多地超出为交换交易进行支付清算的范畴，能够相对独立地应用于借贷、投融资，甚至越来越多地通过银行信贷派生出新的货币。货币支付和流通不再以商品或劳务交换交易为主导，更多地以社会投融资为主导，推动货币演变成带有权利义务属性的资本或资金，推动金融加快发展，形成与商品生产和流通为主体的实体经济运行体系相对应的，以独立运行的金融活动为主体的虚拟经济运行体系。金融上升到以资金融通，包括股权投融资、债权投融资、可转换与结构性投融资等多种方式和工具为主体功能、配套形成相应的制度规则和监管体系的新阶段。由此可以称为“融资金融”，属于金融发展的成熟阶段（中文“金融”一词，就是“资金融通”或者“资金融通”的缩写）。

社会投融资的发展，可以将社会闲置资源更好地配置到需要的地方，集中社会资源扩大再生产，从而创造出更多的社会财富。

金融高级阶段：交易金融

在融资金融基础上，尽管各种投融资方式和合约都会清晰地界定和处理投融资相关各方的权利义务关系，但这种私募性投融资对风险识别与相应的风险定价往往不够准确（容易偏离全社会一般水平或公允价格），投融资双方面临的风险也难以更好地对外分散。所以，在投融资不断发展的基础上，又推动货币所有权与货币现金的流动进一步分离，催生出规范化、标准化投融资工具，并进一步发展成为面向大众可广泛交易的金融产品，如股票、债券、资产证券化产品（ABS、MBS）、不动产投资信托基金（Real Estate Investment Trusts，简称REITs）等，在其初次公开发行（IPO，俗称“一级市场”）后，面向社会公众开放的、更多更广泛的后续交易（“二级市场”），以及在此基础上发展出来的各种交易指数类期货与期权，货币类、利率类和贵金属掉期与期权等越来越多、越来越复杂（出现结构化金融产品）、主要用于更广泛更频繁交易的资产证券化金融产品及其衍生品，并形成相应的交易市场（如证券交易所、期货交易所、保险交易所、黄金交易所、外汇交易所等）。通过多方共同参与的广泛而频繁的交易，最大限度地激活社会资源，更好地满足社会投融资需求，更好地发现各种证券类金融产品为社会广泛接受的公允市场价格，并由此管理和分散投融资风险，帮助社会主体调整资产负债表结构，引导社会资源流入更好的地方，提高社会资源配置效率和效益，使金融发挥出更大的积极作用。

这些金融交易，特别是各种公开市场交易的发展，推动金融从“融资金融”进一步发展出“交易金融”，推动货币与金融的覆盖面不断扩大、渗透率不断提高、影响力不断增强，成为现代经济运行的血脉和资源配置的枢纽，推动金融从直接的资金融通为主体功能，进一步发展到以各种金融产品交易为主体功能的阶段。由此可以称作“交易金融”，成为金融发展的高级阶段。

权益证券化发展带来深刻变化

通过财富权益证券化产品的交易替代财富实物的直接交换，可以大大降低财富交换的成本，并使得权益证券化产品投资人可以提前分享实体财富增长的价值，或者更好地规避财富价值变化的风险，实现社会财富更加高效的重新分配。

由此也带来一系列深刻变化：权益证券化的发展，在传统的“生产与消费需求”之外，产生了日趋重要的“保值与增值需求”；在“实物资产”之外，产生了日趋重要的“金融资产”；在劳动收入之外，出现财产性收入并且其影响不断增强；形成了以货币金融运行为代表的“虚拟经济”与以实体财富运行为代表的“实体经济”相对分离、相互影响、相辅相成，以及以实体财富价值作为支撑的“实物资本”与以金融资产作为支撑的“金融资本”紧密联系又相互竞争、相互影响的复杂格局。在实体财富基础之上，财富（资产）权益证券化越来越突出、交易化越来越活跃，大宗商品以及房地产的金融属性日益增强；在可交易财富与货币总量相互对应的二元结构上，又增加了资产权益证券化第三极元素，权益证券化交易使社会财富转移和重新分配更频繁更高效，使得货币总量与财富价值的关系变得更加复杂。这推动货币越来越重要，金融越来越活跃，货币金融对经济发展、财富分配和国家制度、社会活力等方面的影响越来越大，同时，货币金融管控的挑战和风险也越来越大。

货币与金融紧密联系、相互促进。货币是金融的核心与灵魂，没有货币，就没有金融。金融则是货币发挥功能的运行基础或机体。没有货币的信贷投放（金融的组成部分），就难有货币的充分供应与金融的充分发展；没有金融的高度发展，货币将难以充分发挥应有作用；没有发达的交易金融就难以形成发达的现代化金融体系；没有国际影响强大的交易金融，就难以建成真正的国际金融中心，并将束缚货币国际化水平，要建成金融强国也将很困难。

中国需要加快交易金融发展

与国际发达金融体相比，中国在“货币金融和融资金融”方面具有很强的实力。中国货币总量世界第一，现金印制技术和移动支付全球领先。2023 年中资银行的国际排名相当领先，在全球一级资本排名前 1 000 的银行中，连续第二年有 140 家银行上榜，仅次于美国的 196 家。在全球前 20 强银行中，中资银行更是占据半壁江山。其中，工、建、农、中四家国有控股银行连续 6 年占据榜单前四名。中国工商银行以 4 973 亿美元的一级资本，连续 11 年位居榜首。在 29 家全球系统重要性银行中，中国占据 5 家。

但中国在“交易金融”方面与国际先进水平的差距还非常明显，甚至对金融交易市场的认知、定位和管控还存在偏差。各类金融交易市场和监管部门过于分化（目前国家级金融交易市场就有三大证券交易所、6 家期货交易所、1 家保险交易所，还有银行间市场、黄金交易所和外汇交易中心等国家级交易市场，它们的中后台和登记公司、清算所等相互独立），监管规则和运行体系、电脑系统等不统一，以会员制为主而非真正的公司制，不符合全国统一大市场建设要求和国际上公司制、集约化发展潮流，各类金融交易市场的市场化、法治化、国际化水平不足，难以吸引国际金融资源大量进入和广泛交易，其运行规则和市场价格的国际影响力还非常薄弱。而金融交易市场不能形成强大的国际影响力，就势必进一步影响中国金融以及整个国家的国际影响力，并影响人民币在金融交易领域使用份额的提升（目前人民币主要在跨境贸易结算中使用），影响人民币国际化进程的加快。因为金融交易的发展速度和交易规模远高于实物商品交易和投资，一国货币要成为重要的国际货币，必须有以该货币计价清算、规模足够大、流动性很强的金融交易市场的支持。同时，从国际经验看，通过实体经济或加工业实现全球化，而非成为国际金融交易中心聚集全球金融资源，其国际影响力难以实现跨越（中国香港、新加坡实体经济实力不强，如果不是重要的国际金融交易中心，其国际影响力将大大削弱）。对金融交易，需要从增强中国金融和整个国家国际影响力的战略高度充分重视，采取行动尽快改变现有局面。

交易金融：需准确认识和把握

金融交易具有特别重要的功能作用

这里需要特别强调的是：对资产（或权益）证券化金融产品交易

必须有准确认识。尽管仅从股市、债市、期货市场等证券化标准化金融产品交易市场（二级市场）本身看，其价格波动更加频繁，更容易偏离真实价值大幅波动，似乎参与交易的各方就是投机炒作、相互赌博，交易本身只能是零和游戏，有赚必有赔，甚至考虑到参与交易的各方还要缴纳交易场所管理费以及国家相关税款（如印花税、所得税等），交易双方总体上只能是赔多赚少，与赌博市场非常相似，不应该予以鼓励积极发展。但实际上，证券化金融产品公开而广泛的交易，最重要的是其具有“发现未来价格、管理相关风险、引导资源配置”的特殊功能，放在全社会大背景下看，其存在的价值反而非常大（与单纯的赌博根本不同），可以大大降低风险、提高效益，具有不可替代的重要作用。这也是各类证券化金融产品交易能够在世界范围内不断发展和丰富，推动金融发展到“交易金融”高级阶段的根本原因。

金融证券化交易并不是投机赌博的旁门左道，而是更加开放、更加高级、更具国际影响力的尖端金融领域（被誉为“金融皇冠”）。其交易规则越公平、交易产品越规范、交易服务越高效、交易参与者越多、交易资金越大、交易频率越高，交易各方越是具有充分的社会代表性，越能形成不同势力的市场对抗性，越能避免市场操控和内幕交易，其发现（交易标的物）未来价格（公允价格）、管理相关风险、引导资源配置的功能就会越强。所以，需要准确把握金融交易市场的本质与特殊功能，积极推动其市场化、法治化、国际化发展。特别是要鼓励金融机构积极参与，而不是封锁或控制金融机构参与；要积极推动各类证券化产品交易规则的国际化和交易市场的开放性，不应在交易市场监管上过度强调中国特色而违反国际惯例（否则就难以吸引国际交易者），不应为追求稳定而过度控制价格波动，不能为追求安全而对外封闭隔离。只有充分开放才能吸引更多国际交易者，才能增强其国际竞争力和影响力。

对期货交易更需准确认识和把握

基于一些大宗实物商品交易价格可能大幅波动对交易双方存在的重大风险（容易造成其损益结果大幅波动），人们在商品即期交易基础上，进一步发展出远期交易（Forward），通过锁定未来交割价格，规避未来价格大幅波动存在的风险，确实发挥出控制价格风险的重要作用。但之后人们又发现，仅靠双方之间的远期交易，只能在交易双方之间分摊风险，二者总体上仍是零和游戏，有赚必有赔，难以更好地管理和分散价格波动风险，而且其远期交易价格仍可能明显偏离交割时的一般市场价格，难以充分规避价格风险。于是，在证券交易市场成功实践的引导下，又出现了规范化、证券化的大宗商品期货（Futures）及其衍生品（期权、套期等）交易。

“期货交易”尽管中文字面上包含“货”，直观看似乎就是“远期货物交易”，但本质上却是以期货交易场所统一制定的、约定在将来某一特定时间（如1个月、3个月、6个月和1年期满之日）指定地点交割一定数量标的物的标准化远期货物交易合约（即期货合约）为交易标的的交易。所以，期货交易的是远期“合约”（证券化标准化金融产品），而不是实体“货物”；期货交易更多的是为了发现未来价格，而不是为了买卖实体货物；期货交易更多地表现为金融交易，而不是一般的货物（商品）交易。因此，期货交易绝大部分是在约定期限内进行反向对冲了断交易，只需交割对冲后的交易损益即可，而无须进行真实的货物交割。由此，期货交易一般不需要交易合约的全额保证金，而只需要 5%—15% 的保证金即可（这也是期货交易一般的损益水平，使保证金能够覆盖交易损失一方需要向对手方支付的实际金额）。即使是反向对冲交易失败（没有交易对手），首选的也是以现金方式进行全额支付，极少情况下才进行真实的货物交割（实物交割并不是期货交易鼓励和首选的，而只是其托底保障），所以，期货交易允许先卖出后买入，而不是只能先买入后卖出。这样，尽管期货交易可以做“卖空交易”及“杠杆交易”，但一般情况下，其风险并不像人们想象的那么惊人。期货交易出现重大损益变化（即所谓高风险），往往是市场出现超出一般预期的重大变化并被市场舆论放大，或者参与者失去理智盲目对赌，最后没有交易对手难以对冲了结产生的特殊结果（实际上是市场失灵）。

通过引入多方力量共同参与期货交易，就能够更好地发现期货标的物未来的公允价格，由此就可以帮助相关产品的生产经营者通过期现套保、掉期、期权等交易安排，更好地分散和管理其价格波动风险，并引导其更加合理地安排生产经营活动，促进社会资源更好地进行配置，形成期货交易“发现价格、管理风险、配置资源”的核心功能。在期货交易基础上，为更好地管理风险，又进一步发展出以互换合约、远期合约和非标准化期权合约及其各种组合为交易标的的交易活动，即衍生品交易，这更是与货物（商品）交易脱离而完全属于金融交易。

所以，期货及衍生品交易更需要专业化金融机构的广泛参与，而不仅仅局限于商品生产经营企业和个人散户投资者参与，而且需要专业机构投资者为企业和散户提供咨询顾问类服务。

在中国，期货交易在 20 世纪 90 年代曾经因认知和监管不到位，全社会野蛮发展而酿成重大问题，最后不得不进行严厉的治理整顿。其中，按照“分业经营、分业监管”要求，金融期货交易与商品期货交易严格分离，金融期货主要在银行间市场（包括黄金交易所、外汇交易中心等）进行并主要受中国人民银行监管；商品期货受证监会监管，并严格控制金融机构（包括期货公司）参与自营或为客户授信，形成以商品运营商和个人散户为主的市场。期货交易所与证券交易所分离，且分别设立多家交易所（目前国家级期货交易所有 6 家），各家交易所前中后台及其运行的系统基本独立，增加了期货交易所和期货公司的运行成本。其中，归证监会监管的“中国金融期货交易所”，仅仅包括股指和债指有限的期货期权品种，而这与证券交易所及银行间市场的产品又存在交叉，其单独存在的合理性更是值得反思。这种状况使得中国期货交易市场对外开放不充分，难以形成国际影响力，这种局面亟须改变。

金融交易：对货币产生特殊影响

金融交易市场对货币与物价的影响

随着金融交易的发展，越来越多的货币被分流到金融交易市场，表现为各种交易保证金等，进入虚拟经济领域。在社会货币总量一定的情况下，分流到金融交易市场（虚拟经济领域）的货币越多，保留在实体经济领域的货币就会越少，就可能造成实体经济的通货紧缩与经济增速下行，进而迫使央行采取措施推动货币扩大投放以维持实体经济和社会就业的稳定发展，这就成为引发货币总量超出可交易财富价值增长形成超发的新的重要因素。

货币更多地流向金融交易市场，还会推高金融资产价格，提高金融投资收益或金融资本回报率，吸引更多人力和资金投入虚拟经济领域，抑制实体经济发展，推动经济脱实向虚和财富更多地向少数人聚集，扩大社会贫富差距。这将不断扩大金融资产泡沫，最终引发货币金融危机。一旦金融市场风险暴露，金融资产价格会大幅下降，又会给投资者造成严重损失，并推动货币大量从金融市场回流到实体经济领域，刺激实体经济领域通货膨胀加剧。这使金融交易市场成为调节货币在实体经济与虚拟经济之间流动的调节器、加速器、放大器。谁能在金融交易市场上拥有更强话语权和影响力，谁就更容易占有更多社会财富或国际财富。金融交易甚至取代大工业，成为影响财富分配和经济社会结构新的决定性因素，推动工业资本主义转向金融（虚拟）资本主义。

美联储原主席伯南克因此提出了“金融加速器理论”，认为在经济上行周期，金融会推动全社会过度加杠杆并催生金融泡沫；在经济下行周期，金融又容易引发非理性负债收缩，甚至导致金融运行停滞，引发金融危机。

由此，货币政策当局仅仅关注消费者价格指数（CPI）的变化已经不够，还必须高度关注金融交易市场和金融资产价格的变化，准确把握金融交易的本质及其对货币、经济的影响，严格控制银行信贷流入金融交易市场，维护金融市场的良性健康发展，避免金融市场野蛮发展和剧烈动荡甚至爆发危机对经济社会产生重大冲击。当然，这也进一步加大了货币当局调控货币总量、防止货币严重超发、保持经济金融和社会稳定的难度。

几个需要特别注意的相关问题

第一，金融交易产品价格不仅受到其真实的内含价值的影响，还会深受其自身供求关系的影响，经常会大幅涨跌并远离其真实价值水平。

如同所有可交易商品的市场价格不仅受到其内含价值水平的影响，还会受到供求关系变化的影响一样，金融交易产品的市场价格也不仅受到其真实价值水平的影响，还会在更大程度上受到供求关系的影响。同样的金融产品，其价格就会因为供求关系不同而在不同的市场发生很大差异，或者在同一市场的不同时期发生重大变化。比如：历史上欧洲及其殖民地国家更多地以黄金作为货币或货币本位，而中国等东南亚国家曾经更多地以白银作为货币或货币本位，由此造成两大区域内因需求不同而使黄金与白银的比价长期存在明显差异。不少人在从事跨区贸易赚取实物商品价差过程中，也开展不同货币（黄金与白银）之间的价格套利，由此推动黄金和白银在不同区域的分流与聚集。当不同区域对黄金或白银加强管制以保证货币供应（即实施货币管制与调控政策）时，就会进一步影响黄金与白银的比价。

同时，同一金融产品，可能每天实际交易的规模占其总规模的比重很低，但交易市场却会按照实际成交的单位价格，乘以同一产品上市的总数量，计算并发布该产品的总市值。投资者也会根据价格变化计算自己投资产品可能的（预估）收益或损失，其中很多并不是已经交易实现的损益，而只是价格变化的估值损益，是会随着交易价格的变化而变化的。

为反映交易市场总体价格变化情况，各类交易市场一般都会选择一些有代表性的产品形成价格指数并适时发布。由于价格变化还受到供求关系特别是突发事件的影响，交易市场价格指数的短期变化并不一定能真实反映经济基本面变化，反而经常严重偏离经济基本面，股市价格指数变化越来越难以发挥“经济晴雨表”的作用。

在美元作为国际中心货币情况下，美国财政与货币政策的重大调整，依然会对全球货币供应以及货币汇率产生重大影响，并进一步影响大宗商品以及股票、债券、期货及其衍生品的价格。金融交易市场价格偏离真实价值水平的大幅上涨，就会催生和聚集价格泡沫和金融风险。一旦泡沫破灭，就可能引发严重的市场动荡或金融危机。

因此，金融交易市场需要得到科学合理和严格有效的监管与逆周期调节，防止市场调节过度甚至失灵。一些金融交易市场为此建立了一定的干预机制，如单个产品涨跌停板机制（规定单日最大涨幅和跌幅，超过后自然停止交易，待第二天或规定时间过后重新启动交易）；市场整体熔断机制（整体涨跌超过预定标准后，整个交易市场全部停止交易，待第二天或规定时间过后重新启动）；推出“做空”交易，利用市场反向交易形成对冲机制，抑制市场盲目跟风单向狂飙等。同时，严厉打击编造和发布虚假信息、从事内幕交易和操控市场等行为，不断加强投资者权益保护等。

第二，权益证券化及其衍生品的大量出现和交易可能引发货币重复投放。

在信用货币体系下，货币总量原本就是与全社会可交易财富价值规模相对应的，但在出现股票、债券、期权等权益证券化产品，信贷资产证券化产品（ABS、MBS等）和不动产投资信托证券化产品（REITs）等，以及这些产品进一步衍生的更多层级、结构复杂的金融衍生品后，由于它们只是其对应财富的衍生品、表征物，其所对应的财富价值原本就已经存在对应的货币了，如果不限定人们只能用自有资金或直接融资投资这些金融产品，还允许人们通过向银行间接融资（获得信贷）进行投资，就势必会造成货币相应的超发。如果再以这些原本已经以银行信贷资金购买的股票、债券等作为抵押向银行融资获得新的货币，那就会造成更大的货币超发。

对这一问题，笔者早就指出，但一直以来没有在全球范围内引起足够的重视。2000年以来，权益证券化金融产品及其衍生品在全球快速发展，以其进行再融资的规模越来越大，由此引发的货币超发越来越严重。这也成为2007年美国次贷危机（实际上是次级按揭贷款支持证券及其衍生品交易市场危机）以及2008年全球金融危机爆发的重要诱因。即使是在全球金融危机之后，尽管金融监管明显收紧，但在主要经济体普遍推行零利率甚至负利率以及量化宽松货币政策情况下，资产证券化及其衍生品的交易仍在不断发展，甚至加密资产证券化、数字化交易更是野蛮发展，出现24小时线上不间断高频交易。相应地，通过银行信贷融资进行证券化产品投资，或以证券化产品作为质押向银行融资仍在扩张。在2022年美联储等多国央行出乎意料地大幅加息之后，包括国债在内的证券化产品以及加密资产价格大幅下跌，随之引发严重的全球性金融动荡。美国加密资产信贷机构和交易平台以及相关风投公司和加密资产友好型证券类资产占比很高的美欧银行接连陷入流动性危机甚至被接管倒闭，反映出这一问题仍然没有得到充分认识和有效监管。

对银行信贷能否用于证券化产品融资（包括用于融资融券），应该成为货币理论研究和金融风险控制必须高度重视和准确把握的重要课题。

第三，各类金融公开交易市场必须得到科学严密的监管，才能保证其公平公正和高效运行，发挥出应有的积极作用。

越是面向社会公众、越是交易频繁、越是规模庞大的公开交易市场，越需要得到严格的监管。缺乏科学合理、严格公正的监管，欺诈操控难以得到有效控制，任由市场自由野蛮发展，必然会引发严重的金融风险和社会损失。

在这方面，全世界金融交易市场发展的历史教训非常深刻。即使是依托现代网络和加密技术等，期望实现去中介、去监管、点对点直接的金融交易与支付，听起来很美好，但往往因为缺乏必要和独立的监管也很容易诱发严重欺诈行为，扰乱金融秩序，积累金融风险，威胁金融和社会稳定。

这就是为什么曾经被寄予厚望的网络直贷（peer to peer，简称P2P）和网络众筹（crowd funding）难以大规模发展的根本原因。

随着互联网的快速发展，有人认为，可以通过互联网对资金供需双方相关信息和期望条件等进行比对，对条件接近者的供需信息有针对性地定向推送，实现高效交互，从而可以脱离传统金融机构或信用中介，实现投融资双方点对点的直接交流与交易，由此在21世纪初国际上出现了网络直贷（贷款融资）模式，以及网络众筹股权融资模式。在引入中国后，从2013年开始，这两种模式伴随中国“互联网金融”快速升温而迅猛发展，并被说成是代表互联网时代金融发展方向，将颠覆或取代传统金融机构。但由于缺乏有效监管，到2015年就开始暴露出很大问题，随即于2016年开始受到专项整治和清理而在数年内趋于消亡。

其中最根本的问题就是：确保投融资各方在网络平台上发布信息的真实性、准确性的责任不够明确、难以落实。“P2P”和“众筹”原本的要求是，网络平台管理方只是负责提供高效运行的信息系统和智能化服务，投融资各方可以免费下载并上网运行，网络平台无须对投融资各方发布信息的真实性、准确性负责，只是收取很低（远低于银行信贷利差）的平台服务费。但如果平台管理方不对投融资各方信息的真实性、准确性负责，上传的虚假信息就会很多（就像缺乏有效监管的自媒体上虚假信息和不负责任的评论很多一样），投融资的风险就会很大，其成功率就会很低。如果平台管理方需要对投融资各方信息的真实性、准确性负责，那就需要非常大的投入，并会在很大程度上承担投融资的风险，仅靠收取有限的平台服务费很难满足风险溢价要求，必然会转化成为信用中介，信息平台随之演化成为资金池，直接负责募集资金和投放资金，成为实际上的“影子银行”，但其识别和管理风险的投入及水平却严重不足。这种情况下，如果不能像银行一样得到严格控制与监管，势必酿成重大风险。众筹由于同样存在信任不足问题，最后基本上都演变成为熟人众筹或圈子（同学圈或朋友圈）众筹，但这又使非常严肃的投融资行为夹杂进情谊因素，很容易造成项目治理不规范，权责配置不明确、不公平等问题，退化成为最传统的熟人“凑份子”行为，违反金融发展的逻辑和规律，必然会走向衰亡。

即使是2010年开始出现并逐步发展起来的加密货币（加密资产）交易平台（交易所），在托管和清算基础上，纷纷推出平台专用的数字稳定币（平台代币，包括与法定货币等值挂钩的有抵押稳定币以及更复杂的算法稳定币等），大量发展抵押融资和自营买卖业务（包括炒作自己的稳定币），形成复杂的关联交易和资产挪用。由于标榜去中心加密运作，缺乏外部有效的金融监管，风险快速积累却得不到充分揭示，结果到 2022 年在美元大幅加息带动加密资产（包括平台稳定币）价格大幅下跌后，潜在风险大量暴雷。著名的加密资产交易所（如 FTX）纷纷陷入困境甚至破产倒闭，给投资者造成重大损失，再次给金融交易缺乏有效监管必然引发严重风险敲响警钟，推动世界各国纷纷制定规则、采取措施、加强监管。

如果世界各国，特别是美国带头加强加密资产交易的国际联合监管，就会对比特币、以太币等加密货币与国家主权货币之间的交易形成严重束缚，就会严重压缩加密货币的应用场景，进而威胁到加密货币的市场价值和生存空间。所以，加密货币的神话还能撑多久已经成为一个难以回避的现实问题。

货币借贷利率：确定和调节

利率是非常重要的金融基础要素

在日趋活跃的金融活动中，货币（资金）借贷（借入贷出）是最基础、最重要的组成部分。而货币借贷又同时涉及借款方（债务人）和贷款方（债权人）权利义务的合理界定与公平保护问题。其中，货币借贷利率的确定非常重要。

利率是货币（资金）的借贷价格，一般包含无（违约）风险的货币时间价值，以及必要的借贷违约风险（不良损失）、市场利率变化风险等风险补偿价值（风险溢价）两部分。货币借贷的具体条件不同、风险程度不同，其利率水平也会有很大不同。利率高低，又会直接影响借贷双方的利益，影响借贷双方的意愿和全社会货币借贷的发展水平，影响全社会投融资和消费的成本收益或投入产出权衡（影响人们的储蓄和消费、企业的投融资决策、国家进出口和国际收支等很多方面）。利率水平的合理确定和调节由此成为调节货币投放和货币总量非常重要的工具或手段，对宏观经济均衡和资源有效配置具有重要导向作用。

利率确定应该充分发挥市场作用

货币借贷或投融资的具体方式和条件设定千差万别，利率的具体种类也多种多样，利率水平也会有高有低。为公平公正地处理货币借贷或投融资双方的利益关系，利率的具体确定应该由其双方自主协商决定，而不应该由政府或央行统一决定，即应该积极推动利率市场化发展。这是健全市场机制、推动市场经济发展的重要基础条件。

在积极推动利率市场化发展的情况下，央行仍需要通过其自身对外的资金拆放与回笼及其利率的调整传导货币政策目标，调控货币投放和货币总量。由此，央行对外进行资金拆放或回笼最主要的渠道或方式所运用的利率，就成为整个货币借贷的基准利率或政策利率。比如美国的基准利率是“联邦基金利率”，即美联储在银行同业市场拆借资金的利率。由于美国利率敏感度高，所以美联储更关注隔夜拆借利率的水平及其调节；中国则是以中国人民银行的隔夜公开市场操作（OMO）利率（主要是 7 天逆回购利率）为短期政策（基准）利率和以中期借贷便利（MLF）利率为中期政策利率（主要是 1 年期的利率）。这样，就形成了“政策（基准）利率”与“市场利率”并存的格局。

央行所谓加息或降息，主要就是对基准利率进行调整，进而间接影响而非直接决定市场利率水平。央行加息或降息，并不一定会带动市场利率同步同比例调整；央行不对基准利率进行调整，也不代表市场利率不会发生变化，市场利率同样可能上升或下降。

在市场利率上升或下降情况下，那些可交易的固定利率证券化产品的价格会出现反向涨落，即在市场利率上升时，这些固定利率证券化产品的交易价格会下跌；在市场利率下降时，这些固定利率证券化产品的交易价格会上涨。再投资这些固定利率产品，相对于其票面利率而言，投资收益率就会上升或下降。即使是已发行的美国国债，在市场利率攀升或下降时，其交易价格也会下跌或上涨，其投资收益率也会上升或下降（投资收益率与证券产品的发行利率或票面利率是不同的概念，不能混淆）。美国国债即使没有违约的信用风险，仍存在市场利率变化带来的市场价格风险，所谓“无风险投资”或“无风险收益率”实际上是不存在的。同时，在央行加息或降息时，影响更大的一般是短期利率，而对 10 年期以上，特别是 30 年以上期限的影响则不明显。所以，在美联储大幅加息时，很容易出现 2 年期以下的美国国债收益率大大高于 10 年期及以上期限国债的情况，即出现长短期国债收益率严重“倒挂”现象。由此，持有可交易、流动性和利率敏感性强的证券类资产或负债较大的机构，必须高度重视和切实加强利率风险或市场风险的管控。

货币金融发展：受制于经济社会体制

货币金融是为交换交易和经济社会发展服务的，其发展又必然受到社会制度和国家治理体系的影响。谨以中国和欧洲为例来说明。

中国货币金融发展突出特征

在中国，从2 000多年前的秦朝开始，中国就成为一个地域广阔、中央集权、高度统一的国家（各诸侯国国王由世袭制改为中央派驻制，大大削弱了地方诸侯的独立性和对中央参政议政的影响力）。之后尽管也出现朝代更替、分分合合，但总体上在国家治理体系以及文字、货币、度量衡等方面保持一致，中华民族得以传承。大范围交换交易带动经济社会的发展，使中国率先从自然实物货币发展到规制化金属铸币阶段，甚至领先世界数百年。早在1023年（宋朝）中国就率先发展出金属本位制纸币（“交子”），在世界货币发展上曾经绝对领先。但这种高度集权的治理体系却抑制了金融的发展，货币（包括货币材质）很早就被国家高度管控。在国家无法满足正常货币需求时，国家无须等价交换就可以向民间或他国融资并购买货币金属，更简便的方法就是降低金属货币的成色或重量，或者超出纸币的金属储备物，直接大规模扩大货币发行，或者直接向民间与附属国征收钱财物资，实行无偿调拨，结果严重制约了产权保护制度和平等交换市场机制建设，阻碍了货币金融的发展，很容易引发货币危机和朝代（政府）更替。在西方国家开始推行纸币之时，中国反而在1450年（明朝）前退出纸币，重新回归规制化金属铸币，并因货币供应不足而严重抑制了经济社会的发展。晚清与民国时期，中国又开始推动纸币的回归，但由于整个国家陷入严重动荡，又面临强大外国势力的干预，缺乏足够的国家主权保护和信用支持，都没有成功运行。直到中华人民共和国成立，恢复国家主权之后，作为国家信用货币的人民币（纸币及小部分硬币作为辅币）才成功运行保持至今。

但是，在高度的公有制和计划经济体制下，商品等价交换大量被物资和人力的无偿调拨所取代，大大减弱了全社会对货币金融的需求。到1956年工商业社会主义改造之后，国内所有的银行都撤并到中国人民银行一家（在境外保持“中国银行”的牌子，主要负责外汇与国际业务），并由中国人民银行牵头管理农村信用合作社。其他所有的金融业务（如保险、证券、基金、期货、信托、租赁、典当等）、相关的金融机构和各种金融交易场所，全部被关闭。中国人民银行也主要是负责人民币现金的印制、发行和管理，并按照国家计划需要提供人民币支持，成为国家的“印钞机”和“出纳员”。银行信贷严重萎缩，货币总量大大低于GDP规模（到1978年末，M2与GDP之比不足35%），中国成为全世界货币金融最简单、最不活跃的国家之一。

1978年开启改革开放后，随着计划经济向市场经济转化以及经济加快发展，全社会对货币金融的需求也不断增强，货币总量增长速度大幅超越GDP增长速度，M2与GDP之比快速提升（1993年突破100%，2015年突破200%）。到2017年国家推动去杠杆，这一比率在年末下降到200%以内，但2020年为应对新冠病毒感染疫情冲击，国家加大宏观政策刺激力度后，这一比率再次反弹到200%以上。2022 年末，我国 M2 余额为 266.43 万亿元，当年 GDP 为 121.02 万亿元，二者之比已超过 220%。

欧洲货币金融发展突出特征

与秦朝之后中国长期保持大一统的国家格局不同的是，欧洲长期保持小国林立但相互平等、联系密切的状态。大量的跨国经贸往来对货币的质量提出很高要求，在国家无法满足货币需求时，难以通过降低金属货币成色或重量来扩大货币投放，往往需要大量民间以及跨国融资，由此就催生出股票、债券、年金等社会融资类金融产品以及这些金融产品的交易市场，相应地催生出单利与复利、股权与债权、保险与期货、资产与负债等诸多相关概念与管理规则，催生出公司法人制与复式记账法等，推动私有产权保护和自由市场经济发展，推动金融更加活跃和创新发展，更好地聚集和配置社会资源，支持经济社会加快发展。经济社会发展又反过来推动货币金融进一步改进和提高。这成为欧洲能够率先实现工业革命并成为全球创新与经济发展中心，一度主宰全球的重要制度基础。

由上可见，货币金融的发展受到经济社会制度的深刻影响，不同的经济社会制度完全可能催生出大相径庭的货币金融体系。脱离经济社会制度基础，忽视经济社会制度的重大差异，简单照搬或模仿发达国家的货币金融体系和制度，也是难以成功的。必须坚持实事求是和货币金融为实体经济服务的宗旨，既学习借鉴国际货币金融先进经验，又紧密结合本国经济社会制度现实状况，推动经济社会变革以及货币金融创新发展。

第四章

货币跨境流动与国际货币体系

跨国结算货币选择与国际货币体系建立

国际货币体系是国际社会选择的结果

出现跨国贸易和投资等经贸往来时，就必然涉及交换交易的价值清算问题，需要有共同接受的价值尺度和交换媒介，即货币。

在往来双方存在不同货币时，首先就面临着交易计价和清算货币的选择问题。一般而言，选择本国货币，可以避免汇率风险并降低清算成本，但却可能相应增加对方的汇率风险和清算成本，这就存在交易双方相互博弈的问题。通常，最后会由交易当中更具影响力或话语权的一方做出决定，会优先选择强势一方的本国货币。但如果往来双方本国货币的国际化水平都很低，持有这种货币在“安全性、流动性和赢利能力”的国际综合比较上缺乏优势，即使强势一方也更愿意通过出口增加国际硬通货收入和储备时，双方也可以选择综合优势更强、更具国际流通性的他国货币（国际硬通货）进行计价清算。由此获得的他国货币，就形成一国的外汇储备。

当然，计价清算货币并不完全等同于外汇储备货币，因为各国收到的外汇，还可以根据国际形势和市场变化等对不同货币的影响调整储备货币和资产种类结构，所以，外汇储备货币会更加集中于最主要的国际货币（美元在外汇储备中的占比远高于其在国际支付中的占比）。

这里，各国货币“安全性、流动性和赢利能力”综合比较优势成为最重要的影响因素。所谓“安全性”，主要是指持有他国货币（外汇）时，这种货币主要摆放在货币投放国，其形成的资产或产权能否得到足够的安全保护，在需要转换或转移时是否很自由方便。如果这种外汇资产面临着可能被冻结甚至罚没的风险，或者货币不能自由兑换，在转换或转移时面临很大困难，就意味着其安全性没有得到保证。所谓“流动性”，主要是指一国货币在国际上可流通（用于国际支付）的程度，以及持有这种货币在不同资产之间转换的方便程度。所谓“赢利能力”是指持有他国货币形成的资产获得的综合回报率水平（包括利率水平、汇率风险、信用风险等）。在综合比较中，安全性排在首位，流动性排在其次，没有安全保护，其他两项就失去意义。如果安全性及流动性不足，其赢利能力要求就会提高，以高收益弥补高风险（即高风险高收益）。但如果安全性、流动性达不到要求，再强的赢利能力都于事无补。这需要综合考量妥善把握。

这样，在世界各国广泛的国际经济往来中，通过对计价清算与储备货币选择，就形成不同国家货币的国际地位（主要体现在国际支付和外汇储备中所占份额及其国际排名），再加上配套的管理规则和运行体系等，就形成国际货币体系。其中，各国货币的国际地位，是在国际比较和选择中形成的，只有综合国力特别是国际影响力最强大国家的货币，才可能成为最重要的国际货币（国际中心货币）。

比如按照 SWIFT 和 IMF 的统计，到 2021 年底，美元在国际支付中占比略高于 40%，在全球外汇储备中占比接近 60%，位列全球第一大国际货币；欧元在国际支付中占比接近 40%，在全球外汇储备中占比略高于 20%，位列全球第二大国际货币。美元及欧元合计在国际支付和外汇储备中的份额均为 80% 左右，其他国家货币的国际支付与外汇储备占比则远远低于美元和欧元，其中，人民币在国际支付和外汇储备中的占比均不足 3%，低于英镑和日元，位列国际货币第五。到 2023 年 6 月，这一格局尚未发生大的变化。

需要特别指出的是，综合国力并非仅指一国的经济实力，更不是仅指当年新增产值 GDP 的规模（当年 GDP 只是国家全部经济实力中新增部分，占比可能非常小），而是包括教育、科研、经济、政治、法律、军事、文化（包括文字语言）、发展潜力与前景等多种因素在内的整体实力。同时，综合国力再强，如果完全闭关锁国不对外开放，也很难具有强大的国际影响力。只有充分扩大对外开放，具有较大规模的国际经贸往来、金融交易和人员交流等，特别是积极参与国际规则制定和国际秩序维护，能够依托国际规则和国际组织及联盟体系等形成强大的国际影响力，其货币才可能成为世界最重要的国际货币。

正因如此，美国在抗击英国的独立战争中取得胜利，并于 1787 年正式形成美利坚合众国最高管理机构，选取华盛顿等人形成国家领导人，进而在广泛讨论基础上确立了《美利坚合众国宪法》，在人类世界第一个围绕严格束缚公权力（认为没有束缚的公权力必然导致腐败与社会不公，绝对的权力必然导致绝对的腐败与不公，将严重阻碍国家活力与社会发展）而形成的没有国王或皇帝，推崇民主、自由与法制，在私有制、联邦制基础上强化全国统一的中央政权，推动党派竞选执政（政府与军队作为国家机器必须独立于党派），国家立法、行政、司法三权分立等为主要特征的社会制度与国家治理体系，随之加快工业化、城市化发展并快速向西部延伸，相应推动土地开发和黑奴解放，继而取得南北战争胜利，展示出巨大的综合优势和发展潜力。再加上美国开发潜力巨大的自然条件、安全保障优越的地理位置（东西两边都是大洋、南北两边都是小国或弱国，其他大国很难攻占其本土），在欧洲列强矛盾和冲突不断增强甚至爆发战争的情况下，从欧洲乃至全世界吸引越来越多的人才和资本流入，推动美国快速发展。美国在1890年工业产值和GDP就超过英国成为世界第一大经济体（仅指GDP世界排名），但在国际影响力上却并不能与当时的世界霸主英国抗衡。在第一次世界大战重创英国等欧洲列强并推动更多人才与资本涌向远离战火的美国，推动美国进一步加快发展后，美国的国际影响力才接近英国，美元开始挑战英镑的国际地位，但随后爆发的“大萧条”又对美国造成重创。直到第二次世界大战再次对英国等欧洲列强造成重创并推动美国高速发展后，美国国际影响力才全面超越英国，美国的官方黄金储备最高达到全球四分之三以上，美元的国际信誉逐渐超越英镑。1944年布雷顿森林协议签署，确定美元与黄金固定挂钩（1盎司黄金兑35美元），其他国家货币与美国基本固定挂钩，并组成国际货币基金组织（IMF）和特别提款权（SDR）对主要国家货币汇率变动进行监控并实施必要的调控，美元才完全取代英镑成为新的国际中心货币，美国纽约也逐步发展成可以与英国伦敦相抗衡的国际金融中心。这与美国GDP超越英国相比，中间间隔了大约 60 年的时间。其中，两次世界大战推动世界格局剧烈变化、世界中心由欧转美成为非常重要的推动力，而且美英同属英语系国家，在语言文字上也没有阻力。

在美国发起和推动下，1945 年 10 月 24 日《联合国宪章》生效，宣告联合国正式成立。联合国总部设在美国纽约，美国成为联合国安全理事会 5 个常任理事国之一，并在更多的国际组织、国际规则和国际秩序中发挥主导作用，形成了更大的国际影响力。所以，即使 1971 年 8 月美国终止美元对黄金固定挂钩的国际承诺，布雷顿森林体系随后崩溃，美元的国际中心货币霸主地位仍然保持，难以被取代。在 1991 年苏联解体、“冷战”结束、美国成为世界唯一超级大国之后，美国更是国际体系与国际秩序的主导者，美元的国际地位更是得到巩固和增强。美国不仅国内 GDP 世界领先，而且还成为全球人才聚集的研发创新中心和国际金融中心，还在海外拥有大量投资（美国 GNP 的规模远超其 GDP）和驻军（有资料显示，2022 年美国在海外 100 多个国家有约 800 个军事基地，驻扎超过 17 万人的军队），控制着更多的国际资源，同时拥有强大的国际联盟力量，由此构成美国远比 GDP 排名世界第一更为强大、远超其他国家的国际影响力，这些都是支撑美元国际中心货币地位的重要基础。由此可见，美元成为国际中心货币，是美国综合国力特别是国际影响力世界最强的表现和组成部分，美元超一流的国际地位以及美国可以对美元全球流动（支付清算）进行监控，又反过来进一步增强了美国的国际影响力。

也正因如此，2022 年，尽管美国 GDP 可能占世界总量不足 25%，但美元在国际支付和外汇储备中的份额却远高于此。而中国，尽管 GDP 已达世界总量的 18% 左右，仅次于美国成为世界第二大经济体并成为世界最大货物进出口贸易国，但人民币在国际支付和外汇储备中的份额却只有 2.5% 左右。即使未来中国 GDP 排名超过美国成为世界第一，也不代表中国经济实力，特别是综合国力和国际影响力就随即成为世界第一了，人民币也难以马上取代美元成为国际中心货币，除非美国过度追求本国利益，滥用世界霸权，严重破坏国际秩序和世界格局，其国际信誉和国际影响力遭到巨大冲击，而同时中国坚持和平发展，致力于推动人类命运共同体建设，其综合国力和国际影响力得到很大提升，世界格局出现超乎预期的剧烈变化。对此我们应有清醒认识。

所以，一国货币成为重要的国际货币，并不是完全由该国自己决定的，不是一厢情愿的，而是国际社会选择的结果，是国家综合国力特别是国际影响力保持世界领先的表现。

正因如此，俄罗斯在 2022 年被美国等西方国家以发动战争为由而联合制裁后推动的天然气“卢布结算令”是难以成功的。俄罗斯在遭到美国等西方国家联合制裁、其在这些国家的官方储备资产遭到冻结、部分银行被 SWIFT 剔除、外汇收支受到严重影响造成卢布汇率大幅下跌之后，颁布法令，宣布对“不友好国家”出口天然气只能采用卢布结算（这被称为“卢布结算令”），同时，加强外汇管制，减少美国等西方国家货币的资产储备，扩大黄金和人民币储备。由此推动卢布汇率在大幅贬值之后快速反弹，很快恢复甚至超过被制裁前的水平。这被不少人说成是俄罗斯发起了一场教科书级的货币反击战，将对美元的国际霸主地位和以美元为中心的国际货币体系形成重大冲击，推动以黄金加石油天然气等战略物资为支撑的“布雷顿森林体系 3.0”的产生。这种说法在世界范围内形成了广泛的影响，在美国不断强化对中国打压并激化两国矛盾的情况下，在中国也有人呼吁，应该颁布人民币结算令，加快人民币国际化，大幅压缩美元、欧元等货币储备，降低海外资产被冻结乃至被没收的风险。但这种说法并不靠谱。

实际上，卢布结算令能发挥作用是有严苛条件的，只有在美国等西方国家冻结俄罗斯在这些国家的官方储备资产，俄罗斯难以收到和使用这些国家货币，而且欧洲又无法脱离对俄罗斯天然气依赖的情况下，才可能小范围运行。由于卢布的国际供应极其有限，俄罗斯很容易推动卢布汇率快速反弹，但这种状况下的卢布汇率只是特殊结果，基本上没有广泛性和可持续性（实际上，即使在俄罗斯，其民间卢布对美元汇率下跌仍非常严重）。一旦欧洲摆脱了对俄罗斯天然气的依赖，或者允许俄罗斯使用这些国家的货币结算，卢布结算令也就失去了存在的基础，是难以发挥预期作用的。同样道理，推行人民币结算令，也需要非常严苛的条件，并不是可以随意推出并成功运行的。

当然，国际中心货币并不是一成不变的，而是会随着各国综合国力特别是国际影响力的变化而变化，历史上作为世界霸主的国家发生过多次变化，相应地，国际中心货币也出现过多次更替。

从全球利益最大化角度，国际货币越是集中统一，其运行成本和风险就会越低，国际货币多极化（不是“多元化”）并不是最佳选择，这就如同在一个国家，如果有多种货币并存，必将带来很大的管理麻烦，理应尽可能形成集中统一的货币。但以最强国家主权货币充当国际中心货币（世界货币），客观上又容易缺乏足够强大的国际组织（如联合国）对这一最强国家加以有效制约，这又可能因为货币发行国过度追求本国利益而损害世界整体利益，造成严重的世界不公，威胁到国际货币体系稳定和世界和平发展。

因此，历史上曾有不少人和组织设想推出超越国家主权的世界货币，但一直没有成功。

在 1944 年布雷顿森林会议上，英国经济学家约翰·梅纳德·凯恩斯代表英国提出了“国际清算同盟”（International Clearing Union）计划和相应的世界货币“班科”（Bancor），主要内容包括：建立“国际清算同盟”，发挥世界中央银行作用；会员国在“同盟”的份额，按“二战”之前 3 年进出口贸易平均额的 75% 来计算；会员国中央银行在“同盟”组织开立清算账户，其官方对外债权债务通过该账户用转账方式进行清算；“同盟”账户使用统一的货币或记账单位“班科”，会员国可用黄金换取“班科”，但不可以用“班科”换取黄金；各国货币保持与“班科”的固定比率，非经“同盟”理事会批准不得变更；“同盟”在伦敦和纽约设立双总部，理事会会议在英、美两国轮流举行。但这一方案太新太复杂，难以很快形成和有效维护，最后被美国提出的以金（兑换）本位制为核心的“美元与黄金挂钩，其他国家货币与美元挂钩”的方案所取代，“班科”没有成为世界货币。

20 世纪 60 年代美元超出黄金储备不断扩大投放，以及美国由世界最大贸易顺差国转变成为逆差国且逆差不断扩大，引发美元信任危机，IMF 为维护国际货币体系稳定，于 1968 年开始研究试图推出超主权的世界货币，其中也吸收了“班科”的基本理念，并缩小了挂钩货币的数量。但这种设想很容易冲击美元的国际地位（尽管美元在其中占比最高），难以得到美国的支持，最后也没有成为超主权世界货币，只能折中地形成一种规模很小，主要在成员国和相关的国际组织之间作为一种特殊的储备资产使用的“特别提款权”（SDR）。

2009 年比特币推出后，又有人试图比照 SDR 甚至“班科”的原理，运用区块链、智能合约等新技术推出与一篮子货币结构性挂钩的世界或区域超主权货币，如“Libra”等，但依然未能成功。

实际上，这种与一篮子货币结构性挂钩，并与篮子货币同时并存的超主权货币设想，本身就违反了信用货币的基本要求和发展逻辑。理论上就不成立，实践上也就不可能成功。

在难以打造出超主权世界货币或区域货币的情况下，次优的选择可能需要一定程度的国际货币多极化，实现相互制衡、相互竞争、优胜劣汰。国际货币多极化（不是多元化）的前提是，两个或三个货币发行国（或货币集团）综合国力特别是国际影响力相差不大，而且能够形成以该货币为核心的国家联盟体。但国际货币多极化也容易增加国际货币运行的成本和风险，不应太多，只能是两种或最多三种货币，而且这种格局的形成和维持也并不容易，很容易失衡而造成世界格局出现重大变化，引发大国间的剧烈冲突甚至世界大战。

由上可见，在国家主权和主权货币依然存在的情况下，公平公正的国际货币体系建设非常必要、非常重要，但依然充满挑战且任重道远！

国家货币流出渠道与管理难题

一国货币成为重要的国际货币（如美元），意味着其货币还将大量地为境外所拥有，就需要有货币流出的渠道，需要该国保持大规模国际收支逆差。

一国货币流出的渠道主要包括（以此货币支付清算的）：

（1）进出口贸易（贸易项下）逆差；

（2）对外投融资（资本项下）逆差；

（3）政府对外援助净输出；

（4）央行货币互换输出。

其中，对外投融资逆差，包括以本国货币发生的该国对外股权投资（含购买股票）超过境外对本国股权投资的差额，以及该国对外购买债券、发放贷款、存放银行等债权方式付出的货币超过境外投入本国的净额。

在以现金清算（直接的现金收付）为主的情况下，大量的货币流入或流出，很容易引发严重的通货膨胀或通货紧缩，从而对经济社会稳定乃至国家间关系产生严重影响，甚至会由货币严重失衡而引发战争。比如，中国清朝时期大量向欧洲出口瓷器、丝绸、茶叶等，相应收取欧洲大量的黄金铸币，但很少从欧洲进口商品。贸易的严重失衡引发欧洲货币的严重失衡，欧洲充当货币的黄金大量外流，造成其货币供应严重短缺并进一步影响到经济社会稳定，随之与中国的贸易争端不断激化，这成为欧洲列强发动侵华战争的重要原因。

以一国货币作为国际中心货币以及采用现金清算，很容易催生“特里芬难题”（Triffin Dilemma）：1960 年美国经济学家罗伯特·特里芬基于对美元与黄金固定挂钩、其他国家货币与美元固定挂钩的布雷顿森林体系的研究，发表了《黄金与美元危机——自由兑换的未来》，指出“各国为了发展国际贸易，必须用美元作为结算与储备货币，这样就会导致美元大量流出美国并在海外不断沉淀，对美国国际收支来说就会发生长期不断扩大的逆差，进而推动美元贬值。而美元作为国际货币核心的前提是必须保持美元币值稳定，这又要求美国必须是一个国际贸易收支长期顺差国。这两个要求互相矛盾很难解决，因此是一个难题或悖论”。这一内在矛盾预示着布雷顿森林体系的崩溃，固定汇率必然被自由兑换的浮动汇率所取代。也正因如此，随着美国由“二战”后全球最大的贸易顺差国转而成为不断扩大的逆差国，美国和美元的信用受到怀疑，到20世纪60年代末，美国遭受法国等其他美元储备国的黄金挤提，布雷顿森林体系难以为继。1971年8月美国宣布关闭美元兑换黄金的国际窗口，国际货币金本位与固定汇率制随之退出，浮动汇率制取而代之，布雷顿森林体系随之瓦解，世界各国货币与国际货币体系彻底转换成信用货币。

货币不再与任何单一或几个特殊物品（如黄金等）固定挂钩而转化为纯粹的信用货币，货币支付清算也基本上由“现金支付”转化成为“转账支付、记账清算”，货币所有权的跨境流动取代货币现金直接跨境流动，不仅很大程度上解决了国际货币供应不足以及国际储备货币存在的“特里芬难题”，而且大大推动和支持了经济金融的全球化发展，加强了主要经济体之间的经贸往来和利益融合，为世界和平稳定提供了重要支持。但随着经济金融的全球化发展，由于全球一体化治理没有跟上，这种以最强大国家主权货币作为国际中心货币的国际货币体系，必然带来国际货币体系管理上日益严重的新的风险挑战。

跨国经贸往来和金融交易的货币清算

记账清算取代现金支付成为主体

在确定了跨国经贸往来的计价清算货币后，又涉及货币的支付清算方式问题。在直接的现金支付清算方式下，涉及货币的验收、保管、运输等，成本很高效率很低、监管难以到位，而且很容易引发“特里芬难题”，所以，现金支付基本上退出国际支付清算，国际支付清算基本上完全被“记账清算”方式所取代。

记账清算，即由专门的支付清算机构（主要是银行）按照付款人的支付通知（支付指令）从付款人存款账户中减记相关款项，并通过支付清算机构之间清算账户的增减记录（如果收付款双方开户银行之间没有直接的账户连接，还需要寻找能够连通双方账户的“搭桥机构”，最终连通资金清算通道），将款项通过收款方的开户银行增记其存款账户，完成整个支付的清算。支付清算机构成为重要的货币支付清算中介，通过存款账户之间余额调整（以相关各方债权债务关系调整实现货币所有权转让）代替了货币本身的支付流动。

在记账清算方式下，首先需要建立起支付清算的资金账户体系与能够得到清算机构共同认可和使用的支付报文体系（包括报文种类、内容规则与传送处理的软硬件通信体系）。

资金账户体系与支付报文体系

资金账户体系

这是记账清算体系的核心基础。

发生经济往来，需要进行货币支付记账清算时，除收付款双方必须在清算机构（银行）开立存款账户外，相关的清算机构还必须建立起相互之间的账户通道。

如果每个清算机构都要与境外所涉及的清算机构相互开立清算账

户（“对开账户”），往往需要区分币别开立不同货币的清算账户，不仅会使清算账户数量繁多，每个账户又涉及账户准备金管理、透支额度设定、透支利率与计息方法确定等诸多问题，管理上就会非常麻烦。理论上，如果全球拥有一个总的清算中心，比如由国际清算银行（Bank for International Settlement，BIS）承担，为世界各国跨境清算提供统一的枢纽和通道是最优选择。但是，由于目前各国仍坚持对本国主权货币的监管权力，资金账户必须接受货币发行国的监控管理，所以 BIS 还难以发挥全球清算总中心的作用。目前主要是 60 来个国家央行或货币当局的协调组织在处理其相互之间的部分清算业务。

由此，次优选择就是每个国家有一个统一的跨境清算总账户与系统连接总接口，国内各个清算机构都通过这一平台组织对外办理支付清算。这一跨境清算的中心平台组织，可以由中央银行主导的清算总中心承担，与国内支付清算总中心合二为一。但考虑到国际支付清算涉及不同国家的文字、法律、货币、运行时差等，其运行风险和管理要求与国内支付清算存在很大不同，为有效隔离可能的外部风险，有能力的国家一般都单独建立跨境支付清算的总中心运行体系，并与国内清算总中心的系统保持连接，建立风险隔离机制。比如，美国国内清算总中心体系是 Fedwire（美联储大额支付清算在线系统），跨境清算总中心体系是 CHIPS（clearing house interbank payment system，纽约清算所银行同业支付系统）；中国国内清算总中心体系是 CNAPS（China National Advanced Payment System，中国现代化支付系统），跨境清算总中心体系是 CIPS（Cross-Border Interbank Payment System，跨境银行间支付系统）。

在以国家主权货币作为国际结算和储备货币的情况下，由于世界各国拥有的他国货币（外汇储备），最终都是从货币发行国投放和流转出来的，货币发行国具有对本国货币最主要的管辖权，从全球角度看，目前各种货币跨境支付清算总中心也只能是在货币发行国，主要受到货币发行国的管控，离岸中心只能是附属或补充。所以，美元全球清算总中心是 CHIPS（CHIPS 处理的主要是美元的跨境支付清算），人民币全球清算总中心是 CIPS（CIPS 处理的主要是人民币的跨境支付清算），如此等等，相互之间很难被取代。即使是美国，也主要是对美元的全球流动拥有最高管控权，而不可能对他国货币全球流动拥有最高管控权。

由于每个国家的清算总中心随同主权货币而存在很强的国家主权管理特性，一般只能允许在本国设立的合格机构（主要是银行，包括境内的外资银行）才能作为成员单位参与其中，开立清算账户并办理清算业务，这类机构被称为“账户行”。成员单位以外的其他机构，特别是境外机构只能寻找成员单位（账户行）作为代理，在账户行开立清算账户，间接参与到这种货币清算总中心的清算，这类机构则被称为“代理行”。正因如此，中国银行（BOC）总行很难成为美国 Fedwire 或 CHIPS 的账户行，但其纽约分行则可以成为 Fedwire 或 CHIPS 的账户行，并可以代理中国银行的全球机构参与到 Fedwire 或 CHIPS 的美元清算中。同理，美国银行（BOA）总部也很难成为中国 CNAPS 或 CIPS 的账户行，而只能在中国寻找合格机构代理其参与。

支付报文体系

支付清算机构要进行资金从付款方账户到收款方账户及相关清算机构账户间的转账划拨清算，还必须拥有真实准确的支付指令作为依据，确保转账准确和资金安全。

跨境支付指令涉及的内容比账户体系更加复杂，不仅涉及不同的文字、法律、货币等，还涉及收付款双方的存款账户（户名与账号）、交易合同（名称和编号）、开户银行（名称、地址和系统代码）和加密规则等。如果没有统一性、规范性，由各个清算机构或者各个国家分别与其他清算机构或国家分别对口建立专用的支付指令报文规则以及传送与处理体系并与资金账户体系融为一体，那将是非常复杂低效、成本很高难以承受的。而且支付指令报文通过邮局进行传送，其专业性、安全性难以保证。所以，从全球角度看，最佳的选择就是将支付指令报文体系与资金账户体系分离，形成专门的全球统一、专业、中立、共享的集约化支付指令报文体系独立运作，并与资金账户体系保持连接（松耦合）。

正因如此，聚焦于建立专门的跨境支付指令报文体系的环球银行金融电信协会（Society for Worldwide Interbank Financial Telecommunication，以下简称 SWIFT）应运而生、快速发展。

SWIFT 是在原有的分散且通过邮局传递支付报文的做法难以满足跨国经贸往来和金融交易需求情况下，最初由欧洲与北美 6 个国家主要从事国际支付清算的多家银行共同发起筹备，于 1973 年 5 月注册于比利时首都布鲁塞尔，首批有 15 个国家 239 家银行参与。本着为全世界（不受国家关系和政治影响）经贸往来提供“集约、专业、中立、共享”服务的宗旨，SWIFT 建立独立自主的公司治理体系和管理规则，董事会成为主要决策机构，三年一届。明确规定其董事只能是商业机构的代表，而不能是政府（包括央行与财政部）的官员；董事席位不是依靠增加股权投资获得，只能依据其代表的国家或地区在 SWIFT 上的业务规模符合标准才能赋予；每个国家最多有 2 个董事席位，董事会总计不超过 25 名董事。

依托专业高效的服务，SWIFT 快速发展，到 2020 年已经发展成为覆盖超过 210 个国家、11 000 个用户的全世界最重要的跨境支付报文规则制定和报文集中处理体系，在全球跨境支付清算中发挥着非常独特而重要的作用。

图 4.1　环球银行金融电信协会（SWIFT）

需要明确的是，SWIFT 并不是美国的公司，美国在其中也只有 2 个董事席位，并不能对 SWIFT 拥有独家支配权。当然，因为美国和美元强大的国际影响力和在 SWIFT 最高的业务量，SWIFT 的董事长一般由美国的董事担任（总裁一般由欧洲人担任）。在 2001 年美国遭受“9・11”恐怖袭击前，除遵守联合国有关反洗钱相关要求和决议外，SWIFT 一直严守业务中立、数据保密的原则，不参与任何政治斗争或对某个国家的单方制裁。“9・11”恐怖袭击事件后，美国以反恐名义对 SWIFT 施压，才使其对美开放了与美元有关的数据，随后也被用于对朝鲜、伊朗等国的金融制裁，其中立性、独立性受到冲击。但是，由于 SWIFT 的董事更多的是欧洲代表，更多地受到欧盟影响，没有欧盟的配合，美国难以单独对 SWIFT 形成控制，只有美欧联合，才会对 SWIFT 拥有绝对的控制和支配权，也容易使 SWIFT 成为美欧对其他国家施压或制裁的工具，使 SWIFT 偏离初衷。在 2022 年 2 月俄罗斯发动对乌克兰“特别军事行动”后，美国、欧盟迅即发表声明，因俄罗斯发动对乌克兰侵略战争而推动 SWIFT 将选定的 7 家俄罗斯银行（后来又增加了 2 家银行，但并不是俄罗斯加入 SWIFT 的所有机构）从系统中除名，同时冻结俄罗斯在这些国家的官方储备资产。这种做法引发国际社会的高度关注和警惕。

当然，如果一国被 SWIFT 完全排除在外，也就意味着美国、欧盟与该国彻底断绝经济往来（否则不会彻底断绝 SWIFT 的连接与服务，这也是俄乌冲突爆发后，SWIFT 只是将俄罗斯部分银行剔除在外，而没有将其所有银行全部剔除的原因）。这样做的结果，就会推动被美欧及 SWIFT 排除在外的国家团结在一起，催生出新的利益集团或国际联盟，以及 SWIFT 之外新的支付报文和清算体系，推动国际社会的分裂，威胁世界和平与发展，也会严重削弱美欧的国际影响力以及 SWIFT 的全球业务发展。对被排挤出 SWIFT 的国家而言，模仿大家已经熟悉的 SWIFT 规则，依托互联网等新的通信技术，现在要重新建立一套支付报文处理体系并不难，但却会受到交易对手和业务规模有限的影响，在运行效率和成本效益上难以与 SWIFT 相比。所以，只要不是被 SWIFT 剔除，各国要主动脱离 SWIFT，建立和运行自己主导的支付报文体系，是非常不经济不容易的，这只能是被美国、欧盟断绝经贸往来、完全排挤出 SWIFT 后的无奈选择。

从全球利益最大化角度看，SWIFT 作为全球最重要的金融基础设施是非常必要的，当然也理应接受联合国超越国家利益的公平监管，更好地维护其中立性、专业性和集约化，避免其成为少数国家打压或制裁他国的工具，从而更好地促进世界经贸往来和金融交易的发展。

实行资金账户体系与支付指令报文体系基本分离，支付指令报文体系实行全球范围的集约化、专业化运行是最佳选择，无论是美国的 CHIPS，还是中国的 CIPS 等，都应更加聚焦于本国货币的跨境清算资金账户体系，加强与 SWIFT 的合作，而不是主动与 SWIFT 脱钩，自行建立专属的支付指令报文体系。

记账清算带来深刻变化

与直接的现金收付相比，转账支付记账清算带来非常深刻的变化。

转账支付替代现金支付

货币由现金更多地表现为在清算机构（银行）的存款，并通过清算机构办理转账支付以及货币相关各方的记账清算。由此，所谓货币跨境流出、流入，实际上是货币所有权的跨境流出、流入，而不是货币现金真实的跨境流出、流入，即以货币所有权的流动取代了货币本身的流动，货币仍然会存放在流出国的清算机构中，通过清算机构之间及其对收付款双方存款账户的调整（债权债务关系的调整）替代了现金的直接收付，因此可以大大降低跨境支付清算的成本，提高跨境支付清算的效率。货币由此更多地集中到清算机构中，并不会因为货币跨境流出流入而严重影响清算机构的流动性，并可以支持清算机构通过信贷方式给需要货币的社会主体投放新的货币，更好地满足全社会的货币需求。这就在很大程度上解决了“特里芬难题”，有效地克服了在现金支付清算下，国家之间严重的贸易失衡会相应引发严重的货币失衡，并可能激化相互之间的矛盾甚至引发战争的危险，促进了经济金融全球化发展及相互之间的融合与和平。获得外汇的社会主体，还可以将外汇转让给货币投放机构获得新的货币，增加新的本币流动性，并因此产生“银行外汇储备倍增流动性”的效应。

外汇储备只能用出去不能拿回来

各个国家持有的他国货币（外汇）储备，实际上只是获得了储备货币的所有权和支配权，货币仍然保存在其发行国，所以外汇储备只能用出去（用于投资、进口，或通过市场买卖转换成黄金或他国货币等），而不能拿回来（不能拿回货币现金或让货币发行国提供黄金并运回来）。

因此，2022 年美欧带头冻结俄罗斯在其国家的官方储备资产后，有不少人强烈呼吁中国应该赶紧将在西方国家的外汇储备资产拿回来，这实际上是对记账清算的漠视或无知。把外汇储备拿回来是很难做到的，只能合理地用出去。所以，各国在选择外汇储备的币种和资产摆放时，必须高度重视储备资产的安全性，防范储备资产被冻结、被没收的风险。

由此就形成一国货币（所有权）流出得越多，其本币外债就会相应增大（美元为他国拥有或储备得越多，美国的美元外债就会被动越大；今后如果人民币被他国拥有或储备增加，中国的人民币外债也就会随之加大），相应地，外汇流入国（储备国）的海外储备资产就会越多（中国的外汇储备越多，海外储备资产就会越大）的结果。这就形成记账清算方式下，世界各国拥有的外汇储备主要来源于储备货币发行国，又主要存放或投放于货币发行国（金融机构或市场）的特殊结果。放在记账清算下，那种“中国将招商引资或大量出口实物产品（进出口顺差）获得的美元，又送回美国投资于美国金融产品；美国对中国投资或大量进口付出的美元，又通过对中国出口金融产品收回美国，由此形成中美两国实物产品与金融产品相互依赖的双循环格局”的说法，其实并不准确。

记账清算对货币运行，特别是跨境货币运行产生了极其深刻的影响，必须有清晰准确的认知和把握，否则，仍按照现金支付去理解货币运行，必然会在很多货币金融问题上犯错误。

全面准确把握货币国际化利弊

必须清楚地看到，一国货币要成为重要的国际货币，既有很多好处，也会面临很大挑战。

以美元为例，美国可以大量使用美元作为对外经贸往来和金融交易的计价清算货币，并可以最大限度地减少其外汇储备，降低储备资产的安全风险、汇率风险和清算成本；能够依托其巨大的进口规模压低进口成本，获取全球贸易最大好处；在记账清算方式下，其需要支付的美元绝大部分都会滞留在美国境内形成在岸市场（离岸美元规模有限，成长空间不大），从而可以大大降低美国的美元融资成本，推动美国成为最重要的国际金融中心（金融交易的产品和交易者不仅来自美国，也来自世界其他国家），美国金融交易市场形成的各国货币汇率和商品价格成为全球重要的基准水平，极大地增强其国际货币金融的影响力；美元投放与全球流通，根本上会受到美国最大的控制，也使得美国货币政策和金融监管（包括对海外的长臂管辖）具有很大的国际影响力。

但这种状况也会使美国央行面临满足国际社会美元需求、调控国际金融市场美元流动性、维护美元汇率及国际货币金融市场稳定的巨大压力，给美国货币政策制定、实施和管理带来远超其他国家的更大挑战。

实际上，布雷顿森林体系确立美元与黄金挂钩，其他货币与美元挂钩，以美元作为中心货币的国际货币体系，必然会使美元的供应受制于美国黄金储备的约束而跟不上全球可交易财富价值的快速增长，必然使美元面临“特里芬难题”而陷入困境，美国为维持美元与黄金挂钩及其国际运行不得不承受巨大压力，并在其他国家以美元向美国挤兑黄金时遭受巨大损失。美国因此被迫废弃美元与黄金挂钩的国际承诺，而这又被国际社会广泛诟病为美国单方面背信弃义、违背承诺，迄今国际社会仍然广泛引用美国前财长约翰·康纳利在 1971 年所说的“美元是我们的货币，却是你们的麻烦”对美国加以诟病，却往往忽视了在这句话的另一面，也存在着“美元是美国的货币，却要承担国际货币义务”的现实。

在美元放弃与黄金挂钩彻底转变为国家信用货币后，美国反而可以根据需要充分供应美元，更好地维持美元的国际流动性。当然，这也极大地增强了美国货币政策的自主性，增强了美元的世界霸权，在美国利益与世界利益出现矛盾的情况下，美国很容易坚持“美国优先”，为维护本国利益而牺牲他国或世界整体利益。然而，这也并不是无条件无约束的。如果美国过于追求本国利益最大化，甚至越来越强化美元与金融的武器化，运用美元及其支付与交易的控制对他国实施金融制裁，随意冻结和没收他国的美元储备资产，就可能严重损害其他国家或国际社会的利益，造成新的国际矛盾和不公平，反过来又会损害美元和美国的国际声誉和地位，减少美元的国际使用和储备。

更深刻的影响是，美元及美国金融全球影响力的增强，以及由此使美国金融资本能够获得超额回报，就可能推动美国金融及配套的服务业（虚拟经济）野蛮发展，相应地，也会推动其普通制造业日渐萎缩，使经济虚拟化或制造业空心化日渐加深，全社会负债率不断提高、贫富差距越拉越大，政府维持全社会高福利的负担就会不断加重，财政赤字和政府债务会快速扩张，并且越来越依赖于央行支持，越来越威胁到央行的独立性，货币超发滥发和金融资产泡沫日趋严峻。但这种格局并不是可以无止境发展下去的，作为一种国际货币，美元同样需要由国际社会按照“安全性、流动性、赢利能力”综合比较最优的原则进行选择，一旦美元在综合比较中被其他货币超越，去美元化就会加速，就可能给高高在上的美元和美国带来灭顶之灾。实际上，对于非国际化货币发行国而言，由于其国内社会缺乏其他货币选择，政府负债率可以很高，货币总量可以很大，通货膨胀率容忍度可能很高。相对而言，国际化水平越高的货币发行国，要推动财政赤字货币化或现代货币理论就越不容易，对通货膨胀率的容忍度会低得多。

美国过于依赖金融资本、高高在上获得超额回报的特殊地位，需要保持以美国为核心的国际分工与世界格局的稳定。一旦国际分工与世界格局遭到重大冲击，就可能对国际中心货币发行国以及国际货币金融体系产生巨大影响甚至引发严重的全球性经济金融危机，在给美国经济社会带来巨大冲击的同时也会给世界和平稳定带来严重冲击。

这是一国货币成为国家信用货币，并且国际化发展延伸到国际贸易和金融市场成为国际中心货币后，给货币金融管理和世界经济发展带来的新的更大挑战。一国货币要成为国际中心货币非常不容易，而且也并非只有好处而没有风险挑战，对此要有清醒认识。不应盲目追求本国货币的国际化，更不能在严厉指责现有国际货币发行国的霸权、霸道与货币侵略（在全世界“薅羊毛”）的同时，反而期望照样取而代之甚至变本加厉。

从这一角度讲，经济金融全球化发展，必然要求配套的全球一体化治理体系，包括基本统一公平公正的财税体系、货币金融体系、法律与司法体系等，切实增强和发挥联合国的统筹协调作用。其中，国际货币基金组织及其“特别提款权”（SDR）都应深刻变革，更多地按照各国持有的基金份额赋予其相应的权利义务，取消单一国家一票否决制，更加体现“基金”本质，努力完善基金管理，推动其在加强国际货币体系管理上发挥更大作用。

货币汇率确定方式与影响因素

各国货币在跨境流动过程中，必然会涉及不同货币之间的兑换价格，即汇率问题。而汇率的确定和变化，又会受到很多因素影响，并对国际经贸往来和资本流动产生重要影响，汇率形成机制与管理体制成为国际货币体系中非常重要的组成部分。

在金属铸币阶段，同种金属不同国家铸币之间的比价（汇率），主要就是不同铸币金属的质量与重量的折算结果。在金属本位制纸币阶段，相同金属本位不同国家纸币之间的比价，主要就是不同纸币折算同质量金属重量之间的比价。由于规制化金属铸币以及金属本位制纸币的标准基本上都是由国家统一制定的，而且一般情况下都是稳定的，不会轻易改变的，所以相互之间的汇率也就比较稳定。

至于不同金属（如黄金、白银）的铸币以及不同金属本位的纸币之间，其汇率则主要受到不同金属的市场交易价格影响，其变化就会加快，而且不同国家金银供求关系不同，其比价也会有明显不同。

在货币摒弃金属本位制彻底转化成为国家信用货币之后，不同货币之间的汇率就受到更多因素影响，汇率确定就变得非常复杂。在不断地探索实践过程中，逐步形成了信用货币体系下，不同货币之间汇率确定的主要考虑因素和基本方法。

第一种，币值平价法，也叫作购买力平价法。人们认为，不同货币之间的汇率，根本上就是其币值（购买力）的比价。一种货币的币值，理论上应该是可交易财富的价值总额与货币总量的比值，但由于财富种类繁多、分布极广，而且又经常处于交换交易或上下游加工转换过程之中，要准确测度财富价值总额和相应的货币币值极其困难，所以一般只能选取个别或小部分比较通用的财富作为样本，将其不同货币的价格进行对比折算，计算出相互之间的汇率。

其中，最重要的比价样本就是黄金，因为黄金曾经是全世界流通范围最广、流通时间最长的货币或货币本位，也是至今各国货币储备物的首选，所以，主要国家货币购买相同标准黄金的价格比值，就成为其汇率最基本的确定因素。黄金价格成为主要货币汇率确定最重要的基础，尽管信用货币已经完全脱离了金本位制。

对于那些黄金交易不活跃的国家，其货币与他国货币之间的汇率，则通常按照各自货币对美元等最主要国际货币的汇率进行折算确定。

当然，这种以个别或小部分相互通用财富的不同货币价格之间的比值作为其汇率基础的做法，必然存在以偏概全、不够准确的问题。在黄金以外，以同一种汉堡或同等重量的鸡蛋等物品在不同国家的价格来计算不同国家货币的汇率，其准确性就更难保证。

第二种，利率平价法。利率平价理论认为，利息是货币的时间价值，货币币值不仅受到现时购买力的影响，其未来变化还受到利率水平高低的影响，利率提高会提升货币币值，利率降低会压低货币币值；两国货币利率的差距会影响两国币值水平及资金的转移（加息预期高的国家容易吸引资金流入，降息预期高的国家容易推动资金流出），进而影响远期汇率与即期汇率的差价。两国间相同时期的利率只要有差距存在，投资者即可利用套汇或套利等方式赚取价差，并因此推动两国货币间的汇率产生波动，直到套利的空间消失为止。二者维持均衡时，远期汇率的贴水或升水应与两国利率的差距相等，否则将会有无风险套汇行为存在，直到其恢复至均衡的状态 。

将利率因素考虑到货币汇率中来，是非常有必要的，是汇率理论的一大进步。但利率对汇率的影响，其实更受到不同货币相互流通的影响，对那些可以自由兑换和流通的货币更有效，而对那些不能自由兑换和流通的货币则效果并不明显。

上述两种方法主要用于确定不同货币之间基本的汇率水平。不同货币之间实际的汇率则根本上取决于其发行国经济基本面走势对比，以及由此形成的货币供求变化或汇率预期变化的影响。而这又会受到更多突发因素（甚至包括具有影响力的市场传闻）的复杂影响。其中，国际金融中心各种货币期货及衍生品（包括汇率指数期货期权等）的大量交易，对主要货币汇率变化形成越来越大的影响，市场的羊群效应也容易使汇率变化大大偏离其应有的真实水平。

汇率变化会对一国资本流入流出和经济社会稳定等产生深刻影响。一般而言，当一国货币对外币汇率上升（以同等规模的本币可以购买到更多的外汇，或者以同等规模的外汇将换取更少的本币），可以降低进口换汇的成本，同时也会降低出口收汇换取的本币收入，因此，应该是有利于进口企业而不利于出口企业，并可能推动外汇流出（资本外流）而抑制外汇流入（资本流入）。相反，如果一国货币汇率下跌，则应该是有利于出口企业而不利于进口企业，并可能吸引外汇流入而抑制外汇流出。如果社会上形成货币将大幅升值或大幅贬值的预期，就可能对进出口贸易以及资本跨境流动产生很大影响，造成金融市场和经济社会的剧烈动荡。为此，就需要央行对汇率超预期大幅波动实施必要的干预，尽可能保持汇率的基本稳定，帮助全社会规避重大汇率风险，保持金融市场和经济社会稳定。

但货币汇率毕竟是不同国家货币之间购买力（币值）的比较，并受到市场供求关系变化的影响，并不是一成不变的，不应也很难追求汇率的绝对稳定或固定不变。在汇率管理上，应优先发挥市场交易对货币汇率的基础性决定性作用，积极推动汇率市场化发展，尽可能避免脱离市场的官方直接定价，更多地运用价格和技术手段调节货币市场供求关系，避免过度使用行政手段进行强硬干预，以避免被国际社会冠以“汇率操控国”和贸易保护的名义而实施经济制裁。

保持汇率基本稳定，不一定必须仅盯住甚至绑定最主要的国际货币（如美元），而可以与一篮子主要国际货币结构性挂钩，赋予不同的挂钩比例，汇总形成汇率指数，尽可能保持对多个主要货币的汇率有升有降，避免对所有主要货币出现大幅的单向升值或贬值。

由此产生了“货币汇率指数”的概念，即一种货币对若干与其交易量大的主要货币汇率的加权平均值。如“美元汇率指数”主要是按照与美元交易量大的主要货币的占比确定，目前是按照欧元 57.6、日元 13.6、英镑 11.9、加拿大元 9.1、瑞典克朗 4.2、瑞士法郎 3.6，总计 100 来计算的（其中不含人民币，所以，美元汇率指数变化对人民币与美元汇率的影响只能是间接的）。人民币汇率指数主要是按照中国外汇交易中心（CFETS）挂牌的人民币对外汇交易主要币种（包括美元、欧元、日元等 13 种货币），各货币权重采用考虑转口贸易因素在内的贸易权重法计算而得（当然，美元的权重最大）。

人民币汇率管理与央行外汇储备

外汇极其短缺下国家严格管控

中华人民共和国成立之后，由于种种原因，特别是朝鲜战争爆发后，受到美国为首的西方国家的严厉封锁，中国成为外汇极其短缺的国家，进而也严重影响到国家对外经贸往来、人员交往的发展。为集中极其有限的外汇运用到国家最需要的地方，并防止民间外汇买卖对人民币形成冲击，国家实施全社会强制结售汇制度，即全社会的外汇来源必须按照国家确定的汇率，全部卖给国家指定的外汇银行（中国银行），经审批符合规定的用汇需求可以从指定银行购买。指定银行则属于替国家（央行）进行日常的外汇买卖和外汇经营，由此形成的外汇结余，全部属于“国家外汇储备”。外汇指定银行则按照规定的标准收取一定的手续费（体现为外汇低买高卖的价差收入），并于每天营业结束后向央行结算外汇买卖实际增减的外汇以及按中间价结算的人民币实际占用或收回的金额。国家严厉打击其他金融机构和民间的炒汇行为，严格禁止外币在国内的流通使用（对特殊人群专门推出了在指定场合使用的“外汇兑换券”）。

由于没有外汇买卖的自由市场，人民币汇率完全由国家（央行）确定，即属于官方价格，波动性不大，甚至数年不变，总体呈现升值走势。据历史资料反映，美元对人民币汇率中间价年平均值从 1950 年的 2.75 不断下降，到 1955 年为 2.46，1978 年为 1.72，1980 年为中华人民共和国成立以来的最低水平 1.49。

各种外币的人民币汇率又包括外汇（通过转账收到的外汇）和外钞两大类的中间价、买入价、卖出价。其中，外汇的买入价和卖出价分别在中间价基础上下浮和上浮 2.5‰；外钞的买入价和卖出价分别在中间价基础上下浮和上浮 5‰。外钞的价差高于外汇，是因为外钞的买卖涉及外钞的检验、保管、出入境运送和保险等，其买卖和保管的成本远高于外汇，而且现钞作为现金不能生息，外汇属于存款可以获得一定水平的利息收入。

由于缺乏有效的外汇来源，即使国家实施强制结售汇制度，央行外汇储备的规模也一直很小，1950—1978 年平均每年余额不足 2 亿美元。到改革开放启动初期的 1978 年末，央行外汇储备也只有 1.67 亿美元。甚至到 1980 年末，央行外汇储备出现了严重透支，余额为 -12.96 亿美元，国家对外支付面临严峻挑战和声誉风险（见表 4.1）。为此，国家一方面扩大黄金等国际流通的贵金属出口换汇，另一方面采取激励措施（包括推出创汇提成以及相应的高于官方价格的外汇调剂价，形成外汇价格双轨制；美元对人民币的汇率也不断提高，到 1989 年中间价平均值上升到 3.765 1）大力推动招商引资、出口创汇和海外融资，同时控制新的进口付汇等，及时弥补了外汇储备缺口，并推动央行外汇储备不断增长。1989 年末外汇储备达到 55.50 亿美元。

表 4.1　1950 年以来中国央行外汇储备余额变化情况 单位：亿美元

年份	余额	年份	余额	年份	余额	年份	余额
1950	1.57	1969	4.83	1988	33.72	2007	15 282.49
1951	0.45	1970	0.88	1989	55.50	2008	19 460.30
1952	1.08	1971	0.37	1990	110.93	2009	23 991.52
1953	0.90	1972	2.36	1991	217.12	2010	28 473.38
1954	0.88	1973	-0.81	1992	194.43	2011	31 811.48
1955	1.80	1974	0.00	1993	211.99	2012	33 115.89
1956	1.17	1975	1.83	1994	516.20	2013	38 213.15
1957	1.23	1976	5.81	1995	735.97	2014	38 430.18
1958	0.70	1977	9.52	1996	1 050.49	2015	33 303.62
1959	1.05	1978	1.67	1997	1 398.90	2016	30 105.17
1960	0.45	1979	8.40	1998	1 449.59	2017	31 399.49
1961	0.89	1980	-12.96	1999	1 546.75	2018	30 530.98

续表

年份	余额	年份	余额	年份	余额	年份	余额
1962	0.81	1981	27.08	2000	1 655.74	2019	31 079.24
1963	1.19	1982	69.86	2001	2 121.65	2020	32 165.22
1964	1.66	1983	89.01	2002	2 864.07	2021	32 501.66
1965	1.05	1984	82.20	2003	4 032.51	2022	31 276.91
1966	2.11	1985	26.44	2004	6 099.32	2023	—
1967	2.15	1986	20.72	2005	8 188.72	2024	—
1968	2.46	1987	29.23	2006	10 663.44	2025	—

注：2023 年 7 月末为 32 042.70 亿美元。

随着东欧剧变，1989 年 11 月 9 日，横亘在东德和西德之间的柏林墙被推倒，1991 年和 1992 年苏联和南斯拉夫相继解体，国际局势深刻变化，为中国对外交往提供了难得良机，也推动中国围绕“发展是第一要务”“稳定压倒一切”进一步深化改革开放。中国经济增长明显升温，央行也进一步放松了对人民币汇率的管制，到 1990 年美元对人民币中间价平均值上升到 4.783 2，1993 年上升到 5.762 0，吸引外汇扩大流入。央行外汇储备也随之加快增长，1990 年首次突破 100 亿美元，达到 110.93 亿美元。1991 年开始跃升至 200 亿美元以上。

外汇体改、加入 WTO 与外汇储备增长

1994 年国家推出了一轮深刻的外汇管理体制改革，主要包括：（1）从 1994 年 1 月 1 日起，取消外汇留成和“外汇调剂价格”，停止“外汇兑换券”的投放并在一年过渡期满后停止流通使用，实现汇率并轨，实行以市场供求为基础，单一的、有管理的浮动汇率制（主

要盯住美元），1994 年美元兑人民币汇率中间价平均值上升至 8.618 7（实际执行的中间价最高达到 8.7，成为中华人民共和国成立以来最高水平）。取消经常项目正常对外支付用汇的计划审批。（2）将外汇指定银行从中国银行一家，扩大到若干家，包括合格的外资银行。（3）实行外汇指定银行自营结汇、售汇制度，外汇指定银行以中国人民银行每日公布的美元等主要货币兑人民币的汇率为依据，在人民银行规定的浮动范围内自行挂牌公布实际执行的汇率。外汇指定银行允许保留一定规模的外汇买卖结余作为自有外汇储备。（4）中国人民银行成立银行间外汇交易中心，为外汇指定银行相互调剂外汇余缺和清算服务，由外汇管理局监督管理。中国人民银行可以进入外汇交易中心进行必要的交易，以保持各外汇指定银行挂牌汇率的基本一致和相对稳定。（5）外商投资企业可以在外汇指定银行开立现汇账户，在国家允许的范围内可以在账户余额中直接办理外汇支付。超出余额的用汇需求，需要得到国家外汇管理局的审核批准后，向外汇指定银行购买。（6）严格外债管理，建立偿债基金，确保国家对外信誉。对境外资金的借用和偿还，国家继续实行计划管理、融资条件审批和外债登记制度。

1994 年推出的外汇管理体制改革，特别是人民币汇率大幅贬值，吸引外汇大量流入，相应地推动了央行外汇储备加快增长，当年余额超过 500 亿美元，达到 516.2 亿美元。1996 年突破千亿美元，达到 1 050.49 亿美元。

在 1997 年东南亚金融危机爆发后，中国经济也受到很大冲击，加之 1998 年夏季南方遭遇特大洪灾，经济出现严重的滞胀局面，大量企业关停并转，大批员工下岗失业。这种情况下，国家一方面开启严厉的金融治理整顿，抑制和化解严重的金融风险，另一方面则积极寻找新的增长点，全面深化住房、教育、医疗体制改革，吸引民间资本和国际资本大量投入，带动经济止跌回升。而恰恰在 2000 年美国网络泡沫破灭，全球经济发展的火车头“失火”，世界经济亟须寻找新的拉动力，这为中国加入世界贸易组织（WTO）创造了非常难得的机遇。2001 年中国正式加入 WTO，吸引大量国际资本和产能涌入，出口随之快速增长，央行外汇储备随之大幅增长，2004 年末增长到 6 099.32 亿美元。

深化人民币汇率机制改革

随着中国进出口美元顺差和国家外汇储备的不断扩大，国际贸易摩擦也开始加强，有关中国操纵汇率的国际压力（主要来自美国）不断增强。这种情况下，2005 年 7 月 21 日，我国进一步推进人民币汇率形成机制改革，主要包括：人民币汇率不再盯住单一美元，而是选择在投资贸易中计价清算若干主要货币形成一个货币篮子，根据其在投资贸易中所占比例赋予其相应的权重，由此形成人民币汇率综合指数（当然，其中美元仍然占据最大权重）。同时，中国人民银行宣布将人民币对美元中间价一次性升值 2%，美元对人民币从 8.276 5 下降为 8.11（2005 年美元对人民币中间价全年均值为 8.191 7）。在此基础上，实行以市场供求为基础，参考一篮子货币综合汇率进行调节、有管理的浮动汇率制度。中国人民银行以外汇交易市场每个交易日的收盘价作为下一个交易日的中间价，扩大商业银行在中间价上下浮动的限定范围（一开始为上下 0.3%，之后将银行间即期外汇交易报价浮动范围扩大到 1%，银行柜台汇率报价区间扩大到 2%。2014 年 3 月 17 日，将银行间即期外汇交易报价浮动范围扩大到 2%，银行柜台汇率报价区间扩大到 3%），由此保持人民币汇率持续小幅升值，在合理均衡水平上的基本稳定。其中，从 2007 年 1 月开始，人民币贵过港币。

人民币汇率出现较大幅度的升值调整后，由于中国经济呈现出加快发展的良好态势，以及人民币利率水平明显高于美元等主要国家货币，仍呈现出不断升值态势，商业银行出于规避汇率风险、争取更大收益的考虑，也不愿意保持太多外汇储备，而是尽可能转让给央行。央行外汇储备持续大幅增长，到 2006 年突破万亿美元，达到 10 663.44 亿美元。

2007 年美国次贷危机和 2008 年全球金融危机爆发后，随着美元等主要国家货币大幅降息甚至推出不断加码的量化宽松货币政策，而中国则迅速调整宏观政策取向，很快推出大规模经济刺激计划，推动经济增长率止跌回升，吸引大量国际资本流入中国，也推动人民币汇率加快上涨，到 2013 年美元兑人民币中间价均值降为 6.193 2（比 1994 年最高时的 8.7 下跌超过 28%）。在这一过程中，为抑制人民币汇率过快上涨，央行不得不加大购买力度，推动央行外汇储备进一步加快上涨：2007 年达到 15 282.49 亿美元，超过日本成为世界第一大外汇储备国；2009 年突破 2 万亿美元，达到 23 991.52 亿美元；2011 年突破 3 万亿美元，达到 31 811.48 亿美元；2013 年达到 38 213.15 亿美元，2014 年 6 月接近 4 万亿美元。其中，如果还原 2007 年财政部发行专项国债向央行购买 2 000 亿美元用于投资“中国投资责任有限公司”（中投）相应减少央行外汇储备的因素，实际上 2008 年国家外汇储备就突破 2 万亿美元，2013 年就突破了 4 万亿美元。这远远超过日本官方外汇储备 1.3 万亿美元的规模，雄踞全球官方外汇储备之首。

央行外汇储备由增转降进入平稳期

自1994年央行外汇储备超过500亿美元开始，关于央行外汇储备是否太多了的争议就开始出现并不断加强，从2007年开始增长速度大幅提高后，这一争议不断趋向白热化，也促使央行扩大外汇储备的使用。除2007年向财政部转让2 000亿美元外，2009年4月也用外汇储备从国际市场大规模购买了1 460万盎司黄金（按当时黄金价格，约付出130亿美元）；2013年之后又增加了对国开行、农发行、丝路基金、亚投行（亚洲基础设施投资银行）等机构的股权投资；2015年6月—2016年10月又在国际市场大规模购买了2 535万盎司（约合788吨）的黄金（按当时黄金价格，支付300多亿美元），相应减少了一部分央行外汇储备。之后，考虑到外汇储备快速下降，流动性受到约束，2016年11月—2018年11月停止了黄金购买，2018年12月之后，根据美元及黄金市场变化情况，择机开展黄金购买，但每次购买量并不大（见表4.2）。

表4.2　1999年以来中国央行海外黄金购买与储备变化情况

单位：万盎司

时间	累计购进	购进后余额
1999年末	—	1 267
2001年12月	341	1 608
2002年12月	321	1 929
2009年4月	1 460	3 389
2015年6月—2016年10月	2 535	5 924
2018年12月—2019年10月	340	6 264
2022年11月—2023年7月	605	6 869

注：以上数据来源于中国人民银行披露数据。其中，2023年9月末黄金储备余额7 046万盎司，约合2 191.55吨（其中不包括央行在国内购入的黄金），按月末黄金美元市场价格折合1 318亿美元，在央行海外储备资产总额中占比不足4%。

与此同时，受全球产能过剩、需求不足的束缚，中国在2009年大规模经济刺激之后，经济增速自2011年开始不断下滑，从2010年的10.6%，下降到2014年的7.4%，且仍呈现下降态势。而自2014年开始，美国开始收缩量化宽松货币政策，美元指数从2014年8月开始不断回升（从2014年7月份的85，一直反弹到2017年末的101），吸引美元大量回流，同时也使外汇储备中非美元储备折算美元数相应下降。

上述因素使得央行外汇储备（折合美元数）在2014年增速快速下滑，到6月达到39 932.13亿美元，仅比上年末增加1 719亿美元。从7月开始，央行外汇储备出现负增长，到年末降为38 430.18亿美元，比6月末减少了1 502亿美元。

在这一过程中，由于对经济增速下行和资本大量外流的形势缺乏足够的预见和警惕，国家仍然在鼓励企业走出去扩大投资。与此同时，为争取在2015年特别提款权（SDR）货币篮子5年一次调整时能够将人民币加入，进一步加快人民币国际化进程，国家进一步放松了对外汇进出的管制，并于2015年8月11日进一步推动人民币汇率形成机制的市场化改革：在外汇交易市场每天开盘前，由中国人民银行选定的做市商（约20家在外汇市场上交易规模较大的商业银行，包括部分外资银行）参考上一交易日的收盘价，考虑市场供求关系以及外盘市场主要货币汇率变化，向央行报出一个他们认为合适的中间价，由央行去掉其中的最高价和最低价后，将剩下的加权平均值作为每天开盘的中间价，由此形成“前日收盘价+做市商汇率预期变化因子”的人民币汇率生成机制，使得汇率形成更加市场化。这些因素推动人民币在2015年得到国际货币基金组织（IMF）的认可，在纽约时间 2015 年 11 月 30 日，IMF 正式宣布，人民币将于 2016 年 10 月 1 日加入 SDR，权重为 10.92%，排在美元（41.73%）和欧元（30.93%）之后，超过日元（8.33%）和英镑（8.09%）。

但进入 2015 年之后，资金外流不断加重，再加上美元指数上升，其他外币储备资产折合美元数进一步下降，以及央行在国际市场上大量购买黄金等，造成央行外汇储备快速缩减，到 2015 年末余额为 33 303.62 亿美元，比上年末大幅减少了 5 126.56 亿美元。然而，为完成人民币加入 SDR 的任务，央行又难以加强对资金外流的管制，2016 年央行外汇储备进一步减少，年末余额为 30 105.17 亿美元，比上年末进一步减少了 3 198.45 亿美元。自 2014 年下半年至 2016 年末，央行外汇储备累计减少了 9 827 亿美元（近万亿美元），由此给央行外汇储备的流动性带来巨大压力。国家被迫于 2016 年底开始停止黄金购买，并采取强力措施加强对资金流出的控制，特别是对一些大量对外转移资产的大型公司依法实施审查和打击，使得央行外汇储备 2017 年 2 月后趋于稳定，基本上保持在略高于 3 万亿美元的水平（3 万亿美元似乎已成为央行外汇储备的控制底线），到 2022 年末为 31 276.91 亿美元。相应地，央行增强了对人民币汇率波动的容忍程度，更多地运用其他工具或方式对汇率进行适当调控，而尽可能避免直接动用外汇储备入场干预，并在保持外汇储备高于 3 万亿美元情况下，自 2022 年 11 月开始，逐月在国际市场上购买黄金，到 2023 年 9 月末累计增加黄金储备 782 万盎司（243 吨），每月购买的规模并不大，同时择机增加外汇购买（2023 年 9 月末央行外汇占款比上年 10 月末增加 4958 亿元）。这一阶段，各月央行外汇储备（折合美元数）变化更多地受到美元与其他储备货币汇率变化的影响（美元汇率上升，其他储备货币折合美元数减少；美元汇率下跌，其他储备货币折合美元数扩大）。

汇率调控：基本原则与可选方式

在推动汇率形成机制不断增强市场化的方向下，中国人民银行调控人民币汇率的基本原则与可选方式主要包括以下这些。

坚持与主要国际货币一篮子综合把控

要避免完全（单一）盯住美元，而要与主要国际货币综合挂钩，提升汇率形成的市场化水平与汇率弹性；尽可能避免对主要货币全部的单向升值或贬值，而是尽可能保持有升有降。

当然，在美元属于国际中心货币，中国对外贸易与投资仍然主要以美元计价清算的情况下，无论如何，美元在人民币汇率篮子中都会占据最大权重，人民币对美元汇率的波动仍需特别关注。

坚持长期合理稳健的货币政策

推动经济合理增长，物价基本稳定，在与主要经济体基本面比较中保持理想水平，这是人民币汇率在合理均衡水平上保持长期基本稳定的重要基础。在货币政策的选择上，必须坚持以我为主、实事求是，优先保证经济基本面稳中向好，而不能不顾中美两国经济实际状况的差异，单纯追求汇率稳定而紧跟美国大幅加息或降息、宽松或收缩。

建立和完善汇率波动控制区间和预案

要建立每年人民币汇率的预期目标以及其波动幅度的预警和控制区间，提前做好应对预案。例如，以需要高度关注的人民币兑美元汇率为例，假设某年人民币兑美元的目标汇率设定为6.8，设定上下浮动达到5%时作为预警线（6.46—7.14），上下浮动10%为控制线（6.12—7.48）。在预警线以内的波动可以不采取任何行动。

在汇率波动超过预警线后，则需加强关注，分析预测其走势，相应采取一些措施抑制汇率继续快速攀升或下跌。例如，央行可以主动发声，回应市场关切，通过多种渠道向市场传达政策意图，遏制外汇市场超调，维护外汇市场平稳运行；可以加强金融机构和国有企业结售汇的窗口指导；上调和下调金融机构外汇存款准备金率，相应收缩或扩大金融机构外汇供应，一定程度上影响外汇市场供求；上调或下调远期售汇业务的外汇风险准备金率等。此时仍应尽可能避免央行直接入场进行外汇买卖干预汇率变化。

在汇率波动接近或达到控制线时，则需要进一步采取强力举措加以遏制，包括强化汇率形成机制中的“逆周期因子”的使用；加强对资金跨境流动的控制；调整境外融资宏观审慎调节参数；央行直接入场逆向进行外汇买卖等。其中，央行直接入场买卖，应该是最后的选项。

灵活调整外汇储备币别结构

根据国际市场变化情况和人民币汇率走势情况，可以适时适度调整央行外汇储备币别结构，侧面影响相关货币汇率水平。在央行外汇储备中，尽管习惯性地以美元汇总数对外披露，但实际上并非全部都是美元储备，而是会根据国家对外贸易和投资中主要运用的国际货币的权重分别安排不同货币的外汇储备。在中国央行具有 3 万亿美元以上外汇储备、整个国家的外汇储备规模更加庞大的情况下，中国较大规模增加或减少某种货币的储备，都有可能影响到其汇率水平或资产价格的变化。其中也包括外汇储备与黄金储备之间的转换，如果中国大规模抛售美国国债，转而在国际市场上大量购买黄金，也会影响到美债价格和黄金的国际市场价格。

合理推动货币互换和本币结算

我们应加强与他国央行的货币互换合作并积极推行双边或多边贸易协定与本币结算。

央行货币互换是指拥有不同货币的两个国家中央银行之间签订货币互换协议，按双方约定的额度、汇率、期限和利率水平在某一时点交换等值货币（可以记账备用），在另一时点再按约定汇率换回各自本金，并相互支付相应利息的交易行为。央行货币互换，一是有利于补充对方货币在本国的流动性，二是有利于控制对应货币的汇率波动（互换时锁定汇率），三是有利于扩大贸易顺差国货币的输出和跨境使用，减少对国际主要货币（如美元）外汇储备的依赖。中国人民银行也在积极开展与他国的货币互换，到 2022 年已经与 40 个国家和地区的央行或货币当局签署了双边货币互换协议，协议总额超过 4 万亿元。

在积极扩大央行货币互换，由各国央行在货币互换范围内锁定汇率风险的情况下，还可以积极推动双边乃至多边的贸易协定与本币结算（Local Currency Settlement，LCS），由国家对国家通过央行货币互换在一定范围内控制汇率风险、促进贸易发展。

从国家层面看，尽管不同国家之间进出口贸易很难达到完全平衡，但总会有相互重合的部分，这就为国家之间推行本币结算奠定了重要基础，需要国家从促进相互之间经贸往来、降低国际支付清算成本和汇率变化风险等出发，协商制定两国之间或区域组织内部经贸往来的基本原则、配套设施和优惠政策等。在这一框架下，发生经贸往来的企业在两国货币中选定结算货币后，付款方可以用本国货币，或者按照央行货币互换确定的汇率以本国货币转换成对方国家的货币进行支付；收款方也可以将收到的对方国家货币按照央行货币互换确定的汇率转换成本国货币，或者直接收到本国货币。由此，将跨国间的经贸往来中一部分汇率风险转嫁给中央银行统一控制，推动各国进一步加强汇率的调控。

需要强调的是，相对主要国际货币而言，发展中国家的货币在安全性、流动性、赢利能力综合比较上并不具备优势，不能超出对等范围无条件推动相互之间的本币结算，否则，将会承担重大汇率风险、流动性风险乃至安全性风险。正因如此，在俄乌冲突爆发，俄罗斯被美国、欧盟严厉制裁，难以使用美元、欧元等进行跨境贸易结算情况下，俄罗斯大幅降低石油、天然气等商品价格，吸引印度大量进口。

两国初步达成使用本币结算的协议，即印度进口俄罗斯商品，使用印度卢比结算；俄罗斯进口印度商品，使用俄罗斯卢布结算。但实施一年来的结果却是：截至 2023 年 3 月末，印度从俄罗斯的进口从上年同期的 106 亿美元增至 513 亿美元，而印度对俄罗斯的出口却从上年同期的 36 亿美元下降至 34 亿美元，由此形成了相当于 479 亿美元的卢比逆差。这尽管可以缓解俄罗斯能源出口大幅下降的压力，但使得俄罗斯出口获得的大量卢比盈余难以使用，俄方深感这种安排“绝对不划算”，4 月底即宣布停止与印度进行双边贸易本币结算的安排。这一事件也应该得到中国的高度关注，在积极推动双边或多边贸易本币结算以及央行扩大与他国的货币互换时，必须把握好度，高度警惕和有效防范相关货币可能存在的风险。

央行外汇储备：性质定位与管理要求

不应将“央行外汇储备”叫作“国家外汇储备”

中华人民共和国成立之后，由于推行强制结售汇制度，国家范围内所有的外汇储备基本上集中到中国人民银行（央行），所以，人们也一直习惯性地将央行外汇储备叫作“国家外汇储备”。但在改革开放之后，随着国家不断放松外汇管制，央行之外各种社会主体的外汇占有不断扩大（藏汇于民），整个国家范围内的外汇储备远远超出央行外汇储备的范畴。即使从“国有”角度看，包括国家财政部门、国家投资公司、国有金融机构和国有企业等拥有的外汇储备也在扩大，“国家外汇储备”仍超出“央行外汇储备”的范畴。所以，把“央行外汇储备”叫作“国家外汇储备”是非常不严谨的，理应加以严格区分，否则，很难准确把握“央行外汇储备”的定位、影响因素与管理要求。

相应地，不能因为我国出现很大的贸易或投资（资本项下）顺差，就认为央行外汇储备也一定会同步扩大。因为如果无须对人民币汇率进行干预，央行就不必从市场上购买外汇，贸易或投资顺差带来的外汇，就会留存在企业等外汇所有者手中，成为它们自己的外汇储备；或者由企业卖给商业银行，成为银行外汇储备，而不会转化为央行外汇储备。同时，美国财政部披露的“中国持有美国国债”的规模，并不是单指中国央行持有的美国国债，而是整个中国内地，包括中央银行、商业银行或企业单位等持有的美国国债，不能将其等同于央行 3 万亿美元外汇储备中的美国国债规模。

同时，国际上习惯性地将央行存放在国际金融中心，可以随时对外转让并转化为外汇对外支付的黄金储备，以及在国际货币基金组织的储备资产和 SDR 等，也纳入央行外汇储备或官方储备资产的范畴。但在中国，央行目前对外公布的外汇储备，仅指各种国际货币（外汇）储备，不包含央行在海外持有的黄金储备以及在 IMF 的储备资产和 SDR（央行将这几部分与外汇储备一道分项予以披露，并汇总反映为“官方储备资产合计”），更不包含央行在国内以人民币购买并储存的黄金（这部分黄金数量央行一直未予披露，其占用的人民币应该是纳入央行资产负债表中“其他资产”项下反映，而且由于这部分黄金主要是在早期价格很低时购买的，其占用人民币规模不大）。

央行外汇储备的定位与管理

央行外汇储备增减变化最主要的影响因素是央行进行的外汇买卖，而由此净投放的本国货币（反映为“央行外汇占款”），则是央行进行基础货币投放的重要渠道。从这一角度看，央行外汇储备最主要最根本的定位，就是货币储备物，其买入或卖出主要是用于平抑货币币值，特别是对外汇率的超预期波动（进行逆向调节）。央行外汇储备需要保持足够的安全性和国际流动性，主要是存放在货币发行国的央行或信用等级高的商业银行，或者购买和持有货币发行国流动性高的国债或机构债等，原则上不能投资流动性不足的非上市公司或金融机构的股权或债权，更不能直接进行矿产或实物的投资，其对赢利能力的要求并不是首位的。央行并不是为赚取较高的收益而进行外汇买卖，在货币币值，特别是对外汇率没有出现超预期波动情况下，央行尽可能不要进入市场买卖外汇并因此影响汇率变化，而是要充分发挥市场供求对汇率变化的基础性决定作用。

作为央行投放基础货币的专用储备物，央行外汇储备不属于所谓的“铸币税”，不等于国家财政结余，国家不能像财政结余一样直接安排使用。国家如果确有用汇需求，需要由财政用人民币向央行购买外汇才能使用，即央行需要收回（回笼）这部分外汇对应的人民币，避免储备物单方减少造成人民币币值下降。

在上述定位情况下，央行外汇买卖、运用和余额增减并不是随意的，更多的是逆市场走势进行调节的被动行为和结果。

理论上讲，当一个国家扩大对外开放，吸引国际资本大量流入并推动对外净出口快速增长，由此带来外汇供给和本币需求大幅扩张时，如果央行不能扩大本币供应或者允许外币流通，势必会推动本币汇率大幅上涨，由此抑制外资流入和出口增长，削弱本国的国际吸引力和竞争力，而且前期汇率上涨越是过猛、经济增长越是过热，后期就可能下跌越强烈，此时仅靠藏汇于民和市场调节是难以消化的。而要抑制本币汇率大幅上升，维护本国较强的国际吸引力和竞争力，推动经济社会健康发展，就需要央行扩大外汇购买和本币供应，由此就会推动央行外汇储备快速增长。相反，如果一个国家的国际吸引力减弱，外资开始大量撤出，全社会对外汇的需求明显增强，国家又不能采取宏观政策改变这种局面，就会推动本币汇率大幅下跌。此时如果央行没有足够多的外汇储备，不能扩大外汇供应相应回笼本币，就会出现恶性循环，引发更多更严峻的经济社会问题。而如果央行进行干预，扩大外汇出让，就势必会推动央行外汇储备快速收缩。所以，央行外汇储备的增减并不是随心所欲、想增加就能增加的，增加的前提是必须有大量的外汇流入，否则，央行要增加外汇储备是非常困难的，这在中华人民共和国成立到改革开放之初的历史中得到充分证明。而且如果央行外汇储备太少，无法与国际资本抗衡，也很难制止国际资本对本币汇率与货币金融的恶意冲击，这在1997—1998年东南亚金融危机爆发很多东南亚国家受到巨大冲击时得到充分证明。当时如果没有中国内地超过1 400亿美元外汇储备的支持，仅靠中国香港持有的不足900亿美元的外汇储备，也是很难抵挡住国际资本对港币的恶意冲击的。

如何看待央行外汇储备规模快速扩张

在1993年中国经济增长明显升温，1994年推出外汇管理体制深刻变革并推动人民币汇率大幅贬值后，中国对外汇吸引力增强，外汇流入不断扩大，人民币出现持续升值的态势。此时，一方面央行仍存在集中国家外汇来源的传统习惯，不敢马上放开推动藏汇于民，另一方面也确实需要央行扩大购汇和人民币供应以抑制人民币汇率过快上涨。由此，央行外汇储备随之加快增长，1994 年末突破 500 亿美元。特别是在 2000 年多哈会谈确认中国将于次年正式加入 WTO 后，这种状况进一步增强，央行外汇储备保持大幅增长直到 2013 年。到 2014 年上半年增长速度出现大幅下滑，但仍保持规模增长，到 6 月末外汇储备余额达到近 4 万亿美元的历史峰值。这一结果大大超出人们的预期，可谓来之不易，是中国改革开放不断深化的重要成果，是中国国际吸引力大幅增强的重要表现（见表 4.3）。

但是，自 1994 年央行外汇储备超过 500 亿美元后，关于外汇储备规模是不是太大了的争议就开始出现，并伴随外汇储备规模的不断扩大而不断增强。在央行外汇储备接连突破 2 万亿美元和 3 万亿美元之后，这一争论已经达到白热化。认为央行外汇储备过多的人强调：中国央行外汇储备规模远远超过国家 3 个月进口所需外汇，或者超过 3 个月进口以及 1 年内到期需要以外币偿还的外债规模，超出了国际公认的合理水平；央行外汇储备增加，相应扩大基础货币投放（表现为央行“外汇占款”），并扩大央行资产负债规模，使央行货币投放过度依赖外汇储备和外汇占款增长（央行外汇占款与央行资产总额的比率从 2000 年末的 37.60%，上升到 2004 年末的 58.41%，进一步上升到 2013 年末的 83.29%，从 2014 年开始这一比率不断下降，到 2022 年末降为 51.92%，仍然超过 50%），特别是人民币高度锚定美元，使得中国货币政策失去自主性，容易造成货币严重超发；很多企业招商

表 4.3　1999 年以来中国央行资产总额与外汇占款规模

单位：亿元

项目	1999 年	2000 年	2001 年	2002 年	2003 年	2004 年	2005 年	2006 年	2007 年
资产规模	35 450	39 395	42 736	51 107	62 004	78 655	103 676	128 575	167 140
外汇占款	14 061	14 814	18 850	22 107	29 842	45 940	62 140	84 362	115 169
外占比率（%）	39.66	37.60	44.11	43.26	48.13	58.41	59.94	65.61	68.91
项目	2008 年	2009 年	2010 年	2011 年	2012 年	2013 年	2014 年	2015 年	2016 年
资产规模	207 096	227 535	259 275	280 978	294 537	317 278	338 249	317 837	343 712
外汇占款	149 624	175 154	206 767	232 389	236 670	264 270	270 681	248 537	219 425
外占比率（%）	72.25	76.98	79.75	82.71	80.35	83.29	80.02	78.20	63.84
项目	2017 年	2018 年	2019 年	2020 年	2021 年	2022 年	2023 年	2024 年	2025 年
资产规模	362 932	372 492	371 130	387 675	395 702	416 784	—	—	—
外汇占款	214 788	212 557	212 317	211 308	212 867	214 712	—	—	—
外占比率（%）	59.18	57.06	57.21	54.51	53.79	51.52	—	—	—

注：1. “外占比率”指央行外汇占款占其资产总额的比率。

2. 2023 年 6 月末央行外占比率为 52.08%，9 月末为 51.03%。

引资的回报率高达20%—30%，企业对外发行美元债的成本高达10%以上，但是外汇储备主要投放到货币发行国，其中美元收益率却只有2%—3%，欧元和日元等收益率更低，收益率严重倒挂；美国的海外净资产为负数万亿美元，但每年却能获得数千亿美元的海外净收益，而中国的海外净资产为正数万亿美元，但每年的海外净收益却是负数千亿美元，外汇资产越多，实际损失越大；面对金融危机爆发后，美国、欧盟、日本等纷纷推出零利率和量化宽松货币政策，导致美元等主要国际货币大幅贬值，中国大量出口货真价廉的商品，不仅国际贸易摩擦不断增强，而且换回来的外汇还面临不断缩水风险；由于外汇储备主要投放在货币发行国，一旦中国与美国等西方国家关系破裂，将使外汇储备面临被冻结甚至被没收的重大风险。因此，他们认为应该调整高度依赖招商引资、大力支持出口创汇的传统发展模式，降低对外依赖程度，提升人民币汇率市场化水平，减少央行购汇力度，积极推动藏汇于民，加大央行外汇投资（由此出现了2003年底央行直接从外汇储备中出资成立中央汇金投资有限公司，以及后来又出资入股亚投行、丝路基金、金砖国家开发银行和国开行、农发行等，但这种直接动用央行外汇储备投资于非上市流通的金融机构股权，实际上不符合央行外汇储备的定位要求），或者扩大对金融机构和国有企业的外汇贷款等，压缩央行外汇储备规模。在2022年俄乌冲突爆发后，俄罗斯大量官方储备资产遭到美国为首的西方国家冻结，并且美国也有人呼吁冻结中国官方持有的美国国债的情况下，有人也强烈呼吁，中国应大量抛售美债，相应购买黄金或其他战略物资运回国内，减少在美储备资产，或者扩大对“一带一路”沿线国家的战略投资，包括将这些国家的外债置换成对中国的债务，增强其对中国的依赖，加固其与中国的关系等。

有关央行外汇储备规模过大、必须大幅压缩的说法，听起来很有道理，很有震撼力，但其实并不符合实际，是不成立的。

第一，在央行放弃强制结售汇制之后，企业、机构进口付汇或偿还外债等外汇需求，理应由其自行筹措或从市场购买，而不是必须由央行外汇储备予以支持（这并不是央行外汇储备应尽的义务）。

实际上，央行外汇占款在2014年5月达到近27.3万亿元之后，一直下降至2020年底的21.13万亿元，说明在此过程中，央行基本上没有增加外汇购买，而是充分体现藏汇于民的方针。即使从2021年开始央行外汇占款有所增加，到2023年4月末也仅比2020年末增加了6 587亿元，8月末比4月末还减少了221亿元，表明央行在这一时期购买的外汇在全国新增外汇中的占比非常小，新增外汇大量保留在企业、家庭和金融机构等部门。这种情况下，以国家3个月进口所需付汇量，或者1年内到期需要偿还外债的本息规模作为央行外汇储备合理规模，是不成立的（如果将其作为整个国家外汇储备的“最低规模”则比较合理）。

第二，央行外汇储备扩大，相应增加基础货币投放，并不必然造成货币严重超发。

如前所述，在信用货币体系下，央行基础货币投放并不是货币投放的全部，更多的是通过商业银行以信贷方式进行投放，央行基础货币投放扩大，并不代表货币总量必然以倍数（货币乘数）的方式扩张。在基础货币扩大投放的情况下，央行完全可以通过各种货币政策工具的使用，抑制商业银行信贷投放的速度和规模（压低货币乘数），将货币总量增长速度控制在预期的范围之内，并不会像有人想象的那样必然造成货币的严重超发，并丧失货币政策自主性。

比如在央行基础货币扩大投放的情况下，央行可以通过调高存贷款基准利率，或者调高央行隔夜或7天逆回购及中期借贷便利（MLF）的利率等方式调节市场货币供求关系，以及扩大央行票据定向发放（回笼货币）、提高存款机构法定存款准备金率（回笼货币）、减少对商业银行拆放资金等，通过收缩商业银行流动性的方式抑制其信贷扩张，甚至直接下达信贷规模，硬性控制银行信贷扩张，避免货币总量过度扩张。可以说，在这方面，中国已经积累了非常成功的经验。

第三，不能将央行外汇储备的海外收益率与境外投资中国企业股权或人民币债权收益率等投资回报率直接对比。

企业招商引资或在境外发债的融资成本是否合理，应该与其融资投入项目的回报率相比较。如果融资项目的实际回报率高于其融资成本，那就不存在问题。如果融资成本高过融资项目实际回报率，那就应该抬高招商引资的门槛或降低海外融资的控制成本。这跟海外融资获得的外汇本身摆放在海外的收益率是两回事，根本不存在可比性。

在记账清算方式下，企业招商引资或在境外发债获得的投资，以及通过出口获得的外汇等，仅仅是获得了外汇的所有权，而外汇（头寸）仍然停留在投资方或进口方所在国家的清算机构（开户银行），并没有真实地流出来。企业可以将获得的外汇直接存放在其海外开户银行，也可以通过境内的开户银行办理跨境清算，将收到的外汇存放在境内开户银行，但其开户银行则增加在境外清算机构的外汇存款。企业可以将由此获得的外汇出售给商业银行，商业银行也可以再将外汇出售给央行，即转让外汇的所有权，但真实的外汇却一直保留在海外清算机构，并不会流入国内，由此只能获得清算机构以较低的存款利率支付的利息。当然外汇所有者也可以用外汇存款购买当地国债或机构债等资产，其收益率也只能是按照债券所在市场实际的收益水平来确定，而不可能根据中国人民币收益水平来确定。不管是企业、银行还是央行，其持有这部分外汇的收益率都不能跟中国国内人民币投资的收益率直接比较，因为这是两个完全不同的业务。

也正因为一国海外资产和负债中，不同国家、不同风险程度的股权投融资、债权投融资、银行存贷款等收益或成本水平相差非常大，能不能做或敢不敢做，还取决于国家的国际影响力是否能够有效控制风险，获得与风险匹配的收益。所以，不加区分地直接将一国海外资产减去其海外负债作为海外净资产，将一国的海外收益减去其海外支出作为其海外净收益，并将不同国家（如美国和中国）海外净收益与净资产的比率视作净收益率并进行比较，也是不合理的。

第四，集中式大规模处置和压缩央行外汇储备并不容易。

在记账清算方式下，中国央行持有的大规模外汇储备，主要存放在货币发行国，只能用出去而不能拿回来，在与美国和西方国家关系恶化情况下，确实会面临被冻结甚至被没收的巨大风险，但因此就设想大规模处置海外储备资产、压缩央行外汇储备却很不容易。比如：即使是持有的美国国债或机构债（如 MBS 等），一般都没有发行人回购协议，在到期前要减持，只能是在二级市场上出售，这需要有接盘人，否则难以出售成功，而且在大规模抛售时，势必会使债券价格大幅下跌，产生重大损失。即使是出售成功，收回的依然是美元，仍然会保留在美国。如果将这些美元大量用于在国际市场上购买黄金或其他重要物资，还会面临黄金或重要物资的供应问题。实际上，国际市场黄金和重要物资的供应量也是有限的（到 2023 年 8 月末，中国央行持有的海外黄金储备为 6 962 万盎司，仅相当于 1 352 亿美元左右），并不是想买就能买到的，大规模购买势必大幅抬高它们的价格。如果所购黄金仍然存放在美国等国际市场，同样面临被冻结被没收的风险。如果将黄金运回国内，尽管安全性有保证，但为此会增加很大的运输保管成本，而且会严重影响黄金作为支付清算的功能（黄金可以托管在国际市场并进行记账清算，但很难用于实物交割清算）。重要物资也存在运输保管成本甚至保质期的问题，在需要范围内适当增加是可以的，但超出合理需求大量储备同样存在安全和损失风险。同时，购买这种物资储备也超出央行外汇储备应用范围，实际操作还需要政府和企业从央行购买外汇才能实施，而这又会在大规模压缩央行外汇储备的同时，大量回笼基础货币，货币政策需要相应调整，操作复杂、影响巨大，需要特别审慎把握。

另外，在中美关系非常敏感紧张的情况下，央行作为一种战略举措大规模抛售美债也会影响美债市场，容易激化中美矛盾，给美国打压中国提供口实。所以，尽管按照美国财政部公布的数据，中国持有的美国国债，从 2022 年 3 月末的 10 132 亿美元，下降到 2023 年 2 月末的 8 488 亿美元，1 年内减少了 1 644 亿美元，但这一数据并非单指中国央行持有美国国债的余额，而是指整个中国内地，包括银行等金融机构、企事业单位乃至个人等持有的美国国债的总数。同时，美国财政部披露的数据，是按照国债市场价格计算的，会随同国债价格涨跌而相应变化。因此，中国持有美国国债金额的减少，并不都是真实减持的规模，也不都是央行减持的规模，不能据此就认为甚至故意偷换概念说成是中国央行大量抛售了美债。而且即使中国减持了美国国债，收回的美元也可能重新增持美国机构债等其他债券，并不等于在推动去美元化。

实际上，从央行外汇储备同期余额变化情况看，尽管 2023 年 2 月末的 31 331 亿美元比 2022 年 3 月末的 31 879 亿美元减少了 548 亿美元，但考虑到同期美元指数上涨超过 7.7 个百分点，非美元外汇储备折合美元数因此减少超 700 亿美元，在 2022 年 11 月至 2023 年 2 月间，央行在海外购买黄金 328 万盎司，累计付出 280 多亿美元，所以央行原币外汇储备实际上并没有太大变化。这一时期央行减持美国国债规模应该不会很大，绝对不会是中国减持美国国债的主体，根本不存在央行大规模抛售美债问题。

需要看到的是，据美国财政部发布的报告，2023 年 3 月，中国内地所持美国国债规模为 8 693 亿美元，比 2 月大幅增加了 205 亿美元，结束了自 2022 年 7 月以来的持续减持，成为 3 月美债增加量最大的国家。这超出了很多人的想象，也引发很多不切实际的猜想。从央行披露数据看，3 月末央行外汇储备余额比 2 月末增加了 507 亿美元，其中，除同期央行外汇占款增加了 1 711 亿元，反映出 3 月份央行大约购进了 260 亿美元的外汇外，依然存在美元指数在 3 月份走低约 2.5 个百分点后，非美元储备货币折合美元数相应扩大约 250 亿美元的影响。而央行当月实际扩大的外汇储备中，有可能相应扩大了部分美债购买。到 7 月末，央行外汇占款比 3 月末减少 69 亿元，但其外汇储备余额增加了 204 亿美元，说明外储增加主要是美元对其他储备货币汇率变化的影响。

以上情况说明，中国央行 2022 年以来在外汇储备上一直保持谨慎行事。尽管后期持续加大黄金购买，但每次购买量并不大，总体上并没有大规模抛售美国国债！

第五，将央行外汇储备大量用于扩大对发展中国家的投资，特别是用于替换其对美国的债务等，更需要非常严苛的条件，绝不是可以随意而为的。

首先，这种做法同样不应由央行直接实施，需要政府或企业从央行购买外汇才能实施，也同样涉及大规模基础货币回笼和货币政策调整的把握问题。

更重要的是，面向发展中国家大量投资，特别是对那些背负大量外债却又缺乏外汇来源、存在很大违约风险的国家进行外债置换，大量转化为对中国的负债，需要中国具有强大的国际影响力，能够有效防范和控制这些国家的违约风险才行，否则，安全性风险是极大的，甚至远超外汇储备风险。没有强大的国际影响力，中国在这些国家拥有的资产或权益越大，它们就越可能在面临美国等西方国家拉拢时，为占有中国的资产或逃废对中国的债务而彻底转向美国等，并向美国等进行套利，中国的损失可能非常大。

综上可见，央行外汇储备的增加是非常不容易的，中国拥有超过3万亿美元世界最大的央行外汇储备，是中国改革开放加快发展的重要成果，是加强中国与美国等储备货币发行国关系的重要桥梁，对抑制国际热钱冲击具有重大震慑力，对人民币汇率稳定乃至国际金融市场稳定具有不可忽视的影响力，是中国国际影响力的重要组成部分，已经成为难得的有重大战略意义的“金融核弹”，绝不可轻举妄动随意消耗。只要能够坚守央行外汇储备合理的定位与边界，不是依赖扩大外债而增加的，央行外汇储备其实是多多益善、多比少好！

央行外汇储备变化影响因素

在中国，央行外汇储备增减变化，除受到央行直接开展外汇买卖的影响外，还受到其他一些因素的影响。主要包括：

第一，外汇储备的币种结构及其汇率变化。按照“安全性、流动性、赢利能力”综合比较及其市场实际变化情况，央行外汇储备并不会只是单一外币，而可能包括多种外币的储备资产，其结构也会适当调整。这种情况下，央行外汇储备总额一般都会将其他外币储备资产折合成美元进行披露。由此，当其他外币对美元汇率发生变动时，即使各外币储备本身的规模没有变化，其折算美元的金额也会变化。比如：如果中国 3 万多亿美元外汇储备中有 1/3 属于非美元储备，当这些货币对美元平均升值 5% 时，其折算美元的金额就会增大 500 亿美元以上；当这些货币对美元平均贬值 5% 时，其折算美元的金额就会缩小 500 亿美元以上。另外，非美元储备规模扩大或缩小，同样也会影响其折算美元的规模。

第二，央行直接动用外汇储备或反向收回。央行除根据需要在直接用于干预汇率波动而买卖外汇之外，还可以将外汇储备用于其他一些用途，比如在国际市场购买黄金、用于兑换 SDR 等基金组织的储备资产、用于特定范围的股权投资（如央行向亚投行、丝路基金等机构的股权投资）或债权投资（如央行对国开行、农发行等机构的贷款）等，这样会减少外汇储备。当然，这些运用如果反向收回（包括收益），则会增加外汇储备。

第三，外汇储备资产损益与专项上缴。央行拥有的外汇储备，可以存放在货币发行国的央行或商业银行，也可以购买货币发行国符合标准的国债或机构债等，由此可能获得一定的利息收入。当然，央行投资于国债等证券化产品，属于可供出售类的，还存在买卖损益或估值损失，需要反映到账面上，由此也会影响央行外汇储备的披露规模。另外，央行经营损益，包括外汇储备已实现的损益，也会专项上缴中央财政，其外汇损益需要折算成人民币上缴，也会影响央行的外汇储备和外汇占款。

由此可见，央行外汇储备的变化受到诸多因素的影响，并非只受央行外汇买卖的影响，所以，央行外汇储备与央行外汇占款并不是完全对应的。要了解央行外汇储备变化情况，还需要央行披露更多相关信息。

人民币国际化：积极稳妥有序推进

2009 年成为人民币国际化起点

1997 年东南亚金融危机爆发之后，相关国家的货币出现竞争性螺旋贬值态势，此时，中国宣布人民币不贬值，为抑制东南亚国家货币币值做出了重要贡献，人民币在东南亚国家备受欢迎。但此时主要是个人携带人民币现钞走出去，中国企事业单位和金融机构等尚不允许参与。到 2003 年，为支持海外人民币的供应和回流，央行批准中国银行（香港）有限公司（简称中银香港）作为香港人民币指定清算机构并在中国人民银行深圳分行开立清算账户，办理香港与内地个人业务人民币跨境流动的清算，主要是进行尝试、积累经验、建立制度，所以，此时尚未成为人民币国际化的起点。

在2008年全球金融危机爆发后，世界主要国家经济增速大幅下跌，货币汇率剧烈震荡，而中国在迅速调整宏观政策取向（从严厉的抑制经济过热的宏观调控快速转向推出大规模经济刺激计划）后，经济率先止跌回升，成为全球抑制金融危机恶化和世界经济衰退最主要的力量，人民币也受到周边及其他国家的广泛欢迎。由此，中国于2009年推出“跨境贸易人民币结算”试点，官方开始推动贸易项下“人民币走出去”。这被公认为人民币国际化的起点。

人民币国际化仍处于起步阶段

2009年推动跨境贸易人民币结算试点以来，人民币在跨境贸易和资本项下的应用越来越广泛，在国际支付和外汇储备中的份额也从无到有，到2022年年底基本上都在2.5%—3%之间，并于2016年10月正式加入SDR货币篮子，被赋予10.92%的第三大份额，在2022年10月进一步调高到12.28%，可以说，人民币国际化取得了可喜成绩。

但是，尽管中国早在2010年就成为世界第二大经济体（仅指GDP的世界排名），并随后成为世界最大货物进出口贸易国，拥有世界最大的官方外汇储备，到2022年，中国GDP占到全球的18%左右，但人民币在国际支付和外汇储备中的份额均不足3%，远低于人民币在SDR货币篮子中的份额（这也说明加入SDR并不是人民币国际化加快的关键因素），可以说人民币国际化仍处于起步阶段，要成为与美元、欧元相抗衡的国家货币，还有很长的路要走。

人民币国际化迎来重要机遇

随着欧元的出现和中国的崛起（成为世界最大制造业基地和货物进出口贸易国、世界第二大经济体且国际竞争力不断增强），以及更多新兴经济体加快发展，G7 国家占世界 GDP 的份额从 20 世纪 90 年代的 70% 以上下降到 2022 年的 42.9%，世界格局正在迎来难以扭转的百年大变局，美国及美元国际地位受到越来越严重的冲击。

为应对世界格局的深刻变化，美国不是深化自身的改革开放，反而更加滥用世界霸权。一方面，频繁推行量化宽松货币政策，大量投放货币并快速扩大政府债务，通过美元超发和贬值向世界转嫁经济压力。另一方面，又高举“美国优先”大旗，日益强化贸易保护和霸凌主义，主动退出多个国际组织，致力于构建新的国际组织和规则，挑起全球贸易战，挑动地区冲突，扩大科技封锁，滥用金融制裁。特别是在 2022 年俄乌冲突爆发后，美国为首的西方国家迅速宣告对俄罗斯实施严厉的全面制裁，冻结俄罗斯在这些国家的官方储备资产超过 3 000 亿美元，并将俄罗斯主要涉外的 7 家银行从 SWIFT 系统剔除等，同时加强对乌克兰包括军事在内的全面援助，并借以对保持中立的中国实施力度空前的全面围堵打压，推动世界格局剧烈变化，使全球产业链供应链严重受损、全球投资和贸易成本大幅增加，给全球经济金融稳定带来严重冲击。这也推动美国、欧盟成员国等遭遇远超预期的高通胀，迫使其快速大幅加息予以应对。但这又造成国债等金融资产以及加密资产价格大跌，中小银行流动性受到侵蚀，到 2023 年银行危机集中爆发，银行信贷大幅收缩，经济衰退压力增强，政府债务风险凸显，美联储证券投资亏损严重，美国和美元的信誉深受影响。国际支付和外汇储备“去美元化”（包括一些国家美元外流或被制裁，严重缺乏美元的被动选择）在国际上蔚然成风，掀起了一股令人瞩目的风潮。多国央行减少美元储备转而扩大黄金购买（世界黄金协会披露，2023 年一季度全球央行净买入黄金 228 吨，创下单一季度购买量的历史最高纪录）。不少国家领导人公开呼吁和推动建立新的货币基金组织与货币联盟、清算体系，扩大贸易协定、货币互换和本币结算等，甚至连美国国内也有多个州开始酝酿货币改革、试图推行金银货币。这使人民币国际化迎来新的重大机遇，越来越多的国家开始引入人民币作为对外贸易（包括石油贸易）的计价清算货币和外汇储备货币。

据国家外汇管理局披露的信息，截至 2023 年 3 月末，在中国对外跨境交易中，人民币作为计价货币的收付总额占比跃升至 48.3%（2010 年几乎为零），首次超过美元的 47%（2010 年为 80% 左右）。到 5 月份，进一步提升至 49.6%，美元占比则进一步降低至 45.2%。需要明确的是，这里指的是“跨境交易”收付总额中人民币收付的占比，而“跨境交易”并非仅指“跨境贸易”，其中包括跨境贸易（实物贸易和服务贸易）、直接投资、证券投资、其他投资以及初次收入和二次收入等。人民币收付占中国跨境交易收付总额比重提高，是人民币国际化的一个重要成果。当然，这也与中国对经常项目下的跨境贸易基本实现自由兑换，而在资本和金融账户项目下的各类投资自由兑换的程度不高有关，所以，中国跨境贸易中的人民币收付占比会低于其在跨境交易总额中的占比。同时，在跨境贸易收付中人民币收付占比提高，也与近期中国与美国、欧盟等更具支付货币话语权的主要国际货币发行国的贸易受到制约明显下降有关。对此，还需要客观准确地分析与把握，不能因此就对人民币国际化过于乐观。

人民币国际化：积极稳妥有序推进

货币国际化根本上取决于综合国力与国际影响力的提升，所以中国必须不断深化改革开放，加强国际沟通合作，保持经济社会相对稳定较快发展，不断增强国际竞争力和影响力，积极稳妥有序推进人民币国际化。

同时，人民币国际化必须注重从美元身上争抢份额，不仅要积极推动人民币在国际支付和外汇储备中份额的提升，也要积极推动美元在国际支付和外汇储备中份额的降低。其中，至少需要加强以下工作。

一是在超 3 万亿美元国家外汇储备中，要积极压缩美元储备，增加对美元有竞争力的欧元的储备，积极改进与欧洲的关系，加强对 SWIFT 中立性的支持与公平合作。

二是积极推动双边或多边贸易协定与央行货币互换协议（锁定金额和汇率），在此前提下，在进出口价值基本对等范围内，积极推动相互之间贸易的本币结算（汇率风险由各自的央行或政府承担），减少相关国家对美元等国际货币的依赖。

三是全面深化金融交易市场的改革开放，推动资本和金融账户的自由兑换，扩大人民币在国际金融交易中的使用。现在中国内地国家级的金融交易所就包括证监会管辖的三大证券交易所、六大期货交易所，中国人民银行管辖的银行间市场（包括黄金交易所、外汇交易中心等），原保监会成立和管辖（现归金融监管总局管辖）的保交所等。这些交易所前中后台相互独立、监管和系统不够统一，主体仍是会员制而非公司制，资源大量重复投入，运行效率低成本高（其中期货等很多金融交易不允许金融机构参与自营或为客户授信），不符合统一大市场建设要求和国际大潮流，难以充分对外开放并建成国际金融交易中心。难以在国际金融交易中心大量使用人民币计价清算，不能大力发展人民币衍生品交易，势必使人民币在国际支付中的份额难以有较大提升。这种局面必须尽快扭转！

四是配套改进人民币跨境支付清算体系 CIPS，切实提高效率，降低成本，优化服务，增强国际吸引力和竞争力。

五是推动人民币国际化需要充分发挥香港的作用。迄今为止，香港依然属于亚太地区最重要的国际金融中心，具有独特的比较优势，理应在人民币国际化中发挥更大作用。可优先推进以下方面的工作：

（1）进一步扩大人民币在香港金融交易市场计价清算等方面的应用，充分发挥香港作为全球离岸人民币中心的功能。

（2）在加强内地与香港金融交易市场互联互通基础上，进一步面向香港开放内地的金融交易市场。可考虑首先由港交所全资收购深交所（就像全资收购 LME 一样），并按照港交所模式综合经营各种金融交易，形成中国金融交易市场新的运营模式，以不同的经营模式与其他金融交易市场相互竞争、优胜劣汰。

（3）在坚持港币与美元联系汇率制前提下，进一步放宽上下浮动限制（比如从 5 个基点扩大到 10 个基点），并允许金管局将发钞行缴纳的外汇基金，从单一的美元储备，扩充为包括美元、欧元、人民币、英镑、日元等在内的多币种储备，根据市场变化合理摆布外汇基金的币别结构，压低美元在香港官方储备中的份额，进一步增强香港货币政策自主性和金管局在货币管理上的功能作用。

香港联系汇率制：历史与前景

港币联系汇率制历史演变

1935 年 11 月 9 日，香港颁布《货币条例》，宣布以港元作为香港法定货币，结束了此前香港没有自己货币的历史，并明确港元与英镑固定挂钩，1 英镑兑换 16 港元。政府指定的银行要印发港币现钞，需要按照这一固定比率向政府外汇基金缴纳足够的英镑资产，换取无息的“外汇基金负债证明书”后才能进行；发钞银行回笼的港币现钞可以按照确定的汇率将港币现钞交给外汇基金兑回英镑资产，并由外汇基金主管机构将港币现钞予以销毁；非发钞银行需要向发钞银行兑出或兑回港币时，也需要按照确定的汇率缴纳或换回英镑资产；外汇市场上港币与其他外汇买卖兑换，也按照港币对英镑确定的汇率，以及其他货币对英镑的汇率折算进行。由此正式推行港币联系汇率制度，港币在很大程度上就成为其锚定货币（英镑）在香港流通的代币。

“二战”爆发后，英镑大幅贬值，其头号国际货币地位很快被美元取代，这也对港币产生了重大影响。1944 年《布雷顿森林协议》

签署后，美元取代英镑成为新的国际中心货币，并与黄金固定挂钩（1 盎司兑 35 美元），英镑等其他主要国家货币与美元固定挂钩。这在很大程度上恢复了国际货币的金本位制，但由于黄金的全球供应跟不上全球可交易财富价值的扩张速度，必然造成货币的供应跟不上财富交易的需求进而严重制约交换交易和经济社会的发展。特别是进入 20 世纪 60 年代后，美国由全球最大的贸易顺差国很快转为最大的贸易逆差国，严重威胁到美元对黄金固定挂钩的国际承诺，进而遭到越来越多国家对美国的黄金挤兑。1971 年 8 月美国单方面宣布废除美元与黄金挂钩的国际承诺，随后美元一度大幅贬值，但其国际中心货币的地位并未受到严重影响。1972 年 6 月 23 日，英国政府决定让英镑自由浮动，英镑的汇率出现大幅波动。这种情况下，1972 年 7 月 6 日香港政府宣布，港币与英镑脱钩，改为与美元挂钩，官方汇率为 1 美元兑 5.65 港元，但并未要求发钞银行按照官方汇率缴纳等值美元资产作为储备，仅需获得外汇基金信用授权即可。

1974 年美元彻底与黄金脱钩后，香港也宣布港币与美元脱钩，实行浮动汇率制。但由于过度模仿美国、英国的金融自由化，放松金融监管，在 1978 年中国开启改革开放并为中国香港带来巨大投资和发展机遇后，港币兑美元不断升值，到 1981 年形成了地产、股市投资高潮，金融泡沫化严重。1982 年美国大幅加息后高通胀得到遏制，美国、英国推动的经济全球化加快发展，美元随之大幅升值，港币贬值压力则不断加大。1982 年 9 月英国首相撒切尔夫人访华开启中英香港问题谈判，国际上关于香港回归中国的负面不实传闻甚嚣尘上，港币兑美元汇率更是大幅下跌，一度跌破 9.60。

这种情况下，在港币放弃与美元挂钩近 10 年后，香港政府于

1983 年 10 月 17 日重新启用港币与美元的联系汇率制，规定由香港政府选定的港币发钞银行，一律按照 1 美元兑 7.80 的固定汇率向政府外汇基金缴纳足额美元储备（外汇基金为了维持港元与美元的固定汇率，承诺可以无限量地买卖港币现钞，成为港币的实质性发行机构，发钞银行实际上只是扮演港币现钞发行代理人的角色）后才能发行等值的港钞。港币发钞银行收回已发行的港币（退出流通）时，可按 7.80 的汇率向政府外汇基金赎回等值美元。

2005 年香港政府负责港币及外汇基金管理的金融管理局（简称金管局）推出联系汇率制度优化措施，适当放宽外汇市场上港币对美元汇率浮动范围：在 1 美元兑 7.80 港元的汇率基准上，设定市场汇率上下浮动不超过 5 个基点的控制线，适当放松了其对联系汇率的高度固定，相应推出 1 美元兑换 7.75 港元的强方兑换保证，即金管局保证在市场上港币转强至设定水平时，即可按固定的汇率购买美元投放港元，扩大港币供应；将弱方兑换保证的汇率定为 7.85 港元，即金管局保证在市场上港币转弱至设定水平时，即可按明确的固定汇率卖出美元回笼港币，收缩港币流动性。这一调整，使港币联系汇率制，由原来港币兑美元全面的固定汇率制，转变为主要是对港币现钞的投放和回笼的严格控制，即投放出来的港币必须有按照固定汇率确定的等值美元资产做支持，但在香港的外汇市场上，港币兑美元及其他外汇的汇率却是有限度自由浮动的，在一定程度上反映出市场供求关系的变化，而不再完全是固定汇率。如果市场上港币兑美元的实际汇率偏离联系汇率许可范围，则需要香港政府动用外汇基金进行必要的干预。

从 1983 年重新与美元挂钩开始，港币与美元联系汇率制已经运行40年，其间受到过很大的冲击，进行过一定的完善，一直得到保持运行至今。

港币联系汇率调节机制

港币联系汇率制隐含一个自动调节机制：若金管局向银行购买港币挂钩的外币（美元），就会扩大港币基础货币投放，压低港币市场利率，并收缩美元流动性，相应抑制港币对美元的升值；若金管局向银行出售美元，港币基础货币就会收缩，推高港币市场利率，并扩大美元流动性，相应抑制港币对美元的贬值。同时，港币基础货币扩张或收缩，相应推动港币市场利率下降或上升，还会扩大或收缩港币的社会需求，自动抵消基础货币扩张或收缩的影响，使汇率保持基本稳定。

香港金管局入场买入或卖出美元干预港币汇率，相应地会影响银行体系存放在金管局的港币总结余（指香港各家银行在金管局开立的结算账户的结余总和，这类结算账户主要用于对外支付，其结余没有利息，银行一般都不会存放过多余额，除非市场流动性太过充裕，银行实施利率仍会有货币存入，但银行用不出去，只能存放在金管局）和外汇总结余，以及金管局的外汇储备规模。例如，在2020年新冠病毒感染疫情席卷全球，美国等发达经济体纷纷推出零利率和大规模量化宽松货币政策后，也有大量货币流入香港，推动香港银行体系总结余快速扩张。但在2022年3月美元开始加息并拉高美元指数后，港币兑美元汇率屡屡触及弱方底线，迫使香港金管局实施干预，2022年5月12日至2023年5月4日，香港金管局共49度进场干预，共回笼 2 936.25 亿港元。这也直接导致了香港银行体系的港币流动性大幅收紧，港币总结余跌破 500 亿港元至 445.27 亿港元，为 2008 年 11 月以来的新低。与此相对应，银行体系在金管局的外汇总结余会随之扩大，同时也使金管局官方外汇储备大幅缩减。到 2022 年 10 月底香港官方外汇储备余额为 4 172 亿美元，相当于香港流通货币 5 倍多，或港元货币供应总量 M3 的 41%，比 2021 年 11 月底的 4 985 亿美元减少了 813 亿美元，也低于 2017 年 9 月末余额（4 192 亿美元）。2022 年 11 月开始官方外汇储备有所反弹，年底为 4 240 亿美元。2023 年 1 月末为 4 369 亿美元，3 月末为 4 307 亿美元。

当然，在银行体系港币及外汇总结余出现重大变化时，金管局可以通过贴现窗口对银行投放或回笼港币，以调节银行的港币流动性，避免因银行体系港币总结余过小或过大对市场流动性造成超预期影响。同时，金管局也可以通过扩大或缩小外汇基金票据及债券的发行，补充或压缩官方外汇储备。到 2023 年 3 月末，香港银行体系持有的外汇基金票据及债券折合港币超过 1.1 万亿港元，在银行需要港币流动性时，可以随时用其作为抵押品从金管局获得港币流动性支持。

另外，为减少基础货币及市场利率过度波动，维持港币联系汇率制正常运行，香港金管局还需要通过港币基本利率的调整对贴现窗口流动性进行调节。

港币基本利率（Base Rate）是香港的政策利率，是用作计算金管局在贴现窗进行回购交易时适用的贴现率的基础利率。其确定方法为：以当前美国联邦基金利率（美元基准利率）目标区间的下限加 50 个基点，或者港币隔夜及 1 个月香港银行同业拆息（HIBOR）

5 天移动平均数的平均值中较高者为准。这也意味着港币基本利率同样高度绑定美元基准利率，并成为维持港币联系汇率制的重要保证。

2020 年 3 月美元加息以来港币基本利率相应调息情况见表 4.4。

表 4.4　2020 年 3 月 15 日美元调息以来港币基本利率相应调息情况

单位：%

项目	2020 年 3 月 4 日	2020 年 3 月 16 日	2022 年 3 月 17 日	2022 年 5 月 5 日	2022 年 6 月 16 日	2022 年 7 月 28 日	2022 年 9 月 22 日
标准一	1.50	0.50	0.75	1.25	2.00	2.75	3.50
标准二	0.98	0.86	0.14	0.11	0.20	0.79	1.82
选定值	1.50	0.86	0.75	1.25	2.00	2.75	3.50
项目	2022 年 11 月 3 日	2022 年 12 月 15 日	2023 年 2 月 2 日	2023 年 3 月 23 日	2023 年 5 月 4 日	2023 年 7 月 27 日	—
标准一	4.25	4.75	5.00	5.25	5.50	5.75	—
标准二	2.73	3.57	2.05	2.61	3.28	4.78	—
选定值	4.25	4.75	5.00	5.25	5.50	5.75	—

注：港币基本利率在两个标准中取较高者。标准一：美元联邦基金利率目标区间下限加 50 个基点。标准二：港币隔夜及一个月香港银行同业拆息 HIBOR 前 5 天移动平均数的平均值。

从表 4.4 可以看出，港币基本利率的变化，会影响银行同业拆借利率的变化，但银行同业拆借利率还受到市场供求关系的影响，并不一定与基本利率的变化保持同步变动，其实际水平可能与基本利率相差很大。只是随着港币流动性的变化，港币银行同业实际拆借利率会与港币基本利率及美元基准利率靠近，减少市场套利机会。

港币联系汇率制前景分析

有人认为，锚定国际中心货币的联系汇率制，是香港保持高度市场化、国际化的一流开放社会形象和国际吸引力，保持亚太地区最重要的国际贸易、航运和金融中心的重要保证，是维持香港货币与金融稳定的支柱，并且得到国际社会认可，从未被美国等国家或国际组织列入汇率操纵国，经过长期的探索、实践和完善，这一货币制度行之有效、不容置疑、理应坚持。

但事实却是，这种联系汇率制本身就是殖民地传统和金本位制思维的遗传（成为美元本位制），使得货币总量的变化高度受制于本币兑美元汇率的变化，需要被动地跟随美国货币政策同步调整，完全丧失了货币政策自主性和能动性，不符合信用货币发展的方向和基本要求。香港为保持与挂钩货币联系汇率的基本稳定，就要求港币基本利率高度绑定美元基准利率，必须跟随美元基准利率的调整同步调整，并且至少高于美元基准利率 50 个基点。这虽然能增加港币的国际吸引力，但却可能使港币基本利率水平严重偏离香港经济基本面走势，使利率调整作为重要的宏观政策工具应有的逆周期调节作用被扭曲。这是联系汇率制最大的风险挑战。

这种做法，在香港经济好于美国时是没有太大问题的，但在香港经济基本面明显差于美国时，就会带来很大挑战。比如：受到多重因素的影响，2021 年下半年以来香港经济明显比美国低迷，2022 年与美国通货膨胀加重的反差更大，实际上需要降低社会融资成本以促进经济增长，但在 2022 年 3 月美元开启加息进程后，香港为维持港币联系汇率，也只能跟随美国同步加息。这对香港经济走势和港币市场供求关系的影响是客观存在的，尽管香港银行业的港币流动性仍然比较充裕，其向金管局拆借港币的需求不大，银行同业实际拆借利率并不一定跟随港币基本利率同步上调，但港币加息仍会或大或小对港币市场供求和利率走势产生影响。由此，仍会对港币与美元的汇率产生一定影响。而这又会进一步推动港币兑美元汇率不断走低，频频触及弱方底线，迫使金管局不断抛售美元进行干预，并推动港币流动性不断紧缩。

实际上，如果香港经济基本面与美国出现很大反差，港币兑美元的真实汇率就可能大大偏离联系汇率，仅靠政府干预维持港币兑美元的联系汇率，是存在很大风险挑战的。到一定程度就容易被国际资本盯上，吸引国际热钱，形成对港币的大规模对赌冲击。

有人认为，香港外汇储备非常充裕，完全可以应对国际资本做空港币的冲击。但实际上，香港外汇基金或官方储备要应对港币现钞的挤兑绰绰有余（香港官方外汇储备在 2023 年 4 月份相当于香港流通货币 M0 的 5 倍多），但这只占港币供应总量 M3 的 42% 上下，要应对港币供应总量的外币转换则远远不足。若美元兑其他主要货币持续大幅走强，香港外汇基金将可能陷入股、债、汇“三重打击”局面。一旦香港破防，不仅会对香港产生巨大冲击，而且极可能对内地、对人民币汇率产生严重影响，对此需要高度关注。

从国际趋势上看，世界上实行联系汇率制的国家或地区越来越少，而且它们基本上都曾经属于殖民地，绝大多数发展得并不理想。新加坡、迪拜等小型城市国家，也都在积极向国际贸易和金融中心发展，但都拥有自己的主权货币，并没有实行联系汇率制，其发展势头并未受到影响。所以，联系汇率制应该并不是香港保持国际贸易、航运和金融中心的根本保证，严格的联系汇率制存在明显的风险隐患，不可能长期坚持，有必要择机做出适当改进甚至彻底变革。

比如：香港经济金融运行实际上涉及多个国家的货币，而非仅仅涉及美元，因此，一方面可考虑进一步扩大港币兑美元汇率浮动范围，从目前的基准线上下浮动不超过 5 个基点（远低于 1%），扩大到不超过 10 个基点，并可根据实际情况不断扩大控制区间；另一方面，允许金管局将外汇基金从单一美元储备，扩充到包括美元、欧元、人民币、英镑、日元等在内的多种货币储备，甚至适度增加黄金储备，根据市场情况合理确定币别结构，推动港币汇率从单纯盯住美元，逐步改为以美元为主的一篮子货币汇率指数管理。这样，不仅能进一步增强港币汇率市场化程度，增强金管局宏观调控的功能作用和香港货币政策自主性、主动性，而且有利于减轻对美元的高度依赖和支持，一定程度上降低美元的国际影响力。条件成熟时，香港完全可以脱离与单一货币的联系汇率制，彻底转变为独立的主权货币制。

第五章

信用货币：通胀与通缩

信用货币币值测度存在难题

CPI成为监测货币币值变化核心指标

信用货币产生的本源和宗旨就是要摆脱任何个别实物的束缚，保持一国货币总量与该国可交易财富价值总额相对应，使货币投放和货币总量具有可调性，从而保持货币币值动态的基本稳定。这是货币发展极其重要的跨越与升华，更加突出货币作为价值尺度和交换媒介（具有高流通性的价值通证或价值权证）的本质与核心功能。

但是，由于社会财富种类繁多、分布极广，又存在所有者之间相互交换交易、上下游加工转换和形态变化，以及金融市场出现大量金融交易并分流货币的影响等，要准确监测所有社会财富的价值总量（价格总规模）以及平均的价格水平（物价总指数），其实是极其困难、很难做到的。所以，实践中只能退而求其次，选择一些与人们生活生存密切相关的终端消费品作为样本，根据其重要程度赋予适当的份额系数，由此形成“消费者物价指数”（consumer price index，

CPI），并将CPI的涨落作为判断通货膨胀或通货紧缩以及币值变化的主要依据，采取相应措施进行货币投放和货币总量的反向调节，努力将通货膨胀率控制在设定的目标范围内，重点维持人们生活稳定，由此维持经济社会和政局稳定。这成为世界各国迄今为止货币政策调控的基本做法，为信用货币体系的发展发挥了重要作用。

CPI难以准确反映物价总水平变化

由于CPI选取的样本仅仅是可交易财富中的一小部分，CPI仅仅是全社会物价总指数中的很小一部分，所以必然存在CPI变动对物价总指数变化的代表性是否准确的问题。

从包括所有可交易财富在内的全社会物价总指数角度看，在财富总量与货币总量不变的情况下，一部分财富价格上升，就会有另一部分财富的价格下降，物价总指数应该比较稳定。如果财富总量扩大，在供需关系比较稳定的情况下，就会增加货币需求，相应拉动货币投放，仍会保持物价总水平的基本稳定。除非由于特殊原因，货币供应严重超出或落后于财富增长，货币总量与可交易财富价值总量出现严重偏离，才可能引发物价总指数的大幅上涨（通货膨胀）或大幅下跌（通货紧缩）。

但以CPI替代物价总指数来观察通胀或通缩（货币币值变化），问题就变得更加复杂。

一是CPI与物价总指数的变化可能发生偏离。在物价总指数稳定的情况下，由于CPI样本组成部分本身的供求关系发生变化，CPI仍然可能发生很大变化。或者在CPI稳定的情况下，由于其他财富供求关系变化，物价总指数实际上仍可能发生变化，但却并不能通过CPI反映出来。所以，完全根据CPI变化调节货币投放与货币总量，就有可能造成货币总量与财富价值偏离并导致通货膨胀或通货紧缩。

二是CPI样本组成部分供求关系的变化又存在不同情景。这包括趋势性（稳定状态）的供不应求、趋势性的供过于求、临时性（突发状态）的供不应求、临时性的供过于求四种状态。不同状态会引发价格变化，相应调节供求关系，也需要货币政策进行必要的调控。其中，不同供求状态对货币政策调控重心的要求就会不同。

趋势性供不应求或供过于求，需要采取措施刺激供给、抑制需求或者抑制供给、刺激需求，但由于其更多地是由需求变化引发的，宏观政策上调节的重心应该是需求侧管理，需要优先通过提高利率或降低利率等举措重点对需求进行调节。

临时性供不应求或供过于求，一般更多地是由供给侧发生突变引发的，宏观政策上调节的重心应该是供给侧管理。对临时性供不应求，尽管CPI在上涨，但仍需要降低利率、刺激投资、增加供给；对临时性供过于求，尽管CPI在下降，也仍需要提高利率、减少投资、减少供给。

如果不能区分供求关系变化的具体原因，简单地根据CPI的涨落实施相同的宏观调节，结果可能完全不同。这在2020年全球新型冠状病毒感染疫情大暴发之后，造成全球范围内经济和社会运行严重受阻（这比2008年全球金融危机的影响要严重得多），产业链、供应链遭受破坏，生产性需求严重萎缩，造成大宗商品价格一度大幅下跌，石油期货价格甚至出现罕见的负价格，金融市场随之严重震荡，迫使主要经济体大幅加息并纷纷推出力度空前的量化宽松与经济刺激或社会救助计划。经过一段时间后，库存消耗殆尽，消费与生产需求反弹，进而引发很多国家很多物资转而出现供不应求和人力、物价大涨的局面。此时如果简单地因为物价大涨就认为出现恶性通胀，进而采取大幅加息等抑制通货膨胀的货币政策，而缺乏配套的产业政策，就可能非常危险。也正因如此，在 2021 年美国 CPI 各月同比快速提升，5—9 月份增幅分别高达 5.0%、5.4%、5.4%、5.3%、5.4%，直观看远超其 2% 的政策目标，理应进行货币政策调整，但考虑到上年同期受疫情冲击 CPI 大幅下跌的基数影响，两年平均数值并未偏离 2% 太多，所以美联储认定通胀是疫情影响的暂时性问题，依然不急于调整其为应对疫情而采取的强力刺激性货币政策（零利率及无上限量化宽松）。到 10 月份其 CPI 高达 6.2% 之后，美联储意识到受全球产业链供应链重构、宽松的宏观政策的刺激、极端气候与大国间关系恶化等复杂因素影响，大宗商品价格上涨态势短时间难以消除后，才决定调整货币政策宽松力度，从 11 月开始缩减购债规模（收缩量化宽松力度），并在 CPI 继续保持攀升态势的情况下，从 2022 年 3 月开始启动加息，并不断加大加息与缩表（QT）的力度，到 2023 年 7 月累计加息 525 个基点。

在多重因素推动下，美国 CPI 同比涨幅自 2022 年 6 月达到 9.1% 的高峰后，开始持续下降，到 2023 年 6 月下降为 3.0%，比上年同期下降了 67%。但考虑到 2020 年疫情暴发后，当年各月 CPI 严重偏离正常水平，并会影响到其后年份各月的同比变化，应该综合观察近三年各月 CPI 同比涨幅累计数的变化。从三年累计数据看，2021 年以来总体保持上涨态势，2022 年 6 月为 15.1%，2023 年 5 月为 17.6%（见表 5.1），反映出社会通胀实际水平并未下降，6 月、7 月三年累计数

表 5.1 2020 年以来美国 CPI 各月同比涨幅

单位：%

年份	1 月	2 月	3 月	4 月	5 月	6 月	7 月	8 月	9 月	10 月	11 月	12 月
2020	2.5	2.3	1.5	0.3	0.1	0.6	1.0	1.3	1.4	1.2	1.2	1.4
2021	1.4	1.7	2.6	4.2	5.0	5.4	5.4	5.3	5.4	6.2	6.8	7.0
2020—2021	3.9	4.0	4.1	4.5	5.1	6.0	6.4	6.6	6.8	7.4	8.0	8.4
2022	7.5	7.9	8.5	8.3	8.6	9.1	8.5	8.3	8.2	7.7	7.1	6.5
2020—2022	11.4	11.9	12.6	12.8	13.7	15.1	14.9	14.9	15.0	15.1	15.1	14.9
2023	6.4	6.0	5.0	4.9	4.0	3.0	3.2	—	—	—	—	—
2021—2023	15.3	15.6	15.1	17.4	17.6	17.5	17.1	—	—	—	—	—

出现下降态势，但仍高于17%，更高于上年6月的15.1%，说明美国遏制通胀的压力仍然很大。

三是同样的财富总量，由于社会融资结构不同，所需要的货币总量也会有很大不同。社会主体购买所需的财富，如果主要使用自有货币或通过直接融资向其他社会主体借入货币，会增加社会财富的交易规模，但不会增加货币总量（实际上是提高了已有货币的流通速度）。但如果主要通过向货币投放机构间接融资借入货币，实现同样的财富交易规模，就会增加货币总量（实际上是原有货币流通速度比较低）。由于货币流通速度的调节，即使货币总量与财富价值总量发生偏离，真正用于交易的财富价值与货币数量可能并未发生偏离，因而也并不一定会引发物价水平的变化。但即使货币总量与财富价值总量保持稳定的对应关系，如果用于交易的财富价值与货币数量发生明显偏离，价格水平同样会发生很大变动。

四是CPI的构成样本主要为重要的终端消费品，其价格变化会受到上游产品，包括原材料、能源、服务、劳动力等要素价格变动的影响，具有滞后性。同时，由于货币政策传导存在“中央银行—商业银行”及“金融市场—实体经济”等多个环节，也存在时滞问题，所以，货币政策逆周期调节，仅仅盯住CPI的变化是不够的，还要前瞻性地观察工业品“生产者价格指数”（producer price index，简称PPI，又分出厂价格和购进价格指数）、“采购经理人指数”（Purchasing Manager’s Index，简称PMI，又分为制造业PMI和服务业PMI等）的变化、金融资产价格指数变化（这方面还很欠缺）等，以及这些指标对CPI变化的传导速度和影响程度等。当然，这会大大增加实操难度。目前，实践中只能是以CPI的变化作为主要依据，适当参考其他指标的变化进行货币政策方向、力度和节奏的调整。

其中，劳动力价格并不在CPI样本体系之内，但社会就业和收入水平预期变化，会对全社会投资和消费产生非常重要的基础性影响，进而影响到一般商品的价格即通货膨胀或紧缩的变化，所以，就业和收入水平变化及其走势，也就成为货币政策需要高度重视的重要因素和前瞻指标，充分就业甚至会成为货币政策的首要目标。

五是开放经济体物价变动还受到货物与货币跨境流动错配的影响。

货物大量出口，外汇大量流入或境外本币大量回流，都将加大境内通货膨胀压力。相反，货物大量进口，货币大量外流，则会抑制通货膨胀。所以，作为开放经济体，其物价（包括汇率）变动与货币政策很难完全独立，往往受到国际市场变化的很大影响。国际化程度越高，受到国际市场变化的影响越大。

需要关注的是，对外贸易出现较大顺差或逆差（即可交易财富净流出或净流入），或者资本与金融项下出现较大逆差或顺差，相应出现较大外汇流入或流出时，在外汇管制不能流通而需要结售汇情况下，就会引发本币货币总量与境内可交易财富发生偏离，会加重通货膨胀或通货紧缩，进而更加刺激外汇流入或流出，甚至会引发债务或金融危机。所以，需要央行对汇率实施必要干预（汇率本质上也属于广义物价的一部分，保持物价稳定是货币政策的基本目标），由此可能推动央行扩大外汇储备和基础货币投放，并推动货币总量更大规模的扩张（存在货币乘数效应）。这种情况下，为防止货币过度超发，央行可以通过提高法定存款准备金率（提准）或定向发行央行票据、提高基准利率等举措，调节货币乘数和货币总量。在央行外汇储备和基础货币投放大幅收缩的情况下，央行则可以反向调节。央行采取措施进行有效对冲的情况下，贸易及资本项下顺差或逆差、央行外汇储备扩大或缩小，并不必然导致货币超发或超缩（通胀或通缩），除非央行不作为、难作为造成货币政策调节不到位。

依据 CPI 变化进行货币调控存在缺陷

信用货币体系下，货币投放受到货币供给变化（货币政策意图扩大或收缩货币供给）与货币需求变化（扩张或收缩）两方面因素的共同影响，但其中最基础最根本的影响因素是社会主体的货币需求变化。在社会主体货币需求扩张时，货币政策抑制货币扩大供应是相对主动和有效的，但在经营收入难以抵补经营成本、货币需求明显萎缩时，货币政策想扩大货币供给却是非常被动和低效的，特别是当政策利率已经降低到零甚至实施负利率时更是如此，货币政策调控并不是万能的。而全社会货币需求变化，更多地受制于社会主体对经济和收入增长预期的变化，而非完全由货币政策主导。货币政策调控是必要的，但其作用是有边界的。

社会主体的货币需求除受到财富数量规模变化影响外，还受到供求关系、物价走势以及社会就业和收入水平变化预期的影响，使货币总量扩张或收缩具有很强的经济顺周期性。

当人们对经济增长和收入增长的预期向好时，其投资消费的需求以及对货币的需求就会扩大，就会带动货币投放扩大。货币总量增长超过财富规模增长，就会推动物价上涨。物价上涨又会进一步推动投资消费及其货币需求扩张，进一步推动货币扩张、经济增长、物价上涨，形成螺旋式上升的通货膨胀态势。但最终会导致产能和流动性严重过剩，并因需求不足而推动经济增长掉头向下。

一旦人们对经济下行和收入降低的预期增强，特别是在经营收入难以抵补经营成本时，投资消费及其货币需求就会萎缩，相关领域特别是制造业的资产价格就可能下降，而保值性资产投资的货币需求就会增强，就会推动具有保值功能的资产，如朝阳产业或优质企业的股票、人口增长地区的房地产及黄金、外汇等资产，甚至一些重要的生活物资等价格大涨，造成市场不断分化，社会资源配置脱实向虚不断加强，金融资产价格上涨泡沫聚集，经济金融风险进一步加大。

在保值性资产价格也难以上涨转而下跌时，经济下行就会更加强烈，社会债务危机就可能爆发。因为既有债务主要以合约方式存在，不容易消减灭失，并且因为还有利息，一般只会按照约定保持增长。但资产却会磨损毁坏，或因需求不足而出现价格大幅下跌并且难以变现，造成债务人资不抵债，并引发债权人恐慌和集中收债，催生出债务人的债务危机，由此形成资产与负债可以同涨却难以同降的特殊结果（通胀或通缩对资产与负债的影响是不同的）。这就可能进一步蔓延成全社会的恐慌，形成全社会资产负债表收缩潮流，并推动资产价格更快下跌，推动资本大量外流，货币快速贬值。经济社会将由于不断强化的货币需求侧通货紧缩（表面上看也可能是物价飞涨或恶性通胀）而更趋紧张，进一步推动经济进入危险的“滞胀”乃至“大衰退”状态甚至走向彻底崩溃。

这也成为一些国家在扩大对外开放、大量国际资本和产能涌入、经济快速发展、资产和人力价格快速上升、生活水平大幅提高的同时，社会负债特别是外汇债务随之大规模扩张，货币严重超发，但其经济发展更多地依赖自然资源的采掘和出口（外需），并没有形成具有国际竞争力的产业或强大的国内市场，或者尽管形成强大的制造加工能力，但属于两头在外，重要原材料或能源需要大量进口，而产成品又大量需要出口，对外依赖度非常高，一旦国际环境出现剧变，进出口受到抑制，国际资本和产能大规模撤离转移，就会引发这些国家严重的金融危机、经济衰退和社会动荡，跌入“中低收入陷阱”甚至不断衰退难以自拔的重要原因。

通货紧缩仍是货币管理最可怕的挑战

综上可见，以 CPI 作为观测通胀与通缩的核心指标并据以进行货币政策逆周期调控，既是在现实条件下的一种合乎理性的选择，也发挥了重要作用，但又因其存在以偏概全的问题而难以准确反映出全社会物价总水平与货币一般购买力（币值）变化情况。在信用货币能够保证货币充分供应但又缺乏货币总量有效控制标准的情况下，在经济上行周期自然会因需求旺盛拉动货币扩大投放，而在经济下行周期，执政党和政府为赢得民心，又会推动货币扩大投放，很容易造成货币超发。同时，经济金融全球化发展又推动货币（资金、资本）大规模跨境转移，并且在记账清算体系下，因为货币跨境流出流入的是货币所有权而非货币本身，流出国的流动性并不会因此减少，但流入国却会因为银行结汇而投放新的货币，所以就可能产生银行外汇储备倍增流动性的结果，更容易造成全球性货币超发和流动性泛滥。

直观看，货币超发、通货膨胀似乎成为信用货币体系下的必然结果和首要挑战，但实际上并非如此。信用货币很容易在货币超额供应推动下，造成越来越广泛的产能过剩和需求不足，最终反而会出现日趋广泛和严重而僵化的通货紧缩。通缩依然是货币管理最可怕的挑战。2021 年下半年以来，美国等西方国家出现了超乎预期的高通胀，但这很大程度上是受到疫情和俄乌冲突等突发事件影响，使得全球产业链供应链深受冲击的结果，并不是一种常态。在疫情解除并实施大幅加息等举措后，通货膨胀已经明显缓解，可能不需要太长时间，美国等西方国家又将面临经济低迷、通缩增强的局面。

信用货币体系下货币投放根本上取决于社会货币需求，通货膨胀或紧缩更多的是受到社会货币需求的增长或收缩的影响。在面临通货膨胀挑战时，央行要控制货币投放是相对主动和容易的，但在面临需求不足引发的通货紧缩挑战时，央行要推动货币扩大投放却是比较被动和困难的。

实际上，货币需求的大幅收缩往往是在前期货币过度扩张之后才会出现。一旦出现货币需求侧严重的通货紧缩，就意味着社会主体对未来增长的预期以及对货币的信任遭到严重破坏，不愿意扩大负债获得更多货币，而是主动偿还负债、收缩资产负债表、减少投资和消费，由此经济社会可能面临的风险挑战远比通货膨胀更加严重。因此有人说："通货膨胀只是青春痘，是成长中的问题。通货紧缩却是老年病，是衰败（衰竭）中的问题。"也有人说："通货膨胀是急性发烧，通货紧缩却是癌症暴发。"

所以，在信用货币体系下，货币政策最主要的挑战本质上依然是货币需求侧通货紧缩而非 CPI 大幅上涨的通货膨胀。但要防止这种极端情况出现，则必须坚持货币政策的长期稳健审慎，避免出现经济虚热拉动货币超发滥发。

货币总量与通货膨胀关系辨析

货币扩张与通货膨胀偏离明显

经典的“货币数量论”认为，当货币总量超越可交易财富价值规模对货币的需求时，就出现通货膨胀，物价就会随之上涨；当货币总量低于可交易财富价值规模对货币的需求时，就出现通货紧缩，物价就会随之下跌。因此，货币主义的代表人物米尔顿·弗里德曼一直强调：“通货膨胀，在任何时间任何地点，都是一个货币现象。”

但是，这一结论在实践中受到越来越大的挑战。1990 年日本经济泡沫破灭后，尽管其率先推行零利率甚至负利率以及量化宽松货币政策，其货币总量与 GDP 的比值大幅上升，但其以 CPI 同比增速表示的通胀率却持续保持低迷，形成难以破解的通缩难题。2008 年全球金融危机爆发后，美国也加入实施零利率和大规模量化宽松货币政策的国家行列，带动全球性债务规模和货币总量快速扩张，但全球经济增长却持续低迷，以 CPI 代表的通胀率却并未明显提升，甚至还出现逆向走弱的反常现象。发达国家通胀率迟迟低于政策目标（如 2%），呈现出超越传统货币理论的“高负债（率）、高货币（增长率）、高风险（金融波动率）”与“低利率、低增长、低通胀”并存的新局面。直到 2021 年下半年，受到多重复杂因素影响，美国等发达经济体通货膨胀率才开始明显走高，进入 2022 年后出现超预期高通胀，迫使其纷纷调整前期非常宽松的货币政策，美国更是转为快速大幅加息，把遏制高通胀确立为货币政策首要目标。但在停止 QE 乃至推动央行缩表，特别是 2022 年 3 月至 2023 年 5 月累计大幅加息 500 个基点的情况下，尽管美国CPI月度同比涨幅自2022年6月上涨9.1%之后，一直保持下降态势，2023 年 4 月、5 月、6 月同比上涨 4.9%、4.0%、3.0%，6 月同比涨幅比上年同月大幅下降了 67%，但由于 CPI 当年月度同比涨幅存在基数大幅波动的影响，仅看当年月度同比的变化难以准确反映出全社会对通胀压力的实际感受，需要观察 2020 年以来至少 3 年月度同比的累计数才更有说服力。从连续 3 年 CPI 月度同比涨幅累计数看，2022 年 6 月为 15.1%，此后基本上保持在 15.0%（月平均 5%）以上，2023 年 4 月更是上升到 17.4%，5 月进一步上升到 17.6%，6 月为 17.5%（见表 5.1），相比 2022 年 6 月三年累计数不是下降反而是提升，这说明央行加息和缩表对化解高通胀压力的效果并不明显，由此也证明美国此轮高通胀并不仅仅是货币扩张问题（全球供应链受损带来的供给侧冲击影响更大），“货币数量论”难以完全解释这种现象。所以，尽管 2023 年 6 月美联储议息会议停止了当月的加息，但这并不是因为 CPI 同比涨幅下降，而主要是考虑到美国银行危机爆发后，银行信贷大幅萎缩，已经形成抑制通胀的另一种方式，所以 6 月只是暂停加息。到 7 月 26 日，美联储再次加息 25 个基点。

美元超出预期地大幅加息，又推动金融资产价格，包括美国国债和加密资产价格大幅下跌，大量前期高估值的创投公司、风投机构难以融入新的投资，不得不大量提款偿还债务，进而推动相关的中小银行出现严重的流动性危机，到 2023 年 3 月爆发银行危机并不断蔓延

（欧洲的银行也受到影响，瑞士信贷银行因而被瑞士银行接管），由此导致银行信贷大幅萎缩，经济衰退压力随之增强，政府债务高企违约风险凸显，使得美国宏观政策面临“控制通货膨胀（稳物价）、维持金融稳定（稳金融）、防止经济衰退（稳增长）”的多难挑战。在美国不断强化贸易保护、金融制裁、科技封锁、制造业回归、推动与中国脱钩和逆全球化发展的情况下，全球经济格局重构必然对原有格局顶端的美国产生重大冲击，其经济金融势必面临巨大挑战。

在中国，改革开放后，20 世纪 80 年代和 90 年代各有一轮严重的高通胀期，其中最高值为 1989 年 2 月 CPI 同比上涨 28.4%，最低值为 1999 年 5 月 CPI 同比下降 2.2%。之后，中国一直高度警惕并努力控制通货膨胀超预期上涨。2000 年以来，尽管货币总量从 1999 年末的 11.76 万亿元增长到 2022 年末的 266.43 万亿元，2022 年当年 M2 新增超过 28.1 万亿元，但 CPI 年度同比涨幅总体保持平稳，超过 3% 的年份只有 5 个，最高为 2008 年的 5.9%，并未出现严重通胀局面（见表 5.2）。

与美国等发达国家 2021 年下半年开始纷纷面临超预期高通胀不同，中国并未出现通胀压力，反而面临需求明显不足、经济增速下行、失业压力增强的挑战。所以中国并没有跟随美国推动加息，而是在保持政策性利率基本稳定的基础上，推动存贷款实际利率稳中有降（2023 年 3 月新发放贷款加权平均利率为 4.34%，同比下降 0.31 个百分点，已处于改革开放以来的历史低位，其中，新发放企业贷款加权平均利率为 3.95%，较上年同期下降 0.41 个百分点；新发放个人住房贷款加权平均利率为 4.14%，较上年同期下降 1.35 个百分点）。2023 年 3 月 27 日降准 0.25 个百分点（释放长期流动性超过 5 000 亿元），

表 5.2　2000 年以来中国 M2、GDP、CPI 各年增长率

单位：%

项目	2000 年	2001 年	2002 年	2003 年	2004 年	2005 年	2006 年	2007 年	2008 年	2009 年	2010 年	2011 年
M2	12.6	15.3	19.8	19.6	14.4	16.7	15.7	16.7	17.8	27.7	19.7	13.6
GDP	8.4	8.3	9.1	10.0	10.5	11.3	12.6	14.2	9.7	9.4	10.6	9.5
CPI	0.4	0.7	–0.8	1.2	3.9	1.8	1.5	4.8	5.9	–0.7	3.3	5.4
项目	2012 年	2013 年	2014 年	2015 年	2016 年	2017 年	2018 年	2019 年	2020 年	2021 年	2022 年	2023 年
M2	13.8	13.6	12.2	13.3	11.3	8.2	8.1	8.7	10.1	9.0	11.8	—
GDP	7.9	7.8	7.3	6.9	6.7	6.9	6.6	6.1	2.3	8.4	3.0	—
CPI	2.6	2.6	2.0	1.4	2.0	1.6	2.1	2.9	2.5	0.9	2.0	—

注：2023 年 6 月末 M2 同比增长 11.3%；2023 年上半年 GDP 同比增长 5.5%，CPI 同比增长 0.2%。

积极推动降低社会融资综合成本。这种情况下，CPI 同比涨幅在 2022 年 7 月达到 2.7%、9 月达到 2.8%（并未超过 3% 左右的目标）之后，各月同比涨幅总体上保持下降态势，2023 年一季度 CPI 比上年同期上涨 1.3%，涨幅比上季度回落 0.6 个百分点（1—3 月 CPI 同比涨幅分别为 2.1%、1.0% 和 0.7%）。4 月 CPI 同比涨幅进一步下滑至 0.1%（1—4 月平均比上年同期上涨 1.0%）。另外，2023 年一季度工业生产者出厂价格（PPI）同比下降 1.6%，降幅比上季度扩大 0.5 个百分点（月度降幅分别为 0.8%、1.4% 和 2.5%，同比降幅逐月扩大）。4 月 PPI 同比下降 3.6%，降幅继续扩大。同时，4 月份全国 16—24 岁青年调查失业率上升到 20.4%，并且仍有上升趋势。这让不少人认为，CPI 同比涨幅持续下滑，中国出现通货紧缩的态势已经很明显，必须尽快遏制，有网红人士发文呼吁“需要全力拼经济才能救通缩”。

但也有不少人对此有不同看法，认为 M2 在 2022 年 7 月以来各月同比增速总体保持在 12% 以上，2023 年 3 月末 M2 达到 281.46 万亿元，一个季度就新增超过 15 万亿元，比 2021 年末新增超过 43 万亿元，货币扩张规模创下历史之最，从“通货”（货币）角度看，当前中国的货币总量是在持续大幅扩张而不是萎缩，同时，CPI 增速是在下降，但并未出现连续负增长，所以，当前状况本质上是通货膨胀减弱，根本就不存在通货紧缩。

央行在《2023 年第一季度中国货币政策执行报告》中也专门指出：“当前我国经济没有出现通缩。通缩主要指价格持续负增长，货币供应量也具有下降趋势，且通常伴随经济衰退。我国物价仍在温和上涨，特别是核心 CPI 同比涨幅稳定在 0.7% 左右，M2 和社融增长相对较快，经济运行持续好转，不符合通缩的特征。中长期看，我国经济总供求基本平衡，货币条件合理适度，居民预期稳定，不存在长期通缩或通胀的基础。”

随后，国家统计局与国家发改委也表示：近期价格低位运行是阶段性的，当前经济不存在通缩，下阶段总的来看也不会通缩。

国际国内出现的货币总量与通货膨胀走势偏离乃至相悖，以及对此看法出现的巨大反差，让很多人包括货币理论界深感迷惑。通货膨胀（收缩）已经成为经济金融最重要的指标之一，但到底什么是通货膨胀（紧缩）、大规模投放的钱（货币）到底流到哪儿去了、钱是不是都在金融体系空转而没有进入实体经济、这是偶然现象还是趋势性问题、对传统货币理论有何冲击等，越来越成为世界性充满争议的热门话题。

这到底应该怎么看呢?

这实际上涉及如何界定货币总量、通货膨胀（通货紧缩）及其相互关系等问题，其中很多概念需要重新梳理、准确把握。

货币总量的概念与统计

所谓货币总量，指的是已经从货币投放机构投放出来，在社会上可以随时使用的货币购买力总量，这是一个时点数指标。从时点表现形态上看，主要包括流通中的现金以及货币投放机构吸收的社会存款（包括住户存款、企业存款、非存款性金融机构的存款等）。

其中，央行或其指定发钞机构已经印制出来，但尚未投放到社会上的现金，不能纳入货币总量，只有已经投放到社会上可以流通使用的现金，即“流通中的现金”，才能纳入货币总量。央行或其指定的发钞机构从社会上收回（回笼）现金，则需要从“流通中的现金”中减除。

另外，在实行央行集中处理国库收支（财政直接在央行开立国库账户办理收支，国家所有财政性资金的收支都通过国库账户进行集中收缴、拨付和清算）的情况下（中国即实施这种制度），各类社会主体向财政缴纳的税费以及政府发债募集的资金等，会集中收入到央行，由此会形成货币从社会上的回笼，减少社会上的货币总量。政府动用财政资金扩大开支或实施税费返还时，则会从央行拨付出来，增加社会上的货币总量；政府实施税费减免，相对于正常的税费收缴，则会影响到当期货币总量的同比变化。从这一角度看，国库收支也成为货币回笼或投放的一个额外渠道。

在中国，货币总量以 M2 表示，包括流通中的现金（M0），企事业单位活期存款（其与 M0 之和为 M1），住户储蓄存款、企事业单位定期存款、其他存款，如金融交易市场保证金存款、住房公积金存款、非存款机构部门持有的货币市场基金（其与 M1 之和为 M2）。

在美国，货币总量以 M3 表示，其 M2 中不包含企业大额（10 万美元及以上）定期存款，而是将这部分存款纳入 M3 之中。

在不同国家，M2 的口径会有一定的不同，并不都是以 M2 作为货币总量的。但从代表货币总量的指标（如中国的 M2、美国的 M3）看，总体上仍是相同的，即货币总量都包括流通中的现金及存款机构吸收的社会存款（存款机构相互之间的存款不含在内）。简而言之，即“货币总量 = 现金 + 存款”。

无论如何，讲到货币总量时，必须是货币投放机构已经投放出来被企业、个人、非存款性金融机构等实际占有的现金或存款，这是非常明确的。从这一角度讲，原本就不应该再有“大规模投放出来的钱（货币）到底流到哪里去了”这样的问题！同时，在货币总量中，除了占比很低的流通中的现金外，绝大部分是企事业单位和个人在存款机构的存款，即货币总量中绝大部分会保存在银行等金融机构，存款人只是拥有了其存款对应的货币所有权和支配权，这是客观现象，不能因为货币总量中绝大部分都留在银行等存款机构，就认为这是“货币大量空转，没有流入实体经济领域”，实际上是这些已经投放到社会上的货币停止了流动或出现了货币流动性塌陷（不存在空转），使用效率大大降低！由此，对货币的不少说法并不准确，需要斟酌。

货币总量变化影响因素

在信用货币体系下，货币总量变化影响因素主要包括：

一是货币政策导向和力度。中央银行可以运用各种货币政策工具，刺激或抑制社会主体扩大或收缩货币需求以及推动商业银行扩大或收缩信贷投放，央行自己也可以主动扩大或缩小资产负债表规模，从而推动货币总量的扩张或收缩。

二是财政政策调整，通过财政收支影响货币总量。政府从社会上收缴税费或发债募资等存入在央行的国库账户时，则会减少社会上的货币总量；政府从其在央行的国库存款对外支付，会增加社会上的货币总量；政府调整税费上缴比例，或者实施税费减免缓退等，都会对当期货币总量同比产生影响。当然，这方面对社会上货币总量的影响有限，主要是对正常渠道投放货币的额外调剂。

从社会主体的货币所有权角度看，货币总量又包括自有货币与借入货币两部分。这两部分货币又存在互补和替代关系，在保持全社会货币总量与可交易财富价值相互对应的基础上，社会主体通过向货币投放机构出让资产获得的自有货币越多，其需要借入的货币就会减少。反之，就需要借入更多货币。同时，由于货币并不是全社会共同所有或平均分配的，现实情况经常是：即使全社会货币总量很大，仍可能存在拥有大量货币的人不需要使用，而需要货币的人却没有足够的货币。在这种情况下，为满足社会主体的货币需求，除积极促进拥有货币而不需要使用的人与需要货币但又缺乏货币的人相互开展资产买卖或直接融资外，还需要货币投放机构扩大信贷，提供必要的间接融资，从而保证货币在合理范围内的充分供应，保持货币总量与可交易财富价值相对应，更好地促进交换交易和经济社会的发展。

以上是影响货币总量最主要的因素。除此之外，还存在其他一些影响各期货币总量变化的因素，主要包括：

一是政府税费习惯性按季度收缴，会影响社会货币总量的季节性变化。在中国，政府税费上缴主要是按季度计算、在季后首月进行的，会相应减少社会上的货币数量，这也成为中国 M2 在季后首月容易出现环比负增长的一个原因。例如，2023 年 4 月末住户存款比上月减少 1.2 万亿元，企事业单位存款减少 1 408 亿元，财政性存款增加 5 028 亿元，其中就有 4 月集中缴纳税费因素的影响。

二是企业和个人等购买银行理财产品或资管产品，以及收回此轮产品的本息等，相应会减少或增加货币总量。例如，2023 年 1 季度 M2 新增超过 15 万亿元中，一季度末全国资管产品直接汇总的资产（合计 94.7 万亿元）较年初减少 1.6 万亿元，相应推动企业和居民理财资金回流为表内存款，就成为一个重要原因。而至 4 月末，银行理财产品存续规模为 27.37 万亿元，比 3 月末增加了 1.34 万亿元，终止了 6 个月持续下降态势，实现止跌回升，也相应地减少了企业和居民的存款规模，成为 4 月末 M2 比上月减少 6 097 亿元的一个重要原因。所以，企业和居民存款的增加或减少，并不都是由收入增加或减少决定的。

三是银行季度末存贷款冲时点，会造成季度末月与次月货币总量的大幅波动。到目前为止，银行同业间的比较与银行内部考核，基本上仍是按季度进行的，包括上市银行需要披露季报，由此也导致银行存贷款等主要经营指标长期存在季度冲时点现象。一般在季度末月银行会通过扩大短期的票据贴现、短期贷款等，扩大贷款并相应增加存款。但在季度过后的首月，这种冲时点数字会得到一定的消除，存贷款会不增反降。这就很容易造成货币总量在季后首月出现负增长，只有 1 季度的首月因为临近春节，需要扩大货币供应，同时银行基本上都有新年“开门红”的安排，贷款大量会在年初集中贷出，相应增加货币总量，所以 1 月基本不会出现 M2 环比负增长的情况，一般都会出现大幅正增长（见表 5.3）。

表 5.3　2008 年以来 M2 季后首月环比变化情况　　单位：亿元

年份	1 月新增	4 月新增	7 月新增	10 月新增
2011	8 033	–746	–7 897	29 423（注）
2012	4 308	–5 961	–5 919	–7 284
2013	17 980	–3 306	–2 191	–7 139
2014	16 996	8 125	–15 338	–7 815
2015	14 335	5 446	19 835	1 197
2016	24 041	–988	1 067	3 125
2017	34 128	–4 020	–3 156	–1 216

续表

年份	1月新增	4月新增	7月新增	10月新增
2018	30 579	−2 176	6 018	−6 104
2019	39 191	−4 742	−1 949	−6 650
2020	36 578	12 610	−9 402	−14 364
2021	26 251	−14 381	−15 634	−6 669
2022	48 123	2 022	−3 373	−13 686
2023	73 751	−6 097	−18 992	—

注：自2011年10月起，货币供应量新增住房公积金中心存款和非存款类金融机构在存款类金融机构的存款。

除上述因素外，社会主体已经拥有并纳入货币总量的货币，在现金与存款之间相互转换，或者通过交换交易以及直接融资等实现货币在不同所有者之间的转移等，无论实际发生额有多大，都不会导致社会货币总量的变化。比如，有人用存款购买房子、车辆或其他生活用品，其货币就会转移到出售这些资产的企业（由个人存款转变为企业存款）；企业之间大量发生交易，会推动货币从买方企业的存款转为卖方企业的存款；企业向员工发放工资奖金等，企业存款就会转化为个人存款。但这些货币转移并不会影响到货币总量发生变化。

通货膨胀 / 通货紧缩准确定义

在讲到通货膨胀或通货紧缩时，现在全球性突出的问题是缺乏统一的定义。

传统经济学理论中，通货膨胀一般指整体物价水平在一定时期内持续上升的状态，对应的则是货币币值（或购买力）下降（货币贬值）。通货膨胀的根本原因是货币实际需求小于货币供给，也就是社会货币购买力大于经济有效产出（可交易财富）供给，导致货币贬值而引起的一段时间内整体物价平均水平持续上涨现象（实质是社会总供给明显小于社会总需求）。通货紧缩则是与通货膨胀相反的一种经济现象，是指物价总体水平在一定时期内持续下降，货币不断升值的经济现象，其实质是社会总需求持续小于社会总供给。

通货膨胀或通货紧缩，实际上反映的是货币币值降低或升高的状况，是需求与供给（货币需求与货币供给，或者货币供给与可交易财富供给）两大因素相对比较的结果，而不是单纯指货币总量本身的增减变化。那种把“通货”等同于“货币”，把通货膨胀或紧缩等同于货币总量的扩张或收缩，是不准确的。因为在货币总量扩张情况下，如果其扩张速度低于可交易财富价值规模扩张速度，同样会出现通货紧缩、币值升高的局面；在货币总量收缩的情况下，如果其收缩速度低于可交易财富价值规模收缩速度，同样会出现通货膨胀、币值降低的局面。这就需要准确把握货币总量与财富价值总量的对比关系，而不能只看货币总量本身的增减变化情况。

1911 年，国际著名经济学家欧文·费雪在其代表作《货币的购买力：它的决定及其与信贷、利率和危机的关系》中，以 M 代表货币供应量，以 V 代表货币流通速度，以 P 代表物价水平，以 T 代表社会交易量，相应总结出它们之间的相互关系，即 $MV=PT$。弗里德曼在此基础上进一步指出，如果 P 增长的速度比 T 更高，即物价水平比经济产出上升得更快，就意味着货币供应量扩张太快，通货膨胀已经产生。在弗里德曼看来，货币需求相对独立于货币供给，即影响货币需求的因素与货币供给基本无关；由于货币需求函数是极为稳定的，因而物价的变动决定于货币的供给，通货膨胀就是货币供给过多的结果。

但是，上述有关通货膨胀的定义和研究过于集中到总体或总量的分析，现实中由于可交易财富种类繁多、分布极广，而且又存在频繁的交换交易与加工变化，要准确衡量和监测全社会物价总水平，是极其困难的（实践中只能以与人们生活生存密切相关、交换交易最为频繁而稳定的终端消费品作为样本，形成消费者价格指数 CPI 作为最主要的通货膨胀指标），这也使得这种定义和结论过于理论化，缺乏实操性和现实意义。以 CPI 作为最主要的通胀指标，难以解释货币总量大规模膨胀下，为何 CPI 涨幅却反而持续下跌甚至出现负增长这种新的广泛出现并长期存在的现象。因此，有关通货膨胀的研究还需要进一步深入和细化。

考虑到纳入货币总量统计的货币中，总会有一部分是沉淀不用的，即使是人们一般都认为流动性很高的现金与活期存款，也同样会有一部分长期沉淀不用（不流通）。同时，在全社会可交易财富总量中，也有很大部分在交易后退出流通领域，不再参与交换交易。如果不将这些沉淀不动的货币与可交易财富剔除，始终用全社会货币总量与可交易财富价值总量相比较，其得出的所谓“物价总指数”就会严重偏离现实，并对货币政策取向、力度和节奏等产生误导。另外，金融交易市场还可能大量分流货币，减少实体财富流通领域的货币数量，影响物价总指数变化。所以，必须对此加以调整。

笔者认为，“通货膨胀”的定义应该是：在实体流通领域的货币（即真正流通中的“通货”）数量超过流通领域可交易财富的价值规模（即通货膨胀是货币与财富变化的相对概念，而不是单看货币总量变化的绝对概念）。通货膨胀可能推动CPI上涨，并且通货膨胀的程度越强，CPI上涨的幅度就会越大。相应地，通货紧缩的定义则应该是：在实体流通领域的货币数量低于流通领域可交易财富的价值规模。通货紧缩则会推动CPI出现负增长，并且通货紧缩的程度越强，CPI负增长的幅度就会越大。其中，CPI同比是正增长还是负增长，成为判断是通货膨胀还是通货紧缩的关键。根据通胀或通缩的不同程度，可以将通胀或通缩区分为零通胀、弱（低）通胀（通缩）、中通胀（通缩）、强（高）通胀（通缩）等不同档次（各国可以根据实际情况设定具体划分标准），并分别采取不同的货币政策加以应对。

考虑到CPI等通货膨胀指标都存在同比涨幅与环比涨幅两个维度，每个维度又可分为月度、季度和年度不同的期限，由此就存在到底以哪个指标为准的问题。考虑到不同时期客观上存在不同的影响因素，存在较大不可比性，不应将环比结果作为判断通胀走势的主要标准，而只能作为参考。相对而言，各期（月、季、年）同比涨幅的可比性更强一些，所以，应该以同比涨幅走势作为判断通胀变化的主要标准。但各期（月、季、年）同比涨幅也会受到一些突发因素影响，造成因上年基数大幅变化而使当年同比结果大幅波动，并进一步影响下一年同比结果的问题（即1年发生突发变化，会影响3年同比的结果）。单纯看当年各期（特别是月度）CPI同比涨幅，并不能准确反映出全社会对通货膨胀变化的真实感受。因此，最好改为以各月CPI同比涨幅最近三年的累计数进行比较，就可能消除特殊因素影响，更准确地观察CPI升降程度和走势（见表5.4）。

表 5.4　2020 年以来中国各月 CPI 同比涨幅变化情况　单位：%

时间	1月	2月	3月	4月	5月	6月	7月	8月	9月	10月	11月	12月
2020 年	5.4	5.2	4.4	3.3	2.4	2.5	2.7	2.4	1.7	0.5	–0.5	0.2
2018—2020 年	8.6	9.6	8.7	7.6	6.9	7.1	7.6	7.5	7.2	6.5	6.2	6.6
2021 年	–0.3	–0.2	0.4	0.9	1.3	1.1	1.0	0.8	0.7	1.5	2.3	1.5
2019—2021 年	6.8	6.5	7.0	6.7	6.4	6.3	6.5	6.0	5.4	5.8	6.3	6.2
2022 年	0.9	0.9	1.5	2.1	2.1	2.5	2.7	2.5	2.8	2.1	1.6	1.8
2020—2022 年	6.0	5.9	6.2	6.3	5.8	6.1	6.4	5.7	5.2	4.1	3.4	3.5
2023 年	2.1	1.0	0.7	0.1	0.2	0.0	–0.3	—	—	—	—	—
2021—2023 年	2.7	1.7	2.6	3.1	3.6	3.6	3.4	—	—	—	—	—

注：根据国家统计局披露的各月 CPI 同比涨幅计算得出最近三年的累计数。

根据表 5.4，2020 年以来中国各月 CPI 同比涨幅三年算术平均值，最高的是 2020 年 2 月的 3.2%，最低的是 2023 年 2 月不足 0.6%。2023 年各月 CPI 同比涨幅总体呈现持续下降态势，其中 7 月同比为 –0.3%。到 6 月末，由于 CPI 同比并未出现负增长，尽管当年各月同比涨幅在下降，但从最近三年的累计数看并不是负增长，4 月开始均高于 3%，严格意义上仍不能说 2023 年已经进入“通缩”状态，而应该定位于通胀持续收缩，进入“通胀衰退”状态并逼近通货紧缩阶段。其中 7 月 CPI 同比出现负增长，8 月同比增长 0.1%，9 月同比再次下降为 0，其走势仍需高度警惕。

对通货膨胀 / 通货紧缩的定义做出上述调整，就可以使很多实际问题得到合理解答。

第一，通货膨胀率为何主要用 CPI 指标。这是因为消费者物价指数所选取的样本，是与人们生活生存密切相关的终端消费品，是实体流通领域保持交换交易最基础最稳定的商品或服务，其价格变化最能反映出消费者对通胀或通缩的切身感受。维持 CPI 的稳定，也就有利于维护经济社会的稳定。

第二，以 CPI 表示的通货膨胀率走势为何会与货币总量变化走势发生偏离。这主要因为：

（1）货币总量与进入实体流通领域参与交换交易的货币数量并非同步变化，只有真正参与交换交易的货币数量增加或减少才会对 CPI 产生影响。

在货币总量不变的情况下，如果人们对未来投资回报及收入增长的预期向好，或者流通领域可交易财富不断地升级换挡，吸引人们不断扩大和升级投资与消费，就会吸引更多货币进入流通领域进行交易，相应推动 CPI 不断走高。但如果人们对未来投资回报及收入增长预期转弱，或者实际可支配收入出现下降，或者缺乏新的有吸引力的投资和消费品，就可能推动货币从流通领域退出并沉淀在现金或存款上不动，或者大量转投到权益类金融产品上，真正参与实体财富交换交易的货币数量就会减少，相应会推动 CPI 不断走低。

（2）货币政策逆向调节，对货币总量的影响会大于对流通中货币数量的影响，对 CPI 的影响是间接的。

在信用货币体系下，信贷成为货币投放的主要渠道，信贷质量成为货币质量的决定性因素，为控制货币合理投放，维护货币质量和信誉，就需要将货币投放机构划分为中央银行与商业银行分别管理，形成货币投放“央行—银行—社会”的双层结构，中央银行一般不面向社会直接进行货币投放（包括现金的投放同样如此），而需要通过商业银行进行。这样，中央银行基础货币投放对社会货币总量的影响是间接的，商业银行的信贷投放对社会货币总量的影响才是直接的。中央银行实施扩张性货币政策，面向商业银行购买资产（包括购买外汇、证券、票据等）、增加对商业银行的资金拆放等扩大基础货币投放，向金融机构大量释放流动性，会由此造成央行扩表，但并不一定能推动商业银行扩大信贷投放，推动社会货币总量同幅度甚至以乘数方式扩张。

比如：在2020年新冠病毒感染疫情暴发后，美联储在3月开始将联邦基金利率大幅降低为0—0.25%，同时推出大规模量化宽松货币政策，其资产负债规模随之急速扩张，到2022年3月末扩大到89 625亿美元，比2020年2月末的42 415亿美元，增长了111.30%。但美联储扩表向金融机构释放的流动性，很多又存回美联储，并没有推动银行信贷同幅度或更大幅度的增长并相应扩大货币总量。同期美国M2仅从2020年2月末的154 704亿美元，增长到2022年3月末的218 092亿美元，增长40.97%。在2022年3月美联储开始加息和缩表后，其资产负债规模随之收缩，到2023年3月末为87 059亿美元，比上年同期下降了2.86%。2023年3月末美国M2为208 191亿美元，比上年同期下降了4.54%。

在中国，2020年2月末央行资产负债规模为36.10万亿元，M2余额为202.31万亿元，到2022年3月末，央行资产负债规模为39.87万亿元，比2020年2月末增长10.44%；M2余额为249.77万亿元，比2020年2月末增长23.46%。到2023年3月末，央行资产负债规模为42.10万亿元，比上年同期增长5.59%；M2余额为281.46万亿元，比上年同期增长12.69%。

更重要的是，央行扩大基础货币投放，即使推动全社会货币总量随之扩大，也可能推动其大量流入金融交易市场，推高金融资产价格，而真正进入实体流通领域用于交换交易的货币数量并不大甚至可能更少，对通货膨胀的影响仍会进一步减弱甚至导致通货紧缩。

（3）货币总量扩大对消费的影响会随着贫富差距拉大而走弱，进而影响 CPI 难以与货币总量的扩张同步提升。

必须看到，货币总量并不是平均分配的，而是需要依靠对社会财富的占有才能获得。随着社会竞争的不断增强或加剧，社会财富越来越向少数群体聚集，社会贫富差距越拉越大，这种情况下，即使货币当局实施扩张性货币政策，大幅降低社会融资平均成本，扩大基础货币投放，也只会使货币更多地流向高端企业和高收入阶层，使其可以用更低成本获得更多货币（资金），但受多种因素影响，却不一定能推动其投资和消费的同幅度扩张。而那些急需资金支持改善流动性紧张的企业，或就业与收入预期不稳而需要更多货币维持或改善消费的低收入阶层，却难以获得更多货币，其可支配收入的实际购买力还可能因物价上涨而出现下降，使其难以扩大消费，甚至还会进一步收缩消费。

受以上因素共同影响，就会造成货币总量大规模扩张时，有很多并没有真正进入实体财富流通领域，而是以现金或存款方式进入沉淀不动的睡眠状态（流动性降低），或者大量转投到权益类金融产品上，刺激金融资产价格飞涨和泡沫膨胀，使得流通中货币数量的增长跟不上可交易财富价值的增长，由此就造成即使货币总量大规模扩张，却仍会因流通领域产品供过于求不断增强而出现通货膨胀率持续下降甚至出现通货紧缩的局面，造成传统货币数量理论越来越偏离实际。从对 CPI 影响角度看，货币总量变化影响远低于货币流动性变化。

通货膨胀目标与宏观政策调控

如前所述，通货膨胀或通货紧缩，是流通领域中货币数量与可交易财富价值规模比较的结果，受到诸多因素的影响，是会经常变化的，理应增强容忍度，充分发挥市场供求关系在价格发现上的基础作用，无须政府或央行随时进行调控或干预。为此，需要设定宏观政策理想的通胀目标以及实际通胀率偏离度容忍区间。

一般而言，如果把通胀目标设定为零通胀，那就会压缩货币政策调整的空间和灵活性，容易导致通货膨胀或通货紧缩的频繁出现，调控政策也疲于应对。同时，实践证明，通货紧缩对交换交易和经济社会的危害远大于通货膨胀，保持适度的通胀水平，则意味着货币存在一定的贬值压力，有利于推动人们减少货币储藏，扩大投资消费，更好地促进经济社会发展。当然，必须防止出现强通胀特别是恶性通货膨胀，避免给经济社会造成重大冲击。由此，在总结实践经验的基础上，发达国家普遍将 2% 的通胀率作为自己的目标通胀率，并将这一水平称作“温和通胀率”或“良性通胀率”。以目标通胀率（如 2%，而非零）作为基准，设定不同偏离度所对应的调控力度，对实际通胀水平进行必要调控，防止出现超出预期的严重偏离，努力保持货币币值的基本稳定。比如：在实际通胀率偏离目标水平上下 50% 以内，可以不采取干预行动，但需要对其走势加强关注，预判其可能偏离的程度；偏离度不断加大超过 50% 但低于 100% 时，则要启动温和的干预措施加以控制，并随同其偏离程度扩大而不断加大调控力度；偏离度进一步扩大超过 100% 时，则需要实施强力调控，直至将实际通胀率（最好以最近三年平均数为准）控制到目标水平附近。

在中国，2000 年以来基本上都将 CPI 年度涨幅 3% 左右作为政府工作目标，但实际运行中则基本上将 3% 作为宏观政策的控制上限，而将 2% 作为政策目标中线。由此，除了在 2007 年美国爆发次贷危机、2008 年全球金融危机爆发，中国实施大规模经济刺激计划，影响这一时期各月 CPI 同比涨幅出现较大波动外，自 2012 年以来，中国强调金融必须坚持服务实体经济的宗旨，统筹支持实体经济与加强风险防范的关系，长期坚持稳健的货币政策，强化金融稳定保障体系，不搞“大水漫灌”式的强刺激，货币政策追求精准有力、总量适度、节奏平稳，努力搞好跨周期调节，积极发挥结构性政策工具作用，保持货币信贷合理增长与市场流动性合理充裕，保持货币供应量和社会融资规模增速同名义经济增速基本匹配，保持物价和汇率水平基本稳定，坚决守住不发生系统性金融风险的底线。这种情况下，2012—2022 年中国年度平均通货膨胀率最高的年份达到 2.9%，最低为 0.9%，平均也就是 2% 左右。2013—2022 年中国名义 GDP 年均增速为 8.8%，同期 M2 年均增速为 10.6%，仅比名义经济增速高接近 2 个百分点（这个部分也被称作“货币增长调节因子”），可以说货币供应量增速与名义 GDP 增速基本匹配。当然，在 2020 年和 2022 年先后遭遇两轮新型冠状病毒感染疫情的严重冲击，并受到国际局势剧烈变化等复杂因素影响，经济下行压力大幅增强的情况下，中国也适度加大了货币政策逆向调节力度，扩大了货币增长调节因子的规模，合理满足了实体经济发展的货币需求，积极引导稳定社会预期。

从中长期看，经济平稳增长、物价基本稳定是检验货币增长是否合理的标准和关键。稳健的货币政策，一般都需要货币总量增速与名义经济增速保持基本匹配。在货币总量增速目标的把握上，一般的标准是：货币总量（M2）增速目标 =GDP 增长目标 +CPI 上涨目标 + 货币增长调节因子。其中，货币增长调节因子长期平均的一般水平为 2%—3%，但各期实际执行需要看 GDP 实际增长水平与增长目标的偏离情况，以及 CPI 实际涨幅与上涨目标的偏离情况做出调整。在 GDP 实际增长低于目标，或者 CPI 实际上涨低于目标时，货币增长调节因子应该在 2% 的基础上进一步上调。反之，则应该适度下调。

2012—2022 年中国货币增长调节因子各年实际执行结果分别为：3.3%、3.2%、2.9%、5.0%、3.6%、–0.3%、–0.6%、–0.3%、5.3%、–0.3%、6.8%，年度平均为 2.6%，但各年差别很大。其中，在经济下行压力大幅增强的 2020 年、2022 年，分别达到 5.3% 和 6.8%；2023 年一、二季度分别为 6.9%、5.8%。这应该体现出货币政策实施上的总体稳健与适度灵活。

需要注意的是，2022 年以来中国各月 CPI 同比涨幅三年累计数显示，各月三年平均值在 2022 年 7 月前基本稳定在 2% 以上（最高也只是略高于 2.1%），但自 2022 年 8 月开始，各月三年平均数快速下降，到 10 月下降到不足 1.4%，到 2023 年 2 月下降至不足 0.6%，3 月反弹至不足 0.9%，4—7 月反弹至略高于 1%。如果以 2% 作为长期平均通胀目标，以实际通胀率低于目标水平 50% 即需要实施干预的要求看，特别是考虑到 2022 年下半年以来，美国等发达国家经济明显升温，加息力度超过预期，与中国“脱钩断链”的力度快速增强，造成中国出口持续下滑，外商投资大幅下降，外资机构及其工作人员减少，外需出现超预期收缩，中国产能过剩压力陡然增强，中高端人才（特别是青年人）失业率快速提升，社会收入预期明显转弱，资产（包括房地产）价格随之下跌，社会债务压力随之凸显，投资和消费难以逆势扩张，宏观指标纷纷跌出目标范围，那么，自 2022 年 10 开始，即使尚未出现严格意义上的通货紧缩，但已明显偏离调控目标，宏观政策也应实施比实际更大力度的宽松，包括适时下调政策利率，扩大财政开支力度，优化货币政策传导机制等，引导货币更多地流向实体流通领域，抑制 CPI 同比涨幅下滑偏离目标水平过大。

实际情况是：2022 年 1 月 17 日中国人民银行将政策利率——中期借贷便利（MLF）和公开市场 7 天逆回购的利率均下降 10 个基点，分别为 2.85% 和 2.10%。之后，考虑到美元开始大幅加息，在人民币难以随同加息的情况下，为保持人民币汇率的基本稳定，央行一直没有调整 MLF 和公开市场逆回购利率。直到 2022 年 8 月 15 日，才进一步下调政策利率 10 个基点，分别下调为 2.75%、2.0%。之后到 2023 年 5 月一直保持不变。在保持政策性利率不变的基础上，央行允许或推动商业银行下调存款、贷款等方面的实际利率水平（2023 年上半年银行新发放企业贷款加权平均利率 3.96%，比上年同期低 25 个基点；新发放住房贷款加权平均利率 4.18%，比上年同期低 107 个基点），在一定程度上产生了降息的效果，增强了市场调节利率的功能和强度，并在 2023 年 3 月小幅下调存款准备金率 25 个基点。但这期间长时间保持政策利率（1 年期 MLF 和 7 天逆回购利率）不调整，却使得货币政策意图不清晰、传导力度减弱，而且即使政策利率不调整，实际利率下降也同样会影响人民币汇率（2022 年央行降低政策利率后，人民币兑美元汇率确实出现贬值态势，在岸价 2022 年 2 月 28

日为 6.308 9，到 10 月 31 日贬值为 7.301 5，之后开始反弹，到 2023 年 1 月 13 日为 6.700 0，随后又开始贬值，到 5 月 31 日一度突破 7.11，并继续保持贬值态势，6 月 26 日一度突破 7.24，6 月 30 日一度突破 7.27）。

到 5 月经济金融数据出来后，CPI 同比仅上涨 0.2%，环比则是下降 0.2%，降幅比上月扩大 0.1 个百分点；PPI 同比下降 4.6%，降幅比上月扩大 1.0 个百分点，而且环比下降 0.9%，降幅比上月扩大 0.4 个百分点。同时，社会融资规模同比增长 9.5%，涨幅比上月降低 0.5 个百分点；M2 同比增长 11.6%，涨幅比上月降低 0.8 个百分点。这些数据普遍低于市场预期。由此，央行打破一般于各月 15 日调整政策性利率的惯例，提前于 6 月 13 日交易日开始时即将 7 天逆回购利率下调 10 个基点至 1.90%，并于当天晚间宣布将"常备借贷便利"（SLF）各期限（隔夜、7 天、一个月）的利率均下调 10 个基点。6 月 15 日如期将 1 年期 MLF 利率下调 10 个基点至 2.65%，并带动贷款基础利率（LPR）如期在 6 月 20 日下调 10 个基点（1 年期下调至 3.55%，5 年期下调至 4.20%）。这成为 2022 年 8 月降息后的首次降息，这次降息举措被广泛认为过于迟缓，而且力度不够。在降息后，政策性利率水平仍高于同业市场同期限拆借利率水平，甚至 PLR 利率大大高于央国企贷款或发债利率，政策性利率降低没有走在实际利率前面，央行降息的引导作用和实施效果大打折扣。6 月降息后，经济下行压力进一步增强，7 月新增信贷以及社融和 M2 增速均超季节性回落，因此，仅过 2 个月，到 8 月 15 日，央行再次推动其 7 天逆回购和 1 年期 MLF 利率分别下降 10 个和 15 个基点。8 月 21 日（周一），1 年期 LPR 下调 10 个基点至 3.45%，但低于同期 MLF 利率降幅；5 年期 LPR 更是出乎意料地维持不变（市场普遍预期会下调 15 个基点以刺激房地产贷款）。结果当天股市出现较大下跌，这反映出商业银行对下调贷款利率存在较强阻力，政策调整效果未尽人意。由此，这一时期货币政策调控时机和力度把握值得认真反思。

财政赤字货币化与货币政策财政化

财政赤字货币化与货币政策财政化日趋明显

在社会需求不足、经济增速持续下行、收入预期持续转弱的阶段，企业和家庭部门往往不愿扩大负债以增加投资或消费，金融部门也不愿扩大信贷承担更大损失风险，甚至企业、家庭和金融机构部门都急于压缩负债、裁员降薪、降低成本，由此就会引发日趋严重的资产负债表衰退和通货紧缩，如果不能及时采取刺激性宏观政策进行逆周期调节，就可能导致严重的货币金融危机和经济社会崩溃。这种情况下，为维持经济社会稳定，政府被迫加大经济刺激和社会救助力度，扩大债务和开支，央行则需要配套不断降低基准利率甚至实施零利率、负利率政策，并在利率调节失灵后进而实施量化宽松（Quantitative Easing，QE）货币政策（指中央银行在实施零利率甚至负利率政策仍难以达到刺激投资和消费、减少社会储蓄、推动经济增长和社会就业的预期目标，即货币政策陷入“利率失灵或流动性陷阱”难以发挥效用后，转而直接以相对优惠的价格向银行等金融机构购买其符合标准的资产，如高流动性的国债、央行票据、政府机构债、金融机构债等，向金融机构增加基础货币投放或流动性供给，以鼓励其增加信贷投放）。同时，需要政府积极发挥扩大开支的托底和拉动作用，加大社会救助和经济刺激力度，央行则通过直接购买或经由商业银行变相购买政府债券，实行财政赤字货币化，支持政府实施积极的财政政策，扩大债务和支出，维护经济社会稳定和发展。

但由于此时市场状况很不理想，这样做的结果却往往使央行投放的货币大量流入保值性资产市场，大幅推高保值性资产价格，或者停留在金融机构之间流转，包括大量存放在央行作为储备，很难扩大实体领域流通的货币数量。进入实体经济领域的货币，也会大量被“僵尸企业”占用，严重影响利用效率，进而形成经济增长长期停滞甚至倒退（1990 年经济泡沫破灭之后，日本在主要经济体中率先实施零利率和量化宽松货币政策，政府大规模负债并扩大开支，但经济增长规模却陷入停滞超过 30 年，在世界经济中的占比大幅下降），出现超乎人们想象的中央银行“大规模放水”（央行资产负债大幅扩张）、金融领域“流动性泛滥”（金融资产价格大幅上涨）与实体经济“通货硬紧缩”（全社会 CPI 持续低迷）三者并存的尴尬而僵化的局面。

这一过程中，利率降低与货币超发会推动货币贬值，实际上会使社会财富在无形之中从货币性固定收益类资产持有者向扩大负债和投资、持有保值性资产的社会群体转移，并抬高社会物价和生活成本一般（中枢）水平，使中低收入者的实际生活水平降低。需要看到的是，因为在经济下行情况下，扩大负债并增加消费与投资，有利于促进经济增长和增加社会就业，同时也将承担更大的风险（投资失败概率更大且可能遭受的损失远超利率降低的收益，真正能够投资成功的人并不多），所以，通过货币政策推动社会财富更多地向这类群体转移其实也是一种风险补偿，是存在合理性的。当然，这也会推动社会财富越来越向少数人聚集，中产阶级萎缩，贫富差距加剧，使货币的发展越来越偏离维持币值稳定的本源和宗旨，货币政策越来越多地发挥社会财富重新分配的财政功能，并且由于货币政策并没有像税费征收那样具体的调节对象（也因此更容易遭到被征收对象的强烈抵制），其对财富重新分配的调节远比财政通过扩大税费征收和转移支付广泛得多、深刻得多、容易得多，“货币政策财政化”由此会不断增强。

同时，为增强货币政策调控的精准性、有效性，货币当局更多地推出有限定范围使用、增强针对性的结构性货币政策，这也使得原本主要属于总量调控的货币政策越来越向结构性调控的财政政策转化，货币政策单纯追求物价稳定的中性目标越来越难以坚持（即使是美国，货币政策目标也首先是支持充分就业、维护社会稳定，然后才是维持通货膨胀率或社会物价稳定，美联储的独立性已被大幅度削弱），货币政策与财政政策的职责边界变得越来越模糊，二者的融合越来越强。这种现象也被人描述为“现代货币理论”。

现代货币理论需准确把握

现代货币理论实际上是一种重新定义财政收支与货币总量关系的强调财政与货币融合统筹的理论。这一理论的核心观念是：在货币彻底脱离黄金等任何特定实物而转化成为国家信用货币之后，政府的财政收支实际上也是货币回笼和投放的重要渠道，即政府在央行开立账户，其征收税费或增加发债会减少社会上的货币总量；政府扩大开支则会扩大社会上的货币总量并转化为企业或家庭的收益，有助于企业或家庭扩大开支；政府以法定货币进行税费收缴和债务发放以及开展各项开支，创造了货币需求与供给，是国家发行主权货币及其流通使用的根本保障；政府并非必须先有税费收入，然后才能有财政开支，可以先负债开支（由此增加货币投放），再通过税费征收等回收货币并偿还债务，由此形成货币循环和流通，所以，信用货币在很大程度上是一种“税收驱动型货币”；从国家整体看，只要保持国际收支平衡，政府（公共）部门的赤字，就等于私人部门的盈余，财政赤字扩大有利于增加私人部门的收入和储蓄，推动利率走低，财政盈余则会减少私人部门的收入和储蓄，并推动私人部门提高负债率或杠杆率，推动利率走高；扩大财政赤字和债务，并不意味着政府必然会陷入财政危机，反而能将私人部门的储蓄有效利用起来，有利于促进经济、增加就业和税费收入，而且政府部门扩大债务比私人部门更容易，成本也更低，只要不发生超预期或超越社会承受能力的通货膨胀，政府能够扩大收入或增加债务融资覆盖财政赤字即可（这就像银行并非人们原来认为的那样，必须先有存款，然后才能发放贷款，而是可以先有贷款，并通过贷款创造存款，只要能保证拥有充足的支付储备不发生流动性危机即可），所以，财政赤字扩大有利于促进经济增长、增加就业和维护金融稳定。由此，现代货币理论主张“功能性”财政政策，充分发挥政府扩大开支对促进经济社会稳定与发展的积极功能，财政开支不必量入为出，而应以促进经济增长、增加就业、维护民生为首要目标，提高社会最低生活保障水平；由此扩大的财政赤字可以通过发债加以覆盖，并且不必强调政府发债只能由中央银行和商业银行以外的机构或个人购买，货币投放机构同样可以购买（央行可以通过商业银行变相购买）和持有，并由此增加货币投放，实现财政赤字货币化，增强国家对货币总量和货币币值的调控。因此，财政赤字和政府开支增减变化实际上可以发挥逆周期调节的重要功能，财政赤字不应被简单排斥，赤字货币化不应成为货币政策禁区，反而应该积极加以有效利用。

实际上，在货币彻底转化为国家信用货币，不再受到黄金等特定实物供应量的约束，不再是货币投放机构（如中央银行）自身的信用和负债之后，货币政策与财政政策共同成为国家两大宏观调控政策，更多地服务于国家经济发展和社会稳定的整体目标，更多地受到执政党和政府的影响，中央银行的独立性和货币政策中性受到越来越大的削弱，显性或隐性的财政赤字货币化与货币政策财政化在世界上的确是日趋普及和不断增强，在全球金融危机爆发后更是愈加明显。所以，现代货币理论在很大程度上也是日本、欧洲各国、美国等越来越多国家货币政策实践的总结，具有很强的现实基础，是在现有各国信用货币管理与国际货币体系存在问题时应对挑战的客观选择，不能简单排斥，需要认真研究合理利用。

但必须看到的是，存在的并不一定全部都是合理的，短时间的积极效应不代表长期都是积极的，MMT 实际上存在重大理论漏洞和风险隐患。

MMT 过于强调“政府（公共）部门的赤字等于私人部门的盈余”，强调在私人部门减少开支扩大储蓄时，为维持经济增长和社会就业，就需要政府扩大发债和开支，但这却忽视了信用货币主要来源于货币投放机构购买储备物以及扩大信贷投放，社会货币总量中包含自有货币和借入货币，表现为流通中的现金与银行存款（主要是私人部门存款），政府的财政收支只是货币总量的一个调节因素，而非基本的主导性因素。即使政府发债全部由私人部门购买，当时会减少私人部门的储蓄，但在政府扩大开支后，又会增加私人部门的储蓄，对私人部门储蓄的影响不大。如果政府发债更多地由商业银行甚至中央银行购买，在政府扩大开支后，就会增加新的货币投放，将进一步扩大（而非减少）私人部门的储蓄。

所以，如果因为私人部门储蓄扩大就推动政府扩大债务和开支，势必就会形成二者的螺旋式增长，货币总量将难以有效控制，势必形成货币超发日趋严重，造成货币利用效率（投资回报率）和经济活力不断降低——这是 MMT 在理论基础上的重大漏洞。

MMT 更多地注重于充分满足社会货币需求（特别是在私人部门急于压缩债务而引发其资产负债表衰退时，更强调政府要全力推动财政刺激），央行需全力支持，维持超过真实水平的经济增长和社会就业，而非注重保持货币币值的基本稳定，所以，MMT 发挥积极作用是有严苛条件的，在适用条件内会利大于弊，超出适用条件则会弊大于利。不加限制地推动财政赤字货币化和货币政策财政化，很容易模糊财政（政府）与货币（央行）的本质与边界，违反信用货币管理的基本要求，非常容易推动货币超越真实财富价值出现严重滥发，背离信用货币根本上是追求货币总量与财富价值相对应，需要努力保持货币币值基本稳定的本源与宗旨，虽然短时应用可能解决当前一些燃眉之急，但却可能是饮鸩止渴，不加控制可能将宏观调控引入歧途，遗留和积累更大的风险隐患，其后果会更加可怕，是根本不可能长期维持的。所以，对现代货币理论仍需仔细斟酌、准确把握，要趋利避害而不可肆意滥用。

政府债务与货币投放

有一个核心的问题是政府债务（包括中央政府发行的“国债”以及地方政府发行的地方债、政府支持的机构债或融资平台债等）的定性以及货币投放机构（特别是中央银行）应不应大量持有。

政府债务是政府为筹集资金而增加的，承诺按照约定期限和方式支付利息和偿还本金的债务。政府增加负债，最初仅是政府弥补赤字的手段，但之后为满足政府不断增加的各种特殊开支的资金需求，政府负债的方式和规模也不断拓展，其中越来越多地以各种标准化、可公开发行和交易的政府债券（特别是国债）的方式出现，成为政府筹集资金、扩大开支的重要手段，并不断增强其作为金融商品和信用工具的功能，成为国家实施宏观经济政策、进行宏观调控的重要工具。

长期以来，政府债券，特别是国债，被公认为具有安全性高（国债的信用等级在国内一般都被认定是最高的，其利率水平一般都被视为无风险收益率或违约风险系数最低的利率，成为市场利率定价的重要基础）、相对优惠（世界各国基本上都对政府债券，特别是国债提供免缴投资收益所得税的优惠）、流动性强（容易转让、可用以抵质押融资）等特点，特别容易受到金融机构，包括商业银行乃至中央银行的青睐，其持有规模不断扩大，在其资产总额中的占比不断提高（在中国同样如此，2022 年末商业银行债券投资占资产总额之比已超过 20%）。在长时间维持低利率、零利率甚至负利率（如果还有政府税收优惠，基本上不应低于零利率）的情况下，势必会刺激政府不断扩大债务发行，加大支持经济发展和社会就业的力度，在推动减税降费、引资引才的同时维持社会高福利。由此就推动世界各国的政府债务快速扩张，特别是在遭遇经济金融危机之后更是如此。

世界银行发布的《世界债务报告》显示，2022 年全球公共债务达到 92 万亿美元（其中，发展中国家占约 30%），相当于 2000 年的五倍多，而同期全球 GDP 只增长了约两倍。

国际金融协会（IIF）2023 年 5 月发布的报告称，2023 年第一季度全球债务负担“急剧增加”，债务总额较上年底增加了 8.3 万亿美元，至 304.9 万亿美元，为上年第一季度（306.4 万亿美元）以来的新高，也是有史以来第二高的季度数据。这也是继 2022 年多国货币政策收紧期间两个季度的急剧下降之后，连续第二个季度的增长。全球债务目前比新冠病毒感染疫情前的水平高出 45 万亿美元，预计还将继续快速增长。而债务与国内生产总值（GDP）之比在 2021 年达到近 360% 的峰值后，目前稳定在 335% 左右，仍然高于疫情大流行前的水平。其中，新兴市场的债务总额（100.7 万亿美元）已创下新高，首次超过 100 万亿美元，约占其 GDP 的 250%。发达经济体的纵向增长更为明显（日本、美国、法国和英国在本季度均公布了最大幅度的增长），其债务与 GDP 的比率比以往任何时候都高。目前已有 57 个国家处于债务困境或面临债务困境的风险，是 2015 年的两倍多。目前的金融条件正处于 2008 年全球金融危机以来的最严峻水平，信贷紧缩将促使违约率上升并导致更多的“僵尸企业”。这一报告估计目前有近 14% 的美国上市企业可能已成为“僵尸企业”，其中相当一部分集中在近些年快速升温的医疗保健和信息技术领域。

近年来，作为国际中心货币发行国，美国联邦政府债务快速扩张问题已经引发国际社会越来越高的关注和警惕。美国联邦政府债务上限，2000 年为 5.7 万亿美元，2010 年为 13.6 万亿美元，2020 年为

26.9 万亿美元。联邦政府债务规模在 2020 年即超过 GDP，在 2023 年 1 月 19 日即触及在 2022 年 12 月 16 日确定的 31.4 万亿美元的上限。美国财政部因此一直呼吁国会尽快提高政府债务上限，财政部部长耶伦 2023 年 5 月 15 日正式致信国会两党领袖说，如果国会不及时采取行动，美国政府最早于 6 月 1 日出现债务违约。如果等到最后时刻再提高政府债务上限将对企业和消费者信心带来“严重危害”，对美国政府信用评级也将带来负面影响。美国一旦出现债务违约，将严重冲击全球金融市场，严重损害世界经济复苏前景。

当然，美国联邦政府债务上限危机最终还是在 5 月底由国会两党达成妥协，暂缓债务上限生效至 2025 年年初，并对 2024 财年和 2025 财年的开支设置了一些限制条款。至此，1940 年以来，美国已经历了 103 次调高政府债务上限，仅 2001 年以来，美国对债务上限的调整就超过 20 次。随后，政府债务很快突破 32 万亿美元，到 2023 年 7 月 18 日已达 32.55 万亿美元，9 月 18 日达到 33.04 万亿美元。这种状况也表明，美国政府债务规模长期以来都没有得到有效控制。实际上，应该将政府债务纳入联邦政府年度预算统筹审批，而不应在预算之外单独讨论债务上限，同时必须推动国家治理和高福利社会的深刻变革，否则债务上限只能不断提升，根本就控制不住。

据美国财政部统计，2022 年联邦政府支出总额为 6.31 万亿美元，主要支出项目包括：社会保障（19.3%，主要用于退休工人和残疾工人）、卫生（15%），收入保障（13.7%），国防（12.2%），医疗救助（12%），教育、培训、就业与服务（10.7%），净利息支付（7.5%），退伍军人福利与服务（4.3%），交通（2.1%），政府运作（2%）等。其中，财政赤字占总支出的比重已攀升至 22%，即超过五分之一的财政开支是依靠债务支持的。由此可见，如果没有深刻的社会治理体系，特别是福利制度变革，联邦政府支出增加，特别是财政赤字与政府债务持续扩大是必然的。有人预计，在没有大的制度变革情况下，到 2033 年，美国政府债务将超过 50 万亿美元。

问题是，如果政府债务增长超过国民经济，特别是超过政府税费收入增长，这能是无止境的吗？美国政府债务真的能保证永远不违约吗？真的能保持全世界最高主权信用等级并不断扩大债务规模吗？如果外国投资人不愿增加甚至还要减少对美国国债的投资，美国国内能消化得了如此庞大的债务吗？如果更多地依赖美联储或商业银行购买，即推动财政赤字货币化，将对美元的币值、信用和国际地位产生何种冲击（实际上，2023 年已经有多国领导人呼吁“去美元化”）？如果美元国际地位遭受重大冲击，美国承受得了吗？

毫无疑问，这种不断依靠借新债还旧债，而且借债规模不断扩大，其增速远超经济增速的做法，反映出货币（资金）利用效率不断恶化，形成不了正效益，实际上就是一种庞氏骗局，是不可能长期维持的！

在 2021 年下半年美国通货膨胀率快速提高之后，自 2022 年 3 月起，美国开始快速大幅度加息，到 2023 年 5 月已加息 500 个基点，这造成包括美国国债在内的证券化资产价格大跌，收益率水平大幅上升，由此造成包括美联储在内的证券投资人巨额亏损，不少金融机构陷入流动性困境甚至被接管倒闭，也使得美国新发行债券的利率高企，势必进一步加大政府的财政赤字和债务负担。在以私有制为基础的美国，政府占有的社会财富或资产很少，政府正常收入主要依靠税费收缴，其债务大幅增长的可持续性无疑是令人担忧的，政府债务的扩张绝对不可能是无止境的！

在政府债务只增不减，且增长速度远超经济增速的情况下，政府主要依靠借新债还旧债，就像雪球一样越滚越大，因此，保证能够及时融入更大债务资金（政府债券有人买），就成为这一局面继续维持的关键。问题是，政府不断扩大的新增债务，一定能够发售出去吗？

实际上，如果不允许货币投放机构（中央银行和商业银行）购买或投资政府债务，那么政府债务的扩张并不会带动社会货币总量的同步扩张，政府扩大债务就会对社会资本产生挤出效应，政府债务的扩张就必然是有限的。政府债务扩张势必会越来越依赖货币投放机构，特别是央行直接或间接的投资或购买，并伴随政府扩大开支而扩大货币投放和货币总量。如果对此没有合理限制，势必造成严重的货币超发和货币金融运行效率低下，最终将货币金融带入死路。特别是世界主要国家货币如果控制不住货币投放机构购买政府债务的规模，还将严重危害国际货币金融体系的稳定，甚至推动其走向崩溃。

那种认为政府（财政）扩大开支，有利于增加社会就业和国民收入，进而创造出更多工作和收入，带动数倍于政府支出的民间收入和支出，从而将经济从需求不足的状态解脱出来，让经济变得更好，并反过来增加政府收入，形成宏观经济学所说的政府开支“乘数效应”的看法，并非完全没有道理，但基本属于 MMT 的理论范畴，存在非常严苛的适用条件，即全社会整体负债率仍有上升空间，经济发展仍然存在真实的增长潜力，政府开支确实能够发挥出激化经济活力、促进经济发展的作用。如果政府扩大开支难以产生刺激民间消费和投资的正面效益，其扩大开支更多地依靠扩大债务，债务扩大更多依靠货币投放机构购买并相应扩大货币投放（赤字货币化），尽管初期会因货币贬值而实现社会财富的重新分配，压制储蓄而刺激投资和消费，但无限制的推行，也会造成社会财富的巨大浪费，削弱财富无形之中被分配出去的社会群体的信心，最后可能造成财富萎缩、资本外流和更严重的投资不足，进一步加深全社会的预期转弱和通货紧缩。所以，撇开适用条件，简单地强调宏观经济体层面政府支出与社会收入之间的转换关系与反馈效应，以及凯恩斯的“挖坑理论”（政府雇人在荒地上挖坑填坑，看似产生不了直接的效益，但却可以让那些失业人口重新有了工作和收入，这些人再将收入花出去，可以让更多人获得工作和收入，推动就业增长和经济复苏）及MMT理论，并由此认为信用货币体系下政府债务和央行资产负债表都可以无限度扩张的观点，是不成立的，是有严重危害的。

同样，由日本野村综合研究所首席经济学家辜朝明提出的在全球金融危机爆发后世界影响力得以增强的“资产负债表衰退”（balance-sheet recession）理论，认为资产负债表衰退是经济“大衰退”的根源，强调在资产价格大幅下降、降低利率至零仍难以阻止私人部门推动负债最小化，导致其资产负债表和经济衰退不断增强的情况下，公共部门（政府）应该将所有精力都放在财政刺激上以保持经济的运转。其认为日本在1990年泡沫破灭后，股市从高点回撤了80%，商业地产比高点下跌87%，财富贬值累计相当于1989年GDP的3倍，正是因为日本政府采取大规模的财政刺激政策，使得日本GDP规模并没有像美国大萧条时期那样大幅度缩小，30年来基本上都高于1989年的规模（尽管增长率非常低迷），堪称“日本奇迹”。这种结论似乎发现了大衰退的根源和应对良策，找到了宏观经济的“圣杯”（辜振甫出版了《大衰退：宏观经济学的圣杯》），但忽视了一系列相关问题，经不起仔细推敲。比如以下问题：

1. 私人部门资产负债表为什么会出现衰退，它真的是经济大衰退的根源吗？

答案可能是因果关系颠倒了，资产负债表衰退是前期负债过度、资产膨胀后经济衰退之果而非因。日本在 1985 年“广场协议”推动日元升值、日本产品对外竞争力受损的情况下，实施了刺激性宏观政策：一方面，大幅度下调利率，从 4.5% 下调至 2.5%，另一方面，政府推出“紧急经济对策”，扩大公共投资和减税力度。在力度空前的扩张性宏观政策推动下，日本股票、地产等资产的价格迅速上升，但 CPI 涨幅并不大，所以宏观政策并没有及时收紧。1987 年日本人均 GDP 超越美国并不断拉大差距，全国沉浸在极度乐观与自信的氛围之中，加大杠杆扩大投资（包括海外投资），特别是增加房地产和金融资产投资，推动资产泡沫急速膨胀愈演愈烈，也带动通货膨胀率明显抬升，迫使国家采取遏制措施。日本央行自 1989 年 5 月连续 5 次加息，将政策利率从 2.5% 提高至 1990 年 8 月的 6.0%，日本经济泡沫随之破裂。1991 年开征地价税后，进一步加快了泡沫破灭。可见，前期资产负债扩张过猛、泡沫太大，才是后来泡沫破灭和资产负债表衰退的根源。

2. 日本在 1990 年之后一直保持 GDP 规模不缩减，都是率先推行零利率和量化宽松货币政策，特别是政府实施大规模财政刺激政策的结果吗？

实际上，这种结果跟日本股权密切相关的银企关系与宽松的银行监管，特别是同期全球化加快发展、东南亚快速崛起的国际大环境下，日本境外投资和收益大规模增长等都有着重要关系。在国内资产负债表萎缩、经济持续低迷的同时，日本海外投资与收益却保持良好的增长态势。海外收益回流，大大抑制了国内资产负债表衰退的影响，有力地支持了经济和汇率的稳定。

3. 为什么日本经济（GDP）在政府大规模刺激情况下，仍会出现超过 30 年的长期停滞，而没有很快走出停滞困境，这种没有大幅衰退但长期停滞状态真的是日本期望得到的“奇迹”吗？

实际上，日本长期大规模的宏观刺激政策，主要是危机后的应急补救举措，尽管在很大程度上防止了经济崩盘，但也因此维持了大量“僵尸企业”，占用了大量资源，使全要素生产率以及经济创新力和活力大大降低，企业经营成本居高不下，国际竞争力明显减弱，加上 1997 年东南亚金融危机爆发对日本造成严重冲击等，成为日本很难走出困境的重要原因。可以说，如果没有重大国际环境改变，日本恐怕很难走出停滞困境，这根本就不是一种值得追求的“奇迹”。

4. 日本应对经济萧条的财政刺激疗法真的能复制到其他国家吗？

实际上，各国国情和外部环境存在很大不同，日本出现资产负债表衰退、经济长期停滞却并未大幅衰退的原因非常复杂，辜朝明的“资产负债表衰退理论”过度强调财政刺激，并未跳出 MMT 理论范畴，并不是放之四海而皆准的真理或可以无限使用的神器，必须理性分析审慎对待。

信用货币需要国家治理深刻变革

在信用货币体系下，货币越来越多地通过信贷投放（包括购买政府债务）充分满足社会货币需求，货币不再是投放机构自身的负债和信用，也不是单纯的政府自身的负债和信用，而是整个国家的信用。这种情况下，央行独立性和货币政策中性很难维持，诸多因素很容易引发货币超发和严重的通货膨胀，导致日趋严峻的产能及流动性过剩，并最终由量变到质变，因有效需求严重不足而引发严重的通货紧缩，使经济增长陷入衰退困境难以自拔。随着货币总量不断扩张，特别是随着经济全球化发展带来的国际资本和产能大规模转移，各国经济周期波动不仅在所难免（任何国家的经济都不可能永远保持高速增长），而且其波动性越发加大，危机影响越发深刻。在短时间内发展速度越高，越是超预期发展（暴发），人们的乐观情绪就会越强，甚至会盲目自信，引发过度负债和超前消费甚至严重浪费，产生和积累日趋严重的资产泡沫与风险隐患而不自知，最后可能造成的衰退就会越严重，甚至会导致经济社会崩溃。所以，宏观政策逆周期调控必须重心前移，在经济增速上行、资产价格上涨、货币需求旺盛阶段，就要实施逆周期调节，努力防止货币投放过度、通货膨胀过猛、经济增长虚高、社会浪费严重、风险积累太大，这成为保持信用货币体系长期健康运行和经济社会长期和谐稳健发展的关键。

这就对整个国家的发展理念和治理机制提出了更高的要求。国家必须增强周期意识和风险意识，坚持长期稳健科学和谐发展，充分发挥市场在资源配置中的基础作用，要加强市场监管而不是更多地直接参与或干预市场运行，不应过度追求短期的高速发展甚至是暴发，不能依靠过度负债（透支未来）以维持眼前的虚高发展。即使在经济高速增长后出现增速下滑，人们生活水平出现下降，也不一定是坏事，而恰恰可能推动隐藏的问题或风险隐患充分暴露，推动全社会消除盲目或过度自信，实事求是，增强应对危机的意识与能力，推动经济社会深刻变革，追求长期稳健发展。否则，虚高发展得越猛，最后下跌得越厉害。为此，要形成与之配套的国家治理机制，依法治国，切实增强政府债务的透明度、规范性和社会监督，严格控制政府开支的社会摊派和隐性债务，并加强国际合作，避免国家之间恶性竞争与劣币驱逐良币。

当然，由于经济社会运行的影响因素复杂多变，以及信息不对称的客观存在，经济周期性涨落在所难免，仍需做好应对超预期重大突发事件的政策准备。一旦出现超预期的危机挑战，特别是面临全球性重大危机挑战，人们对货币的信任受到重大损伤而急于抛售货币兑换物资或外汇（表面上看是物价暴涨的恶性通货膨胀，实质上却是人们对货币失去信任，急于减少货币造成的货币需求侧恶性通货紧缩）时，不能犹犹豫豫贻误时机，必须加强财政政策与货币政策的协调配合，尽快采取力度足够的刺激性宏观政策进行救市，努力维持金融市场和经济社会的稳定，避免成为危机过程中率先崩溃倒下的国家。但在危机过后，需要积极收缩前期的扩张性宏观政策，努力实现正常时期长期稳健的发展目标，坚持长期稳健可持续的宏观政策，尽可能防止出现需要采取极端举措大力救助的危急状况。

需要高度警惕的是：在科技进步与经济全球化带动世界经济大发展阶段性走过头、产能过剩（需求不足）日益突出并引发 2008 年全球金融危机之后，世界经济已进入“整体低迷、此起彼伏”的下行阶段，包容增长减弱，民粹主义增强，国际矛盾加剧，世界格局裂变。越来越多的国家，特别是那些曾经参与全球化进程，依靠外需拉动内需带动投资和消费实现了高速发展，推高了生活水平和人力成本，但产业过于单一，社会保障薄弱，国内需求不足，对外依赖度大，一旦遭遇国际环境重大变化，国际竞争力就会大幅减弱的国家，为维持经济社会稳定（实际上是维持超越发展真实潜力的虚高水平），纷纷走上了维持低利率、零利率甚至负利率，进而实施规模不断扩大的量化宽松货币政策（包括财政赤字货币化）之路，导致央行资产规模快速扩张，全社会负债率，特别是政府（包括政府融资平台）负债率快速攀升，流动性极度泛滥，负收益资产规模越来越大，一旦失控，就会给经济社会带来极大的冲击和危害。

2018 年开始，美国依托其高科技和高消费（高需求）优势，主动发起贸易保护和制造业回归，弱化对外依赖。2020 年新型冠状病毒感染疫情全球大暴发以及 2022 年俄乌冲突爆发后，世界格局加快分化，国际矛盾更加激化，美国更是强化对产业链、供应链的安全保护，明确将中国列为世界头号竞争对手，不断加大对中国的封锁打压，给以中国为主的全球产业链、供应链带来巨大冲击，全球投资和贸易萎缩，经济全球化明显倒退，世界迎来“二战”之后最危险的时刻，国际货币体系也受到更加严峻的挑战。

可以说，如果没有世界治理的深刻变革，信用货币超发日趋严峻似乎成为难以扭转的必然趋势，信用货币发展似乎已经进入注定要走向自我毁灭的死胡同。因此，从根本上看，现有的经济社会制度、货币金融体系以及全球治理结构亟须进行深刻变革。

货币总量控制重心必须前移

彻底脱离（不再锚定）任何特定实物的价值，追求货币总量与可交易财富价值总额相对应并保持动态平衡，由此保持货币币值的基本稳定，这是货币发展的必然方向，必须坚持而不能倒退。但这又使得货币不再是投放机构自身的负债和信用，而是国家信用。中央银行的独立性和货币政策中性难以得到充分保护，再加上货币币值的测度与货币总量的把控客观上很难到位，CPI 作为判断通胀和币值变化最主要的指标存在片面性，以及金融市场很容易分流实体经济领域的货币总量等，在缺乏清晰严格的约束标准和约束条件下，多重因素很容易诱发货币严重的超发甚至滥发，违反保持货币币值基本稳定的根本要求，严重威胁货币金融体系的稳定和积极作用的发挥，必须尽快加以改进，包括有效约束执政党和政府的干预行为，努力维护货币政策中性原则。

过去，人们过度注重测度消费者物价指数（CPI）等价格指标变化情况，并以此作为判断货币币值变化与逆向进行货币政策调控的主要依据。但这不仅存在很难准确测度 CPI 的问题，而且存在 CPI 变动结果相对货币政策调整的滞后性问题。根据 CPI 等指标变化进行货币政策逆向调节，会使货币政策存在跟随性、被动性，缺乏前瞻性、主动性，很难避免周期性通胀和通缩以及经济的大涨与大落。实践证明，这种传统的以 CPI 变化为导向、高度注重货币需求侧调控的思路是难以满足信用货币总量调控的根本需求的，需要重新寻找出路。

其中，最重要的就是要从物价变化结果导向的货币需求侧调控，转向强化货币供给的源头控制，推动货币供给侧变革。

从信用货币的供给看，最主要的投放渠道是信贷投放。货币超发和通货膨胀最主要最根本的原因，就是信贷投放超过合理的货币需求（超过财富价值的真实增长，形成资产价格泡沫，其中房地产、股票成为重点领域）。所以，货币总量的有效调控，必须将重点放在各种信贷（不是仅指银行贷款，而是包括银行及影子银行发放贷款、购买债券、票据贴现、账户透支等在内的所有间接融资）总规模的合理调控上。

我们知道，以信贷方式投放货币，就是以社会主体已经拥有或在约定期限内将会拥有的可交易财富能够变现的价值作为支撑，向货币投放机构申请借款，并由货币投放机构根据这些财富实际可变现的能力（考虑未来存在的折价风险，在现有价格的基础上适当打折，或者要求追加担保或抵押）按照约定条件提供货币支持。这样就能在社会主体已经拥有的货币总量基础上，满足其可交易财富价值增长所需要的增量货币的充分供应，从而保持货币总量与可交易财富价值总额的相互对应和货币币值的基本稳定。由此，要有效控制货币总量，就必须找到信贷规模总体的合理控制标准。

这至少需要强化以下监管要求。

银行必须保持充足备付金

商业银行需要在中央银行或清算中心保持充足的备付金，由此保持充足的流动性，这是控制银行信贷过度扩张的一个重要基础。

银行的备付金，包括法定准备金和普通备付金两类。

法定准备金一般是指由中央银行出于宏观审慎管理、保证存款安全、调控货币总量等需求，以法律形式规定，存款性金融机构（主要是商业银行）必须按照中央银行要求，将其指定范围内的存款，按照确定的比例（即“法定存款准备金率”）缴存到中央银行，并按照央行确定的缴存时点与适用的缴存比率按期调整，多退少补。未经央行同意，缴存单位不得动用法定准备金（这部分实际上属于冻结在央行，会从商业银行的流动性中退出，成为央行回笼货币的一种方式，所以，仍将法定准备金纳入“储备货币”统计是存在争议的）。法定存款准备金率可以是对所有存款性机构统一的要求，也可以对不同存款性机构确定不同的标准，并实施差别式结构性调整。

普通备付金一般是指存款性金融机构在中央银行法定准备金之外存放的，可以自主把握规模和对外支付使用的存款。相对法定准备金，这也被叫作“超额备付金”。有的国家将银行持有的现金以及在同业存放的活期存款也纳入普通准备金范围。

银行备付金的多少，会在一定程度上反向影响其信贷投放的多少。特别是法定准备金的多少，对银行流动性和信贷投放的影响更明显，所以，法定存款准备金率的调整，也成为央行货币政策的一项重要内容或工具，应该尽可能保持一定的调节空间，不应急于取消法定准备金。央行可以根据实际情况，灵活调高或调低法定存款准备金率，可以普遍调节，也可以定向调节，以实现货币政策目标。

银行必须提足信贷损失准备金

在信贷投放成为货币投放最主要渠道的情况下，信贷资产的质量就成为影响货币质量最重要的因素，为此，就需要定期对信贷资产的质量进行严肃认真的评估，并应按照审慎原则，对可能产生的损失要及时准确认定并提足损失准备金。除根据各类信贷资产可能的损失程度计提“专项准备金”外，保险起见，还可以再按所有信贷资产统一计提“一般准备金”。一般准备金计提比率可以根据经济周期或信贷增速变化实施逆向调节，实现以丰补歉。计提损失准备金，就会相应减少银行的经营利润，减少银行股东权益或分红，进而影响银行资本充足率和信贷投放规模，在一定程度上减少货币的信贷派生。

其中，对于各类可供出售的证券类资产，包括国债或政府债券，同样需要根据市场变化情况及时评估可能产生的损失，特别是在货币加息过程中可能引发的证券类资产市场价格下跌（投资收益率上升）产生的损失，并提足损失准备（不仅对可供出售类证券，对可能需要提前出售的持有到期类证券也应准确计提）。

这需要严格执行会计准则，加强审计监督，切实提高借款人资产负债表的真实性和透明度，严格约束和打击实控人操控和弄虚作假。

银行必须保持足够资本充足率

资本充足率是约束银行信贷等资产无序扩张的重要指标。需要监管部门科学合理地设定各类资产的风险系数，以及纳入资本充足率计算的各类资本金范围及其折算率，全面准确地计算银行资本充足率，提出合理的底线要求，并且要严格认真予以监管。各家银行，包括中小银行，都不得低于资本充足率最低监管要求，系统重要性银行的要求应更高，以防止个别银行出现问题的风险外溢和引发系统性风险。

严控央行持有政府债券规模

按照信用货币管理的原则，中央银行不得直接面向存款性金融机构以外的社会主体（包括政府部门）提供货币的信贷投放，包括不得直接购买任何社会债务，最多只能针对商业银行等金融机构提供必要的融资或流动性支持，包括以其持有的合格债券类资产作为抵质押，向其提供融资。如果这些抵质押融资出现违约，央行由此收缴作为抵质押的债券类资产，也不应长期持有，而应该限时出售（类似商业银行对收缴的抵质押物的管理），尽可能减少其自持的债券类资产的规模。

但这一条迄今为止并没有得到各国严格执行。实际上，越来越多国家的央行直接购买或变相购买并持有了越来越多的国债或政府机构债券。比如：2020 年 5 月美联储持有美国国债即达 5.76 万亿美元，约占美国国债总额的 21%，占美联储资产总额的 64% 以上。2023 年 3 月末日本央行持有国债规模为 582 万亿日元，为日本国债总额的 53.3%，成为占比最高的主要经济体央行。不少人认为，央行就应该扩大国债投资（购买）和持有，并以此作为央行货币投放的主要渠道（有人把央行购买国债投放货币，说成是货币成为以国债为锚并由国家信用支撑的国家信用货币的根本原因，认为是理所应当的）。有人甚至认为，“国债”虽然名字里有“债”字，但本质上却属于中央政府的所有者权益，发行“国债”不是“债权融资”而是“股权融资”，国家可以不断发新债还旧债，像滚雪球一样推动国债越滚越大，而并不需要用税费收入进行偿还；央行购买国债，其实就是将国债标准化为货币的过程，货币作为国家信用货币，本质上属于国家的股权；用国债置换其他商业债务，包括地方政府债务，相当于“债转股”；在当前中国经济增长和社会就业压力巨大的情况下，如果中央政府能拿出 5 000 亿元，就可以支持央行扩表 20 万亿元甚至更多用于购买国债，并由中央财政出面置换出现问题的地方债、购买超供（卖不掉）的土地、购买价格超跌的股票、购买廉价的大宗商品等，以此激活房地产、资本和商品市场，就能遏制经济衰退，促进经济发展。

以上观念和说法颇为大胆，具有很强的颠覆性和震撼力，但这却是违反信用货币基本原理和基本要求的，很容易推动政府债务和货币投放失控，严重威胁政府信用和货币信誉，其后果将是非常危险的，是根本行不通而必须加以控制的。

在国际清算银行（BIS）推动签署和不断完善的《关于统一国际银行的资本计算和资本标准的协议》（即《巴塞尔协议》）推动下，越来越多的国家都在此基础上进一步提高标准，加强商业银行的资本充足率监管，对控制银行业风险以及货币投放发挥了重要作用。但遗憾的是，迄今为止，包括 BIS 在内的国际社会并未对各国中央银行持有债券的规模加以控制，并且各国普遍都将本国国债或主权债甚至政府机构债的风险系数确定为零，无须为此提供资本储备，甚至无须计提损失准备金。由此，将国债等政府债券转让或抵押给中央银行，实际上成为商业银行获得流动性、央行变相购买国债或政府机构债的通道，也因此有力地支持政府债务的扩张和对未来的透支，使得货币投放的控制出现重大漏洞，难以有效管控。这一问题同时涉及货币投放与政府债务的管理，需要高度重视、准确把握，尽快健全制度、填补漏洞。

加强国际标准统一和协同监管

事实证明，缺乏国际社会的制衡，仅靠国内制度约束，很难保证各国能够强化货币投放的严格控制，需要在现有的《巴塞尔协议》基础上，进一步增强和发挥 IMF 和 BIS 等国际组织的作用，整合国际力量，不断改进和完善货币总量监控标准，推动主要经济体，特别是主要国际货币发行国货币总量监控标准的规范统一和严格落实，防止各自为政导致出现重大规则漏洞并形成劣币驱逐良币的恶果。

信用货币的出现、融资金融与交易金融的快速发展，以及货币跨境流通与金融全球化的不断增强，既有力地推动了经济社会的发展，又带来更多新的风险挑战，亟须加强货币金融的国际统一监管。

总之，货币总量调控重心必须前移，只能在满足上述基本要求的基础上，再根据 CPI 等价格指数的变化进行必要的逆向调节。

第六章

货币金融基础和重点问题专论

贷款创造存款（货币）的奥秘与管控①

通过信贷投放派生存款（货币），是信用货币体系下最为重要的货币投放渠道。那么，到底是先有存款（货币）后有贷款，还是先有贷款后有存款（货币）？这是一个长期存在争论的话题，甚至由此引发对货币起源、货币本质的争论，需要仔细论证、准确把握。

同时，银行信贷派生的存款，与央行印发的现金再贷款派生的存款，以及支付公司电子钱包里的钱（存款），到底是不同的货币，还是同种货币的不同表现形态？银行发放贷款，属于自己的资产，可以因此收取利息获得利差收入，但其派生的货币却是国家主权（法定）货币，受到国家信用保护，可能因此诱发银行过度放贷造成货币过度膨胀，产生“贷款派生货币悖论”，如何有效加以管控？货币政策在应对通货膨胀和通货紧缩时，哪种情况更主动、更有效？这都需要准确解答。

---

① 2020 年 2 月 4 日发表于王永利微信公众号，本次略做修改补充。

准确理解银行贷款派生货币

在信用货币体系下，银行贷款成为货币投放最重要的渠道，贷款能够派生存款（货币）是最基本、最显眼的表现，原本并不是新奇的事情。

但从20世纪90年代开始，有人对此过度演绎，上升到先有贷款后有存款的“贷款创造存款”理论（loan creates deposit，LCD）和重新发现货币起源的高度，提出货币的核心功能不是价值尺度、交易媒介，而是配置资源、组织生产；货币的本质不是一般等价物，而是作为无限跨期价值尺度的一般性债务；货币不是从实物货币发展到信用货币，而是从一开始就是信用货币，货币演进历史的主要脉络是：私人信用货币—政府信用货币—银行信用货币；不是先有货币（存款）后有贷款，而是贷款创造了货币，理论上完全可以是先有贷款而后有存款，银行可以无限度发放贷款创造存款（货币）等。由此提出了广为流传的所谓“荒岛假设”：

假想一群人乘坐轮船在海上航行，由于轮船沉没，大家来到一个荒岛上，在没有携带任何物品的情况下，货币是如何产生的？

首先这群人中的一个人宣布自己是银行，如银行A。当其他人中有人需要利用别人的商品或劳务时，可以向银行A申请贷款。银行A通过贷款创造存款，在其资产方增加对客户的贷款，同时在其负债方增加客户的存款。存款就是货币，在此时货币就产生了。因此，贷款的投放不受存款的限制，银行贷款能力是无限大的，只受到客户需求的限制。

这种假设看似有一定的道理，实则完全是凭空想象，偷换了很多概念，严重歪曲事实。

首先，银行A提供的贷款，是什么货币的贷款？人们凭什么接受其贷款？一个人宣布自己是银行，就能成为人们认可和接受的银行吗？银行没有人们认可的资本实力与信用水平，凭空发放贷款并转化为借款人的存款，因此产生的“货币”真有人敢接收吗？

必须清楚的是：在当今社会，银行发放贷款，投放的是国家信用支持的主权（法定）货币，受到国家主权和法律保护（所以人们才会接受，才能够用于对外支付），各家银行贷款投放的货币并不是国家信用货币之外纯粹的银行各自的信用货币！

国际清算银行（BIS）曾发表报告，将货币区分为央行货币（C–Money，主要指现金）、银行货币（B–Money，主要指银行存款）、电子货币（E–Money，主要指电子钱包里的钱或代币）、投资货币（I–Money，主要指以黄金、法定货币等作为基础，或者以股权、基金等作为基础的代币，属于更广泛含义上的货币，有的国家将其归入M3）等。这区分了货币的不同表现形态，可以用于特定的分析，但这种划分容易让人以为它们是不同的货币，甚至说它们的法偿性是不同的。这是需要准确把握的。上述所谓的“货币”都是国家法定货币的表现形态而已，其背后都是相同的货币（就像贝壳、铸币、纸币一样，现金、存款、钱包等也都是货币的载体或表现形态，而不是货币本身，所以是可以变化的，但作为货币，其本质是不能变化的，否则，也就不再是货币了）。

从静态看，贷款可以直接转化为存款，银行确实可以先有贷款后有存款，甚至可以通过贷款无限度地创造存款，但这并不符合现实。事实上，没有人愿意以高利率获取贷款后，完全存放银行作为存款，获取较低利息收入，因此承担存贷款利差损失。人们获取贷款，更重要的是为了对外支付使用。虽然贷款可以创造存款，但却不能由此为银行创造跨行支付真实的流动性，如果收款人与贷款人（付款人）不在同一家银行开户，如果贷款银行没有先吸收到足够规模的货币存款作为备付金，贷款人使用贷款进行跨行对外支付（收款人在其他银行）时，银行就会出现支付（流动性）危机，就会失去人们的信任（丧失信用），就不可能作为银行继续生存下去。除非全社会只有一家银行，所有人都在一家银行开户，才能避免这种问题。

有人说："现实中，单一银行在中国有过成功的实践，改革开放前近 30 年间，中国人民银行作为中国唯一的一家银行，运行良好。"

这同样是违背事实的说法。在单一银行模式下，银行就会失去流动性的约束，就容易为追求信贷收益而无限扩大贷款投放，造成货币总量严重失控，进而严重威胁货币质量和货币金融的稳定。所以，为有效控制货币的投放，就需要划分中央银行与商业银行分别管理，并且商业银行需要保持多家并存相互竞争。否则，要么需要推行计划经济，无须信贷支持，使货币金融严重萎缩；要么就很容易使货币金融严重失控。中华人民共和国成立之后，由于推行和不断强化公有制计划经济，银行以外所有的金融业务及金融交易全部关停，所有的银行全部撤并为中国人民银行一家（后又设立归属中国人民银行管理的农村信用社），并使中国人民银行功能简单，实际上只是国家的"印钞机"和"出纳员"，难以发挥应有作用，货币金融功能被削弱到非常薄弱的地步，根本难言"运行良好、成功实践"，所以必须深刻变革。

改革开放之后，由于货币金融基础极其薄弱，在 1993 年经济不断升温后，人们对资金需求急剧扩大，各类金融和金融交易迅猛发展，金融随之陷入极其混乱的状态。1998 年开始被迫实施严厉的金融大整顿，剥离处置了规模巨大的银行不良资产。也正是在这一过程中，国家加快推动金融体制改革，特别是中央银行、商业银行、政策性银行分离，制定和实施《中央银行法》《商业银行法》，推动“分业经营、分业监管”，清理企业相互拖欠（三角债）并严肃结算纪律，鼓励同业之间市场竞争，并不断健全相应的金融监管法规，才推动中国金融走上了良性发展之路。

实际上，作为银行，特别是从事存贷款并派生货币的银行，是要具备严苛条件的。即使非国家所有的民间银行，要发行货币并被社会广泛接受，也必须拥有足够大的资本实力和货币储备物，特别是得保证存款及时兑付，严格控制流动性风险。一旦出现存款兑付问题，就可能动摇人们对它的信心，就可能引发存款挤提，进而造成其破产倒闭。所以，声誉和信用是银行生存与发展的生命线，强化风险管理是银行管理最基本的要求！

可见，无论是理论上，还是实践上，都应该是先有货币，后有存款与贷款，而不是先有贷款和存款，后有货币，尽管在信用货币体系下贷款成为货币投放最重要的渠道！央行购买储备物投放基础货币是最基础的货币投放，然后银行通过吸收存款，具有流动性（支付）和资本充足率保证后，才可能发放贷款或购买债券等派生存款（货币）。所以，银行贷款可以派生存款、创造货币，成为货币投放的重要渠道，但却不能增加流动性或支付能力，不能因此就脱离实际盲目拔高，扭曲货币的本质和发展逻辑。

贷款创造货币悖论与管控

银行信贷派生货币确实存在一个需要特别关注的问题：在信用货币体系下，商业银行发放贷款，并不会减少原有的存款，而是相应增加新的存款，银行似乎可以凭空发放贷款扩大存款，为银行扩大贷款投放提供了巨大空间。同时，银行发放贷款属于自己的债权或资产，能够由此获取贷款利息收入，获得贷款利率高于存款利率的利差收入，而贷款转化的存款（货币），却不是其自家独有的货币，而是国家统一的法定货币，受到国家整体信用担保或支撑。这就使得银行贷款的收益与风险失衡，很容易诱惑银行过度投放贷款，并形成银行“大而不能倒”的陷阱（大型银行破产倒闭会冲击金融体系的稳定，甚至影响法定货币的信用，国家往往不得不提供支持防止其破产倒闭），产生“贷款创造货币的悖论”。

因此，必须采取措施切实强化对银行信贷的监管和约束。

现在，世界各国对吸收公众存款并发放贷款的银行业（存款性机构）的监管，都是所有社会行业中最为严格的，包括资本充足率、流动性比率、不良资产率、拨备覆盖率等一系列监管指标，以促进其安全性、流动性、赢利能力的有机统一。同时，央行还会通过建立法定存款准备金、存款保险、一般支付备付金、贷存款比例管理等制度，甚至直接下达贷款额度等，并通过调节央行与金融机构之间的资金供求（规模或利率）等调节银行信贷派生货币的能力与规模，有效调控货币总量。对出现重大问题的商业银行，央行在需要时可以实施接管，或者推动其破产清盘。商业银行必须坚持存款立行，以确保流动性合理充足，平衡好安全性、流动性、赢利能力的关系，不能只看到贷款可以派生存款、扩大利差，就不顾风险盲目扩大贷款、扩张信贷规模，追求短时间的高速发展！

为此，必须切实强化商业银行财务约束与信贷监管，既要防止政府强行干预银行贷款（包括贷款的投向、规模和利率等），严格控制政府直接向银行透支或发行债券，也要防止政府和央行一味地追求金融和社会稳定而对商业银行过于保护，提供无限支持，推动刚性兑付，而使其难以破产倒闭，并因此扭曲全社会的风险意识和资源配置机制，进而积累金融系统性风险，损害货币的质量和声誉。

必须牢记：全社会信贷负债的质量（对应的是银行信贷资产的质量），才是决定整个货币质量和信誉及其国际竞争力的根本因素！没有全社会不良资产的准确反映与及时处理，没有资不抵债的借款人和放款人的有效清理，要维持良好的货币金融体系是非常困难的。

既要防控通胀更要防控通缩

在信用货币体系下，货币供应最终取决于社会的货币需求（背后是用于交换的社会财富在增长），特别是对银行信贷等间接融资的需求。货币政策要加强货币供求关系的调节，在经济金融加快发展、社会货币需求旺盛、可能引发通货膨胀的情况下，央行可以通过提高资金拆借利率（基准利率）或法定存款准备金率等方式进行逆周期调节，必要时，甚至可能直接控制信贷投放规模，严格控制货币供应；在经济进入下行区间，投融资风险加大、社会货币需求萎缩、可能引发通货紧缩的情况下，则要反向操作，扩大货币供应。

但在实际操作过程中，央行在抑制通货膨胀时，具有更大的主动性、能动性，而在面临社会货币需求萎缩，需要抑制通货紧缩方面，则会陷入“零利率陷阱”，遭遇政策瓶颈，难以发挥预期作用。在人们对借款投资连本金能否收回都没有把握的情况下，即使银行以零利率提供贷款也没有人要，贷款就难以投放出去。这种状况在中华人民共和国历史上很少遇见，但在日本、美国以及欧洲很多国家却并不少见，而且越来越多的国家出现这种局面。对此，需要有清醒的认识。

这就涉及一个重大货币理论问题：货币总量变化最终是由货币供给方（货币政策当局）决定的，还是由货币需求方决定的？

传统理论中，人们普遍认为，在信用货币体系下，一个国家的货币当局可以随意扩大货币发行，因此，很容易造成货币超发，引发严重的通货膨胀乃至金融危机，货币政策最重要的任务就是应对通货膨胀。但实际上，货币当局扩大货币投放是有条件和有限度的，信用货币的投放，无论是央行购买货币储备物或发放再贷款等投放基础货币，还是银行投放贷款或购买债券等派生货币，从根本上都取决于货币需求方的需求。缺乏有效的货币需求（如人们不愿出售货币储备物以换取货币，或者不愿增加负债以获得新的货币），货币供给方即使想扩大投放也投放不出去（除非赠送货币，但这样货币体系就会崩溃，必须严格加以控制）。人们愿不愿意增加负债以获得新的货币，又取决于其对能否拥有可以对外出售变现的财富的预期。即使拥有财富，但如果缺乏社会对这些财富的需求，难以将财富交换出去换取货币，就难以归还此前通过负债获得的货币，债务风险就会加大，货币投放就会遇到困难。这种状况已经在越来越多的国家，特别是市场化程度高的发达国家出现，并且很难消除。

这就引申出本人一直思考的信用货币体系下一个重要的货币理

论——“货币需求论”（Money Demand Theory），即货币需求已经替代货币供给成为决定货币投放和货币总量的根本因素。当然，这一理论还需要仔细论证和完善。

中华人民共和国成立以来，很少遇到严重的通货紧缩挑战，但这种情况可能会发生改变。2008 年 9 月爆发全球金融危机，暴露出全球化高速发展之后，大规模资本和产能转移已经阶段性走过头了，全球性产能过剩、需求不足的状况已经暴露且难以消除，世界经济将长时间处于“整体低迷、此起彼伏”的状态，主要经济体已从整体分工合作的包容式增长，越来越转化为零和竞争，贸易摩擦、民粹主义和逆全球化明显加强，国际组织、国际规则和国际秩序受到很大冲击，世界迎来“百年未有之大变局”，大国之间的对抗加剧。这种情况下，中国作为全球产能最集中（世界最大制造业基地）、外贸依赖度很高的国家（世界最大货物进出口贸易国），已经进入经济发展转型深刻调整、经济增长下行压力持续加大、从中等收入国家迈向高收入国家（摆脱中等收入陷阱）非常关键的时期，如果国际环境发生重大变化，经济下行超出预期，政府债务过大，引发社会就业收缩、收入增长预期转弱，全社会投资和消费增长以及相应的货币需求就会明显萎缩，通货紧缩就可能超越通货膨胀，成为经济金融宏观政策必须面对的首要挑战。对此需要引起重视、做好准备（实际上，在 2008—2017 年住户存款基本上保持在年增长 4 万亿—5 万亿元规模的基础上，2018 年增长 7 万多亿元；2019—2021 年住户存款每年增长进一步跃升至 10 万亿元左右；2022 年更是大幅增长近 18 万亿元，其增长的主要因素并不是住户收入增长，而是其投资和消费萎缩，需求萎缩引发的通货紧缩不断增强，经济增速下行压力不断增强）。

数字人民币定位亟待调整[①]

2019 年 7 月，中国人民银行（央行）权威人士宣布：数字人民币的研发已经进入“996 工作模式”（每天早 9 点至晚 9 点，每周 6 天工作制），数字人民币已经呼之欲出了。2020 年 10 月，数字人民币首次在深圳罗湖区开展社会公测（由罗湖区政府出资发行数字人民币消费券并限期使用，过期失效）。随后，参与公测的城市和应用场景不断扩大，产品种类和终端工具不断丰富，不少人曾预期到 2022 年 2 月北京冬奥会前，数字人民币将全面推广运行，中国将成为率先推出“央行数字货币”（CBDC）的国家。但时至今日（2022 年 1 月 15 日），数字人民币仍在测试调整过程中，仍存在一些关键问题有待厘清和解决，央行尚未明确全面推广运行的时间表（2023 年初央行工作会议明确的仍是“有序推进数字人民币试点”）。

数字人民币研发基本历程

2008 年 10 月底，“比特币”白皮书发布并于 2009 年伊始正式推出运行。由此，一种建立在区块链技术上全新的去中心化、超主权、点对点的“数字加密货币”概念开始加快传播，影响力不断增强，并

① 2022 年 1 月 15 日发布于王永利微信公众号，本次略做修改补充。

进一步带动“以太坊”（以太币）等越来越多的加密货币的涌现，给国家主权（法定）货币带来巨大冲击。这也推动包括英格兰银行在内的多国央行高度关注并发起研发“央行数字货币”。中国央行早在2014年就成立团队开启了央行数字货币的研发，并命名为“DCEP”（Digital Currency Electronic Payment，即“数字货币电子支付”），2016年1月曾宣布“争取早日推出央行主导的数字货币”。

但在这一过程中，各国CBDC的研发过于模仿甚至照搬比特币或以太坊的去中心化、点对点区块链技术和模式，却忽视了央行数字货币作为国家主权货币必须中心化管理，与比特币或以太币的去中心化模式存在逻辑相悖难以调和的矛盾，结果纷纷陷入技术困境难以自拔，很多被迫停滞或解散。中国央行DCEP的研发也陷入困境并开始反思和调整思路。在2017年9月4日中国人民银行等七部委联合发布公告停止一切代币发行融资（ICO）后，央行明确了央行数字货币只能是主权货币的数字化、智能化，不可能成为主权货币之外一种全新的加密货币；CBDC的研发可以积极运用区块链、智能合约等先进技术，但必须摆脱“加密货币”去中心化模式，按照主权货币中心化管理的逻辑进行新的探索与创新，并要控制可能给金融体系带来巨大冲击和重大风险。由此，央行逐步明确其要研发的是“数字人民币”（是人民币的数字化，其符号也明确为ECNY或e-CNY，替代了此前的DCEP），需要满足人民币的监管要求。这一认识上的升华，推动CBDC的研发回归正途，数字人民币的研发开始加快，并对世界各国CBDC的准确把握具有重要的启示作用。

2019年6月，全球著名社交网站Facebook发布“天秤币”（Libra）白皮书，称要与上百家全球性大公司联合形成管理协会，共同推行和管理与美元、欧元、日元、英镑、新加坡币结构性挂钩的超主权稳定币 Libra，致力于建立一套简单的、无国界的货币和为数十亿人服务的金融基础设施。由于管理协会的用户遍布全球、规模巨大，而其货币篮子中恰恰没有人民币，且美元占比 50%，高于其在 SDR 中的占比，不少人认为这将抢占数字人民币在数字货币领域的先机，增强美元的国际地位，由此给数字人民币的研发带来巨大压力，也推动数字人民币的研发进一步加大力度。央行随之宣布成立数字人民币研究所，明确将数字人民币定位于流通中的现金（M0），进入“996 工作模式”加快推进。自 2020 年 10 月开始推动社会公测，成为各国 CBDC 研发的领先者。

但 Libra 这种与一篮子（多种）主权货币结构性挂钩设计的所谓超主权货币，必须与其篮子货币同时并存（不可能像欧元一样，完全取代其成员国原有的主权货币，成为区域内唯一的法定货币，即“区域主权货币”），实际上是违反货币原理和逻辑的，如果其真能广泛流通，必然给目前最重要的国际货币——美元带来最大冲击，而不是增强美元的国际地位（即使美元在其中占有 50% 的份额也同样如此），是不可能得到美国支持的（正因如此，国际货币基金组织与一篮子货币结构性挂钩的“SDR”同样不可能成为真正的流通货币）。结果到 2020 年 Libra 根本得不到美国监管许可，无法如期推出，被迫退后一步，准备先推出只与美元单一挂钩的稳定币“Diem”。但这种与单一主权货币挂钩的稳定币已经充斥市场，竞争非常激烈，Diem 并无优势，结果到 2022 年被彻底废弃，由此造成巨大的投资损失。这一过程中，其他一些比照 Libra 设计的各种与一篮子主权货币结构性挂钩的稳定币同样全军覆没。甚至只与单一主权货币挂钩的稳定币，以及各种加密币、稳定币交易所，由于缺乏有效监管，到 2022 年也暴露出严重问题，价格大幅下跌，欺诈和挪用的真实情景令人咋舌，也推动人们重新对货币和货币管理进行反思，对 CBDC 的热情也趋于冷静。

数字人民币在测试过程中也逐渐暴露出一些深层次问题和挑战，实际效果难以达到预期，难以明确其正式推出全面运行的时间目标。其中，数字人民币的定位成为必须重新反思的根本性问题。

数字人民币的 M0 定位亟待调整

央行明确将数字人民币定位于流通中的现金后，数字人民币的设计和管理高度比照现金，需要央行专门制作，实行央行与其指定运营机构的“双层运行”模式，设置数字货币发行库和数字货币运营库（银行库），数字人民币的兑换和钱包一律免费无息，坚持“有限匿名”（在一定程度上对数字人民币的持有和使用进行匿名或隐私保护）原则。

但这一定位实际上存在很大问题。

第一，这种定位将使数字人民币规模和作用极其有限。将数字人民币定位于流通中的现金（自 2022 年 12 月开始央行将其统计到 M0 中），容易被理解成只能用于替代现金或作为现金的补充，只能用于小额零售支付，不能用于大额支付，更不能用于银行贷款并派生新的数字人民币（存款）以及用于其他金融业务，央行也不能用数字人民币发放再贷款等。

但现实问题是，随着记账清算和移动支付的广泛使用，流通中的现金在货币总量中的占比不断降低（自2019年春节过后已经低于4%），现金支付在整个支付总额中的占比就更低（很多人拥有的现金很少使用）。这种情况下，如果投入巨大资源创造出的数字人民币只能用于替代现金（实际上短期内也难以全部替代）并只能在很小范围内使用，其规模和作用将非常有限，更难以满足国际支付流通的需求，其实际价值和生命力及其目的和目标也就存在很大问题了。

第二，数字人民币必然与传统现金的表现形态和运行方式存在重大差异。数字人民币不再有纸质或金属载体，无须不同面值不同的版面设计和每张纸币固定的编号，而是统一用钱包余额（含角、分位）直接表现；钱包需要通过运营系统赋予的统一规则密码（公钥）与所有者自设的密码（私钥）共同验证通过后才能使用，以确保钱包的真实与安全；钱包每次收付使用，都是直接增减其余额即可，不存在找零问题；使用后钱包随即更新（旧钱包随之灭失），显示最新的余额，并将由运营系统赋予其新的密码（不影响客户自身的密码），即实现货币可编程；数字人民币钱包全程都由其开户银行或支付机构监管，每次动用都需要检验密码等，并不像现金一样，付给持有者后，其支付使用以及毁坏、丢失或被盗等，一律由现金持有者自己负责。

由此可见，由运营机构开立的数字人民币钱包，在运行和管理上根本就不同于现金（根本就不存在所谓的“数字现金”），而跟现有的人民币电子钱包完全相同，本质上完全属于存款，无须专门的版面设计，理应纳入银行存款账户体系统筹规划分类分级管理（就像现有的电子钱包一样，划分为不同管理档次），而不必刻意要求与存款隔离形成独特的运行体系，否则势必会给数字人民币的设计、推广和运行带来诸多不必要的麻烦。

但由于太过强调定位于M0，目前数字人民币设计高度模仿现金，需要央行专门制作，形成“发行库”与“银行（运营）库”，配有专门的版面设计，形成与存款隔离的完整运行和管理体系，造成很大无效投入，严重影响数字人民币向所有存款账户和金融业务的延伸，更难以支持其国际支付应用，并且会形成数字人民币与传统人民币两套运行体系并存的格局，增加金融运行成本和管理难度。

第三，数字人民币在支付终端上难以具备比支付宝、微信支付、云闪付明显的优势，仅靠商业化吸引用户增加流量进行推广，效果并不理想。

数字人民币的应用载体主要是手机，其用户体验与支付宝、微信支付、云闪付没什么不同。这其实是数字人民币非常理性和聪明的选择。如果数字人民币要替代支付宝、微信支付等现有的移动支付方式，重新建立一套全新的应用载体和运行方式，要让用户能够接受并形成应用习惯，其培育成本和难度会非常大，所以最好的选择就是在用户端与支付宝、微信支付等没有太大差别，从而大幅提升实际推广的效率。借助中国移动支付的领先优势，数字人民币比其他国家央行数字货币更容易推出和运行。但如果数字人民币仅定位于M0，仅应用于小额零售，就会形成与现有移动支付平台的竞争关系，难以具备真正的优势。

有人将数字人民币的亮点放在碰碰付、双离线上，这并不准确。其实，这种NFC的技术早就存在，但所有不是现金的支付业务，如果没有第三方参与监管，都存在很大风险，其钱包硬件和软件完全在民间流通使用，很有可能被攻破并引发严重问题。所以碰碰付这一类应用只能是小额应急的手段，绝对不应成为货币支付的主体方式。千万不要把碰碰付当成是数字人民币吸引人的重要功能，投入太多的资源进行研发和推广，是不现实的。

由此可见，数字人民币的应用场景和对用户的体验难以超越支付宝、微信支付等，加之数字人民币钱包不计利息，难以吸引和留住用户更多地使用数字人民币。目前，所有试点基本上都是由试点城市或运营机构出资，以优惠政策（如发行数字人民币消费券、红包等）吸引用户使用，实际的支付规模和钱包余额有限（到 2022 年末数字人民币钱包余额仅为 136.1 亿元，到 2023 年 6 月末并没有明显增长），用户积极性和使用活跃度并不高，成本和效率难尽人意。

第四，指定运营机构与其他支付机构的关系不好处理。目前数字人民币的投放高度模仿现金，央行制作的数字人民币首先发到指定的运营机构，然后才能从运营机构转发到其他银行或支付机构，形成法人或个人钱包。但问题是，现金在投放到社会之后，其支付使用就跟银行没有多大关系，对银行或支付机构的影响不大。而数字人民币钱包实际上属于存款，需要存款机构管理，也会直接影响存款机构的利益，完全模仿现金实行“双层运行”模式，势必会影响运营机构与其他银行及支付机构的公平竞争，这种安排并不合理。同时，将数字人民币定位于零售业务，意味着央行数字人民币系统可以直接连接到个人和商户等，具有去中介的功能，将对银行和支付机构产生威胁，这对“双层运营”存在不利影响，也不符合央行的职责定位。

第五，将数字人民币定位于现金并统计到 M0 容易造成数据失真。如果数字人民币能够得到广泛使用，势必将使得 M0 规模大幅扩张，在货币总量中的占比以及现金支付在支付总额中的占比都将不降反升，这与全球 M0 在货币总量中占比以及现金支付在支付总额中的占比不断降低的大潮流不符。

数字人民币应有的正确定位

数字人民币作为国家法定货币的数字化、智能化，应该能够应用到现在人民币所应用的任何地方和业务，包括形成存款、支付结算、缴纳税费、发放贷款（含央行发放再贷款），办理各种各样的金融业务（金融业务仍应由金融机构办理，而不应由央行统一办理，不能因数字人民币的推广而对现有金融体系造成重大冲击）等，并应遵守市场法则，按照业务约定收费计息，而非仅用于零售支付且一律免费无息。

所以，数字人民币改变的不是人民币，而只是人民币的表现形态和运行方式；数字人民币不应局限于现金，更不应该比照现金的印制，先由央行专门制作再进行双层投放，而应该是积极将现有的人民币（包括现金和存款、钱包等）进行置换，并按照非现金人民币的投放方式（更多地以银行信贷方式）扩大货币总量；数字人民币的出现应该减少而不是增加现金，应该推动现金在货币总量中的占比以及现金支付在支付总额中的占比加快下降。由此，数字人民币原本就不应定位于现金并统计到 M0，不应该定位于零售型 CBDC！

有人认为，为控制风险稳妥推进，数字人民币可以先从现金和零售开始起步，条件成熟后再向存款和批发延伸。但这会造成数字人民币概念与认知出现严重偏差，由此会带来设计、运行和管理上诸多矛盾和难题甚至是死胡同，难以尽快推出和充分拓展，这种“先现金后存款、先零售后批发”的设想与安排是不现实的。

所以必须尽快调整数字人民币属于现金的定位，还原其属于存款的本质和最早“DCEP”的定位。央行应该明确，将来所有金融机构的所有业务都应接受数字人民币，需要限期进行必要的系统改造，并在一定期限内全面推广运行，尽快替代所有传统人民币。央行应该率先从我做起，先将所有在央行开立的清算账户全部改为数字人民币运行模式。要求全社会所有账户主体都首先下载中国人民银行统一的数字人民币 App，由央行按照账户管理规则赋予统一的身份编码，实现数字人民币所有用户信息在央行的大集中和各自的唯一性。用户可凭此身份编码在自己选定的金融机构或支付机构开立数字人民币账户，由开户机构将以前的账户余额全部转入数字人民币账户，并将新的账户信息发送央行。央行将同一用户在不同开户机构的所有账户加以归集，即可全面反映各个用户数字人民币的交易和结余情况。银行等各个账户开立机构需要动员和帮助用户及时开立数字人民币账户，并将原有人民币账户限期转换成数字人民币账户。按照这一思路重新规划，尽快拿出实施方案并开始模拟操作。

这样才能体现数字人民币作为主权（法定）货币的权威性，通过行政手段而非市场营销方式加快其全面推广和正式运行，保证数字人民币的充分供应和广泛流通。这不仅可以大量减少全社会在现金印制、保管、流通等全流程的相关成本，而且能够使央行拥有数字人民币所有的用户信息和交易数据，进而对货币流通进行全方位、全流程的监控，有利于提高货币政策的准确性和有效性，并利用其收付智能化加强定向配置以及对违规使用的严密监控，更好地支持数字经济发展。而银行和支付机构则主要掌握的是在本机构开立账户人的信息及其收付数据，难以像以前那样，每一笔转账收付都能了解到收付款双方的身份信息及其交易内容与数据，有利于打破商业性机构对大数据的垄断优势，更好地保护客户的隐私或商业秘密与合法权益。经用户同意后，央行可向银行和支付机构提供完整的用户信息，使其更好地认知用户并为其提供量身定做的个性化服务，积极促进社会公平竞争，推动金融业态与货币管理深刻变化。这才是数字人民币将带来的最深刻变革和最大价值所在。

因此，数字人民币前期确定的 M0 定位必须尽快做出调整。

为何中国 GDP 比美国小，M2 却大得多①

2019 年中国 GDP（约 14.34 万亿美元）仅相当于美国 GDP（21.43 万亿美元）的三分之二，但货币总量 M2 却比美国大得多（中国约 28.4 万亿美元，美国为 15.4 万亿美元），甚至相当于美国与欧元区（或日本）M2 之和。即使是 2020 年美国大规模投放流动性，当年末美国 M2（19.1 万亿美元）与 GDP（20.93 万亿美元）之比也仅为 91.2%（比上年末的 71.9% 出现大幅提升），但中国仍然高达 215.2%，是美国的 2 倍以上。

看到这样的数据，着实会让很多人大为震惊，也很容易由此认为中国货币严重超发、存在严重金融风险。

但仅由此就认定中国货币严重超发、存在严重金融风险则过于简单化。实际上，中国 M2 的口径与美国存在不同，美国的 M2 中不含 10 万美元以上的定期存款，这一部分统计在 M3 中。同时，货币是社会财富的价值尺度和交换媒介，一国货币总量是该国可交易社会财

① 2021 年 2 月 16 日发布于王永利微信公众号。

富价值规模的表征物或对应物，并不是完全对应 GDP（这仅是当年新增国内产值的概念）的，而且货币总量的变化是受到多种因素影响的，M2 与 GDP 的关系还需要仔细斟酌。

货币总量的变化受到多种因素的影响

可交易社会财富规模的增长变化

在货币币值和商品价格不变的情况下，可交易财富规模的增长必然要求货币总量的相应增长。可交易财富的规模增长不仅受到生产能力提高的影响，还会受到不同社会制度的深刻影响。

比如：在高度公有制计划经济条件下，大量的物资和人力都实施按计划无偿调拨，不需要进行商品交易和货币清算，人们生活在低工资供给制状态下，全社会货币金融的需求受到极大抑制，所以，货币增长的规模会低于财富价值增长的规模，M2 的规模甚至可以远低于 GDP。正因为如此，我国改革开放初期的 1978 年末，M2 仅相当于 GDP 的 35% 左右。

改革开放之后，随着市场经济发展，需要进行交换交易的财富，包括土地、矿产、教育、医疗和人力等快速扩充，规模迅猛扩张。特别是 2001 年加入 WTO 之后，中国进一步深化改革开放，吸引国际资本和产能大量涌入，推动经济金融高速发展，货币总量也随之快速扩张。不仅新增加的用于交换交易的社会财富需要相应增加货币供应，而且原有存量社会财富也大量用于重新开发或交换交易，同样需要增加货币供应（需要补足货币供应的历史缺口）。由此，必然推动货币总量快速扩张。

可交易社会财富价格的涨跌变化

货币总量变化，不仅受到可交易社会财富数量规模变化的影响，同时还受到其自身价格变化的影响。同样规模的社会财富，在不断交换交易过程中，其价格也会受到多种因素影响而发生变化，并不是固定不变的。

比如：在中国，20 世纪 80 年代价值几百元的一亩地，90 年代可能涨到几万元，21 世纪第一个 10 年可能涨到几十万元乃至几百万元，第二个 10 年可能涨到上千万元。同样，人们衣食住行以及教育医疗的质量和价格也在不断提高，劳动力价格和生活成本随之提升。这些都会在推高社会财富价格的同时，带动货币供应的同步扩张。

但是，同样是土地，欧洲大部分国家进入 20 世纪 70 年代后，土地重新交易大大减少，交易价格总体趋于平稳。日本从 1991 年开始，土地交易的频率和价格也在大幅下降后趋于平稳，房产价格一度出现大幅下跌（商业地产价格比 1991 年高峰时下跌了 87%）。美国在 20 世纪 80 年代普通加工业大量外迁后，基础设施投资需求随之下降，特别是在 2007 年次贷危机爆发后，土地交易的频率和价格同样在大幅下滑后趋于平稳。这些国家很多新增产值实际上是在不需要增加多少厂房等基础投入的情况下实现的，其创造同样规模的 GDP 所需要的货币量自然要比中国低很多。

投资回报预期的变化

用于交换交易的社会财富规模的变化、社会财富实际交换交易的频率及其价格变化，在很大程度上受制于人们对经济增长和投资回报预期的变化。在人们预期经济加快增长、收入稳定提升、投资回报率较高的情况下，全社会投资和消费就会随之扩大，对货币的需求就会增加。但如果人们对经济和收入增长以及投资回报率的预期转差，全社会投资和消费就会随之收缩，对货币的需求就会随之减弱。

在信用货币体系下，除货币投放机构购买一部分货币储备物（黄金、外汇等）投放基础货币，确定货币币值并增强货币信誉外，越来越多地依赖于社会主体对货币投放机构增加负债借取货币（货币投放机构以各种信贷方式进行货币投放）。这样做的原理是社会主体以其已经拥有，或者在约定时期内将会拥有，能够及时变现并足额偿还借款本息作为保证，以增加负债方式提前获得所需要的货币，由此引入社会主体与货币投放机构一道对全社会可交易社会财富的价值规模进行评估，据以投放货币，就有利于实现货币总量与可交易财富价值规模的对应，从而保证货币的充分供应并保持货币币值的基本稳定，充分发挥货币作为价值尺度和交换媒介的功能。

这种情况下，人们对经济和收入增长及投资回报率预期的变化，就成为影响货币需求的决定性因素；货币需求的扩张或收缩就成为影响货币投放和货币总量变化的根本性因素。在社会主体货币需求旺盛、货币总量扩张和通货膨胀过快的情况下，货币投放机构要进行逆周期调节，控制货币供应是相对主动和有效的。但在社会主体货币需求萎缩、通货紧缩明显、需要货币投放机构扩大货币投放时却并不容易，甚至将利率降低至零利率、负利率也难以刺激社会主体扩大货币需求和负债规模，因为社会主体如果对其能否偿还借款本金都没有信心，即使实施零利率乃至负利率，也不敢扩大负债，除非借款本金也可以不还。如果是这样，货币体系就会失去基本约束而崩溃。

所以，尽管当今社会货币已经脱离实物，转换为纯粹的国家信用货币（主权货币、法定货币），国家被赋予货币投放和货币总量很大的调控权，但并不是国家就可以随意投放货币，想投多少就能够投放多少。一旦投资消费过度，经济发展进入产能过剩、需求不足、持续下行阶段，企业和居民部门投资消费萎缩，出现国家即使实施零利率、负利率也难以激发其投资消费积极性的局面，为维持经济社会基本稳定，最后只能由政府出面扩大负债并扩大投资或转移支付，而且只能由货币投放机构实施量化宽松或财政赤字货币化扩大货币投放以刺激经济增长和社会就业，维持经济社会稳定。这就是为什么越来越多的国家，特别是曾经融入全球化，外部需求拉动快速增长，产能超出本国需求，或者可以从国际上聚集资源，维护本国高福利、高负债运行，货币大量流入金融市场甚至国际金融市场，但之后由于种种原因国际竞争力明显减弱，经济增长陷入低迷的国家，更是如此的根本原因。

很多发达国家在其高速发展时，国内财富价格也出现过大幅上涨并带动货币总量大幅扩张的情况，但随着人口增长出现拐点，国内投资消费进入饱和状态，基础设施投资高峰期过去，房地产等资源性财富交易和价格陷入低迷，货币需求不足导致持续的通货紧缩，货币大量流入金融市场，并没有统计在 M2 之中，由此使其 M2 与 GDP 之比增长趋缓。这种状况在欧洲一些国家、日本甚至美国身上都有非常明显的表现。

与发达国家不同，中华人民共和国曾长期推行计划经济，在改革开放之后才推动市场经济发展，大量社会财富需要进行交换交易，必然需要大量的货币与之对应，并且需要将计划经济时代缺失的货币弥补上来，在财富供应跟不上增长需求的情况下，就必然造成物价的大幅上涨或严重的通货膨胀。很多人一直把我国改革开放后很长一段时间物价大幅上涨（通货膨胀高企）说成是“货币过度投放”的结果，实际上这并非货币大量投放的原因，而是改革开放后，实际产能跟不上有效需求快速提升、可交易财富的供应跟不上需求快速增长的表现，存在着很大的客观必然性。

不良债权损失核销力度的不同

信用货币体系下货币投放越来越依赖于社会主体增加对货币投放机构的负债，相应地，这些负债（央行信贷）的质量就决定着整个货币的质量和使用效率。如果借款人实际上无法偿还对货币投放机构的借款本息，但由此形成的坏账损失并未得到确认与核销，就意味着已投放的货币有相应部分缺乏真实财富的对应，货币就存在真实的超发问题，GDP 就存在虚增的水分。货币投放机构理应及时将不良债权损失予以识别并核销，对资不抵债的借款人以及金融机构，都应该及时实施重组或破产清理，由此将超发的货币予以消除，避免大量“僵尸企业”占有太多社会资源，降低资源利用（产出）效率或全要素生产率。

在这方面，美、日等市场经济发达国家相对严格，每次在经济下行周期或危机爆发时都会有大量企业乃至金融机构破产倒闭。中国金融监管在不断改进，信贷资产质量真实性明显提高，但银行信贷投放自主性仍有待增强，对信贷资产质量真实状况的识别以及资不抵债企业与个人的处置还比较宽松，打破刚性兑付与金融机构退出机制尚不严格，政府和国企负债的法律约束仍有待改进。这方面的差异，也会影响到中国与美国等国家 M2 与 GDP 对比结果的差异。

社会融资结构的不同

社会融资方式主要有直接融资和间接融资两大类。

直接融资是指社会主体之间，资金融出方直接将资金投资或借款给资金融入方的方式。这种方式不会增加货币总量。

间接融资是指资金融出方将款项存放中介机构（银行），再由中介机构以信贷方式将款项自主决定出借给资金融入方的方式。这种方式将增加货币投放和货币总量。

由于种种原因，中国至今仍是以间接融资为主，间接融资所占比例远远高于美国等西方发达国家。这也成为中国货币总量比美国更大的一个重要原因。

GDP 与 M2 没有基本的对应关系

在信用货币体系下，一国货币总量应该与该国主权范围内法律可以保护的可交易财富的价值规模相对应，从而保持货币币值的基本稳定。所以，货币总量应该是与完成交易的财富价值相对应的，而不是与该国当年国内新增产值 GDP 存在直接的对应关系。所谓 M2 与 GDP 的比值，实际上只能反映同等数量的货币对 GDP 的贡献度，反映的是货币的经济产出率，并不能直接视同货币币值的水平。当然，这也从另一个角度反映出，GDP 只是一国年度国内新增产值（增量价值规模），其增长变化和国际排名，并不能准确反映一个国家真实的财富存量价值规模。不能单纯因为货币总量一定时期内的新增规模超过一般水平，就说成是货币超发。

综上所述，货币总量变化受到多种因素影响，不同国家、不同发展阶段 M2 与 GDP 之比可能存在很大差距，不能仅因为中国 GDP 规模低于美国，但 M2 却远超美国，就做出中国货币严重超发的结论。

美国此轮大规模 QE 可能遇到大麻烦①

2020 年 3 月，为应对新型冠状病毒感染疫情全球蔓延对经济金融带来的冲击，美联储大幅降低基准利率至 0—0.25%，同时宣布实施量化宽松货币政策，从金融机构大量购买美国国债与房贷支持债券（MBS）等以向其注入流动性，在维护金融体系稳定的基础上，推动金融机构扩大对政府、企业和个人的信贷投放，压低社会融资成本（包括国债利率），加大政府社会救助力度，促进经济恢复与社会稳定。由此推动美联储资产负债规模快速扩张，从 2020 年 2 月末的 4.21 万亿美元左右扩大到 2022 年 3 月以来的 9 万亿美元左右。

自 2021 年 3 月开始，受多重因素影响，美国通货膨胀率（CPI）呈现加快上涨态势，到当年 10 月同比上涨已达到 6.2%（2 月为 1.7%）且仍呈上升态势，美联储被迫于 11 月宣布缩减购债规模并发出可能加息的提示。到 2022 年 2 月 CPI 同比上涨 7.9%，美联储于 3 月宣布加息 25 个基点，并停止增加购债。随后 3 月 CPI 同比上涨 8.5%，4 月同比上涨 8.3%，美联储于 5 月宣布再加息 50 个基点，将基准利率提高至 0.75%—1.0%，同时宣布从 6 月开始实施缩表（出售前期购买

---

① 2022 年 6 月发布于王永利微信公众号。

的资产），初始缩表规模为每月 300 亿美元国债、175 亿美元 MBS，3 个月后扩大到每月 600 亿美元国债、350 亿美元 MBS。

但问题是，这次美国大规模货币量化宽松可能难以有效收缩，美国可能遇上大麻烦了。

越来越多的国家推行量化宽松货币政策

量化宽松货币政策，是指当经济和就业明显低于预期目标，或者受到重大突发事件冲击，企业和家庭等市场主体收缩信贷需求、金融机构收紧信贷条件引发严重通货紧缩与流动性紧张，甚至可能对金融市场乃至经济社会稳定产生重大冲击，央行将政策性利率（基准利率）降低至 0，甚至对金融机构实施负利率政策仍难以发挥扩张性政策作用，又不能采取行政手段推动金融机构扩大信贷投放时，不得不采取的一种非常规特殊货币政策，即央行按照较优惠价格向金融机构购买指定范围的资产（主要是流动性较好的国债或政府债、高等级机构债或房贷抵押支持债券 MBS 等），相应扩张央行资产负债表（扩表），扩大对金融机构的流动性投放并推动其扩大信贷投放，维持金融体系与经济就业稳定。在经济和就业好转、通货紧缩与流动性紧张局势缓解后，央行应适时缩减购债规模、提高政策利率（加息）、出售因 QE 所增加的资产，推动货币政策回归常规。

原本人们普遍认为，在货币脱离黄金等实物本位（价值锚定）彻底转化为信用货币后，受到诸多因素的综合影响，包括企业、家庭和金融机构追求利益最大化，执政党更注重争取民心巩固执政地位，经济金融全球化发展与增强国际竞争力，国际中心货币发行国追求自身利益最大化等，世界各国都面临货币超发（超过可交易财富价值规模）日趋严重的问题，通货膨胀似乎成为信用货币体系下货币政策最主要的挑战与难题。但随着经济金融全球化的发展，全球性产能过剩、需求不足问题日趋严重，越来越多的国家或地区，特别是曾经融入全球化大潮加快发展，产能和消费大幅提升但潜力消耗殆尽之后，国际资本受到种种因素影响大规模撤离，本国科技与产品的国际竞争力大幅减弱，企业和家庭等部门投资与消费需求陷入停滞甚至萎缩状态的发达国家或地区，通货紧缩却越来越成为难以消除的顽疾，替代通货膨胀成为货币政策最主要的挑战与难题。其中，日本成为非常典型的案例，日本也由此成为实施 QE 较早的国家。全球范围内，QE 也逐步从货币政策例外选择，逐步变成越来越普遍且频繁的选择，美国也成为实施 QE 最具影响力的国家。

美国量化宽松从无到有规模迅猛扩大

2000 年网络泡沫破灭后尚未用到 QE

1997 年东南亚金融危机爆发，包括日本、韩国在内的东南亚国家以及中国台湾地区深陷其中。受其影响，1998 年俄罗斯爆发债务危机，拉美地区原本就动荡不安的货币金融更加动荡，欧洲与非洲缺乏吸引力，中国金融尚未开放，原本聚集到东南亚的国际资本只能大量涌向北美，除一小部分流入加拿大外，绝大部分涌入美国。涌入美国的资本，除一小部分投到房地产上，推动美国房产价格开始步入上升通道外，绝大部分涌入本就过热的网络产业上，推动网络泡沫急剧膨胀，到 2000 年 5 月，纳斯达克崩盘、网络泡沫破裂，美国股市剧烈震荡，作为世界经济火车头的美国陷入衰退。为此，美国政府采取一系列措施大力刺激房地产发展，美联储配套大幅降息，将联邦基准利率从2001年初的6.5%降低至2003年6月的1%，创下美联储成立后当时的历史低点，并鼓励金融机构扩大住房按揭贷款。同时，在房产价格加快抬升的基础上，监管部门又降低了按揭贷款准入标准，次级按揭贷款（次贷）由此出现并加快发展，由此进一步催生出按揭贷款证券化产品MBS以及MBS的期权衍生品CDO乃至CDO的CDO等日益复杂的衍生品，吸引全球资本大量投入，并进一步拉动房产价格的上升，由此不断积累和放大次贷证券化产品风险。

网络泡沫破灭后，2001年美国核心区又遭遇“9·11”恐怖袭击，给美国经济社会带来更大的冲击。在美国经济陷入低迷、世界经济急需寻找新的增长点与火车头之际，中国自1998年开始进行严厉的金融整顿，并全面深化住房、教育、医疗体制改革，以其巨大需求潜力带动民间资本与国际资本投入，推动经济在2000年明显止跌回升，呈现良好发展势头，为中国在2000年确定于2001年12月加入WTO奠定了非常重要的基础，也由此吸引国际资本和产能大量涌入中国，推动中国快速发展成为新的“世界工厂”与制造业中心，进而带动经济全球化与世界经济增长进入一个新的高峰期，带动“金砖五国”为代表的新兴经济体加快发展，推动大宗商品价格加快提升。

美国房地产的快速发展，以及中国加入WTO带动世界经济加快发展，有效对冲了网络泡沫破灭的影响，使美联储没有遭遇到基准利率降低至0且必须实施QE的窘境。

2008 年金融危机爆发后美国被迫推出 QE

2003 年 6 月，美国基准利率降低至 1% 之后，随着世界经济增长和大宗商品价格走高，美国的通货膨胀压力开始显现。到 2004 年 6 月，美联储开启加息征程，经过 15 次加息，到 2006 年 6 月达到 5.25%。这大大增强了按揭贷款人还本付息的压力，同时，新兴经济体的发展又吸引国际资本大量从美国外流，新的住房需求萎缩，由此造成美国住房价格自 2006 年 9 月开始进入波动期，进入 2007 年后住房价格开始持续下跌，一些按揭贷款投放机构出现大量不良资产甚至破产清盘。到 2007 年 7 月，进一步蔓延至 MBS 及其衍生品交易市场，由此引发严重的“次贷危机”，美国及其他国家大量金融或投资机构深陷其中难以自拔。到 2008 年 9 月国际著名投行雷曼兄弟公司宣布倒闭、美林公司被接管，进一步引发全球性金融大危机（当时被很多人认为将成为可以与“大萧条”相提并论的“百年一遇大危机”）。为此，美联储被迫大幅降息至年底的 0—0.25%，并加大公开市场操作，向金融机构注入流动性。从 2009 年 3 月开始，面对继续恶化的局势，美联储不得不启用量化宽松政策并不断加码，其资产负债表随之大规模扩张。2008 年 9 月初，美联储资产负债规模约 9 400 亿美元上下。之后快速扩张，到 2014 年 10 月超过 4.5 万亿美元，到 11 月结束 QE。

全球金融危机爆发后，20 国集团迅速采取力度空前的联合救市行动，其中中国更是快速推出大规模经济刺激计划，再次为世界经济稳定做出了巨大贡献。在紧张局势缓解后，美联储于 2014 年 11 月停止 QE，随后将基准利率逐步提高至 1%—1.25%。自 2017 年 7 月开始推动缩表，到 2019 年 8 月底降低至 3.8 万亿美元，比前期高点减少了 0.7 万亿美元左右。之后，为应对全球经济下行带来的压力，美联储停止缩表，并加大公开市场操作，其资产负债规模逐步反弹至 2020 年 3 月的 4.5 万亿美元上下，返回到此前高点水平。

2020 年新型冠状病毒感染疫情大暴发美国再度实施更大规模 QE

2020 年 1 月新型冠状病毒感染疫情暴发并快速向全球蔓延，尽管 3 月上旬美国确诊病例并不多，但由于美国是全球资本和金融中心，疫情对他国金融及经济社会的影响已经反映到美国股市等金融市场，因此，自 3 月 15 日开始，美联储采取强力行动，一方面大幅降息 1 个百分点至 0—0.25%，另一方面扩大对财政部出资收购政策性资产的 SPV 机构提供融资支持，同时宣布开启量化宽松计划，随后又宣布将根据实际需要购买资产而不设上限（无上限 QE）。由此，美联储资产负债规模再度大规模扩张，到 2021 年 8 月中旬已达到 8.965 万亿美元，相当于 2007 年 7 月美国次贷危机爆发前的 10 倍。

在这一过程中，美国政府也推出了力度空前的财政刺激政策，大规模扩大债务并加大社会救助力度，2020 年 3 月通过了 2.2 万亿美元的《冠状病毒援助、救济和经济安全法案》（CARES）；2020 年 12 月又追加了 9 000 亿美元的新冠救助计划；2021 年 3 月再次增加了 1.9 万亿美元的经济救助计划，累计财政刺激规模达到 2008 年金融危机之后一揽子计划的 4.5 倍。美国公共债务 2020 年当年即增加 4.36 万亿美元。至 2022 年 2 月 1 日已突破 30 万亿美元，与 2020 年初相比，增加了约 7 万亿美元，公共债务总额与美国 2021 年国内生产总值（GDP）的比例超过 130%，远远超过 1991 年《马斯特里赫特条约》设定的“累计债务不能超过 GDP 的 60%”的警戒线。

随着政府救助力度加大、美国疫情缓解和社会管制放松推动经济增长，同时受到全球产业链供应链深受疫情冲击的影响，自2021年3月开始美国CPI出现加快上涨态势，从2月同比上涨1.7%，提高到10月的6.2%且继续保持上升压力。为此，2021年11月美联储宣布开始收缩购债规模，并发出可能加息的提示；2022年2月CPI同比增长7.9%，超出人们的预期，美联储于3月中旬宣布加息0.25个百分点，并停止QE。3月CPI同比上升8.5%，创下近40年来最高水平。4月有所降低但仍达到8.3%。5月CPI达到8.6%，美联储再次加息0.5个百分点，并宣布从6月开始缩表。6月则进一步加息0.75个百分点。

美国此轮大规模QE可能遇上大麻烦

如前所述，央行实施QE，是在基准利率降低至0甚至负利率，仍难以达到预期目标时所采取的特殊政策，应该在金融市场流动性紧张和通货紧缩得到缓解后，及时收缩购债规模，推动适度加息与适时缩表，防止出现超预期通货膨胀。美国在2009年推出QE之后，也基本上是这样做的，但是实际执行上，量化宽松扩表容易缩表很难，最后美联储远未将QE缩表到位。

2000年网络泡沫破灭后，美国还能大幅度降息并大规模刺激房地产发展予以对冲，再加上中国加入WTO推动世界经济加快发展，使美联储避免了降息至0并被迫实施QE的窘境；2009年美联储在降息至0后不得不实施QE，但20国集团联合救市，特别是中国大规模经济刺激，推动金融市场和世界经济止跌回升，使美联储有机会缩减购债规模并推动缩表，而且因其QE购买资产的市场价格回升，美联储能够顺利出售这些资产并获得了很大收益。可以说，美国这一次大规模 QE 后可能就没那么幸运了。

一方面，美国 CPI 同比上涨从 2021 年 2 月的 1.7%，跳升至 2022 年 2 月、3 月、4 月的 7.9%、8.5%、8.3%（环比仍在上升），通货膨胀压力远超预期，已经引发社会不安定与对执政党的不满，迫使美联储开始缩减购债规模，并进而开始加息和启动缩表。但接下来即使各月同比上涨有所下降，但环比仍可能保持上升，特别是考虑到 2020 年新型冠状病毒感染疫情大暴发后，美国 CPI 各月涨幅大幅回落，势必影响到 2021 年各月同比涨幅，并进一步影响到 2022 年各月的同比涨幅，要准确判断社会层面对通货膨胀的真实感受，还需要观察至少 3 年各月同比涨幅累计数的变化情况。从 2020 年以来连续 2 年或 3 年各月 CPI 涨幅累计数看，2021 年之后美国 CPI 各月涨幅不断提升。因此，美国财政部部长不得不承认，2021 年认为通胀高企是“暂时性”的判断错误，高通胀已成为全球问题，美国可能面临长期高通胀，必须将抑制高通胀作为货币政策首要目标。

另一方面，美国经济 2022 年一季度同比增长 4.3%，但环比年化下降 1.4%，经济增长面临很大隐患，再加上美联储开始加息缩表，预计接下来仍将有很大加息的必要，这将使经济下行压力更大，可能面临着很大的“滞胀”风险。

更重要的是，美国严重的通货膨胀，并不完全是政府救助、央行扩表推动的需求扩张、经济增长引发的，还存在着供给端受阻的深刻影响。美国自 2018 年开始加强贸易保护并不断强化技术与科技产品出口管控，再加上新型冠状病毒感染疫情全球蔓延致使很多国家生产和运输严重受阻，特别是 2022 年中国再次遭受疫情严重冲击，以及俄乌冲突爆发后美国等西方国家对俄罗斯实施严厉制裁，同时不断强化对中国的围堵打压等多种因素，全球产业链、供应链受到严重冲击，能源、粮食、芯片相关产品的价格大幅提升，推动全球范围内通货膨胀压力大幅增强，2022 年以来世界经济增长预期不断降低。世界银行在 6 月初发布的《全球经济展望》中指出：2022 年 4 月，全球总体 CPI 中值同比上升至 7.8%，为 2008 年以来的最高水平（其中，发达经济体同比上升至 6.9%，是 1982 年以来的最高水平），并可能继续维持高通胀态势。对 2022 年全球经济增速的预测，从 1 月的 4.1% 调低至 2.9%（2021 年实际增长 5.7%）。其中美国经济增速预测为 2.5%，比 1 月预测值下调了 1.2 个百分点。世界银行由此提示全球经济存在陷入 20 世纪 70 年代末期“大滞胀”的风险。

面对这种情况，这一次不仅美国很难找到新的重大增长点以拉动经济快速反弹，而且中国也不可能再像 2009 年那样推出大规模经济刺激计划，全球范围内要找到新的增长动力以拉动世界经济尽快恢复并保持增长的希望相当渺茫。20 世纪 80 年代初“大滞胀”爆发后，很快迎来经济全球化加快发展以及世界劳动人口快速增长，成为摆脱大滞胀最重要的影响因素，仅靠美联储（保罗·沃尔克时任主席）等央行大幅加息是难以摆脱困境的。而现在面临的问题是，经济全球化发展不是在进步，反而出现令人担忧的逆全球化潮流乃至引发新“冷战”和世界分裂的风险，世界经济增长面临巨大下行压力。

在美联储扩大 QE 规模向金融机构注入流动性的同时，金融机构却因市场环境不佳而不敢扩大信贷投放，进而不断扩大在美联储的超额准备金或隔夜逆回购存款。美联储为减轻金融机构因资金用不出去而存放央行的低收入压力，避免金融机构因收入减少而提高对外提供信贷投放的利率，自 2021 年 6 月开始，提高超额准备金利率和隔夜逆回购（央行回笼资金）利率各 0.05 个百分点。结果随着美联储 QE 的扩大，金融机构的超额准备金和隔夜逆回购也快速扩张，其中，隔夜逆回购在 2021 年 5 月突破 4 000 亿美元，到 2022 年 5 月已突破 2 万亿美元。这种状况也必然增强美联储对其出售资产的难度。

同时，美国政府公共债务总额已超过 30 万亿美元，还将继续扩大，需要很低的利率支持。如果 10 年期国债收益率超过 3%（实际都可能高于 4%），将使其难以承受，公共债务扩张和扩大社会救助难以为继，一旦触发政府信用危机，将对美元和美国的信用产生极为严重的冲击。

这将使美联储自 2009 年以来再次大规模量化宽松和扩表之后陷入政策调整进退两难的前所未有的巨大困境——美国这次可能真的遇到大麻烦了，对此全世界都应高度警惕！

住户存贷款增长变化值得关注[①]

2022 年受到新冠病毒再次大规模传播等诸多因素影响，中国面临着需求萎缩、供给冲击、预期转弱等问题相互交织、不断增强，给

① 2023 年 1 月 28 日发布于王永利微信公众号。

经济增长带来很大压力。其中，消费作为终端需求和经济增长最基础动力持续低迷疲弱，成为社会关注的焦点。与此相应，住户存贷款变化情况（不能仅看其人民币存贷款，还应该包括其外币存贷款）发生突变，引起人们警惕：2022 年住户本外币存款同比增长近 18 万亿元，与前三年每年增长 10 万亿元左右相比，多增了 8 万亿元（这被人们称作“超额储蓄”），增长率创下 2009 年之后新高；住户本外币贷款同比仅增长 3.81 万亿元，比前三年每年增长 8 万亿元左右相比，少增了 4 万多亿元，增长率创下 2007 年以来新低。

住户存贷款增长变化影响重大，对这种突变确实需要深入分析。

2007 年以来住户存贷款变化基本数据

从中国人民银行开始统计披露住户贷款数据的 2007 年（在中国，银行对住户提供贷款基本上是从 1999 年才开始，因规模有限，央行一开始并未单独统计和披露）以来，我国住户本外币合计的存贷款变化情况见表 6.1。

2023 年 6 月末，住户本外币存款余额 133.14 万亿元，比 2022 年末增长 9.84%；本外币贷款余额 78.57 万亿元，比 2022 年末增长 4.84%；净存款余额 54.57 万亿元，比 2022 年末增长 17.94%。

住户本外币存款增长变化及其影响因素

从表 6.1 和表 6.2 数据看，2000—2007 年住户存款每年增长基本上保持在 1 万亿—2 万亿元的规模。2008—2017 年住户存款基本

表 6.1　2007 年以来住户本外币存贷款余额（万亿元）与增长率（%）

项目	2007 年	2008 年	2009 年	2010 年	2011 年	2012 年	2013 年	2014 年
存款	17.95	22.56	26.86	31.23	35.19	41.02	46.54	50.69
增长率	7.75	25.68	19.06	16.27	12.68	16.55	13.46	8.91
贷款	5.07	5.71	8.18	11.26	13.61	16.14	19.86	23.15
增长率	—	12.62	43.26	37.65	20.87	18.60	18.73	16.57
净存款	12.88	16.85	18.68	19.97	21.58	24.88	26.68	27.54
增长率	—	30.82	10.86	6.91	8.06	15.29	7.23	3.22
项目	2015 年	2016 年	2017 年	2018 年	2019 年	2020 年	2021 年	2022 年
存款	55.19	60.65	65.20	72.44	82.13	93.44	103.31	121.21
增长率	8.88	9.89	7.49	11.11	13.37	13.77	10.57	17.33
贷款	27.03	33.37	40.51	47.89	55.33	63.19	71.11	74.94
增长率	16.76	23.45	21.40	18.22	15.54	14.21	12.53	5.39
净存款	28.16	27.28	24.69	24.55	26.80	30.25	32.20	46.27
增长率	2.25	−3.12	−9.49	−0.57	9.16	12.87	6.45	43.69

数据来源：中国人民银行。

上保持在年增长4万亿—5万亿元的规模。但2018年增长7万多亿元；2019—2021年，住户存款每年增长进一步跃升至10万亿元左右的规模；2022年更是大幅增长近18万亿元，创下年度增长规模的新纪录。

表6.2　2000—2006年度住户本外币存款余额（万亿元）和增长率（%）

项目	2000年	2001年	2002年	2003年	2004年	2005年	2006年
存款	6.43	7.38	9.43	11.07	12.62	14.70	16.66
增长率	7.89	14.66	27.85	17.38	14.00	16.53	13.30

住户本外币存款年度增长率自2000—2013年，除2000年和2007年低于10%（均不足8%）外，其余均保持12%以上的增长速度，其中，2002年和2008年增速均超过25%。但2014—2017年，年度增速均低于10%，其中，2017年同比增速创下有统计以来的最低水平，不足7.5%。自2018年开始，住户本外币存款增速重新回到10%以上，其中，2022年增长率达到17.33%。

由此，2018年以来住户存款增长规模大幅扩张背后的原因和对经济社会的影响值得仔细分析。

住户部门存款的增长变化，受到多种因素的影响，主要包括：

第一，收入增长情况。收入增长是住户存款增长的基础，是最重要的影响因素。收入包括劳动收入、财产性收入、各种捐赠、补贴收入等。

2000年以来，住户收入总体保持稳定增长，但2022年受到新冠病毒蔓延、经济增长下行、社会就业不稳、利率水平降低等因素影响，尽管政府加大了补贴力度，住户收入增长规模仍同比收缩，对存款同比增长影响偏向负面。

第二，存款支出情况。住户的收入减去其支出后，才能形成储蓄存款。所以存款的增长变化，不仅受到收入增长的正向影响，还会受到支出增长的负向影响。住户支出包括衣食住（房子）行（车子）、教育、医疗等方面的消费支出。

2000 年以来，住户支出波动很大，特别是住房、教育、医疗开支增长很快，对住户存款的增长构成负面影响。但 2018 年之后这些方面支出增长逐步减弱，2022 年这些方面的支出受到更大影响，同比出现很大负增长，成为存款同比增长加快最重要的影响因素。在就业和收入预期减弱没有得到扭转之前，预计这种情况仍会延续。

第三，投资理财变化情况。直接进行投资，购买股票债券等证券类产品，购买基金、信托、理财等资管产品，以及购买保险等，减少了住户存款；收回投资以及获得收益，会增加住户存款。

2018 年之后，随着互联网金融整治以及资管新规从征求意见到正式实施，监管明显收紧，加之投资回报率不断下降（出现资产荒），住户投资理财支出的增长明显收缩。其中，2022 年更加明显，不仅这些方面的投资增长乏力，而且出现了比较明显的赎回潮流，投资理财规模大幅回落也成为存款同比增长扩大的重要影响因素。

第四，其他影响因素。如偿还贷款本息、住户汇款出境或从境外收到款项、春节前住户存款惯例增长最大但节后下降很大等。

必须明确：存款只是住户财富的一部分，并不是住户财富的全部。存款与其他财富之间是会相互转化的，存款的增长并非全部来源于收入增长。比如，中金公司发布的中国家庭（住户）财富主要大类发布见表 6.3（不够准确，仅供参考）。

表 6.3　中国家庭财富主要大类的分布（2018—2022 年）

单位：万亿元

项目	2018 年	2019 年	2020 年	2021 年	2022 年	配置占比
地产	271	296	320	337	330	58.5%
存款	72	81	93	100	115	20.4%
寿险	15	17	20	21	23	4.1%
股票及股票基金	19	25	37	44	38	6.8%
泛固收产品（债基、货基、银行理财、非标信托）	41	45	49	55	58	10.3%
合计	417	464	519	558	564	—
权益 / 固收比 *	46%	57%	75%	80%	66%	—

资料来源：中金财富。

注：权益 / 固收比 = 股票及股票基金 / 泛固收产品，数据截至 2022 年 11 月。

住户本外币贷款增长变化情况

住户贷款包括消费贷款（含助学贷款）和经营贷款。2007—2021 年，住户贷款增速一直保持 2 位数增长。但自 2017 年开始，其增长率出现持续下滑态势，自 2016 年同比增长 23.45%，一直下降至 2021 年同比增长 12.53%。2022 年同比增速更是大幅下降至 5.39%，有记录以来首次进入个位数（见表 6.4）。

住户消费和经营贷款的增长，反映出人们对经济发展前景预期向好，有利于进一步促进经济增长。但贷款属于透支未来，一旦人们对经济发展预期转弱，就可能压缩贷款需求，减少新增贷款，甚至会提前归还贷款，减少存量贷款，增强通货紧缩，对后期经济增长产生很大影响（其中，消费贷款比经营贷款的波动性更强）。由此，2017 年

表 6.4 2007 年以来住户消费贷款和经营贷款年度变化情况

单位：万亿元

项目	2007 年	2008 年	2009 年	2010 年	2011 年	2012 年	2013 年	2014 年
消费贷款	3.28	3.72	5.54	7.51	8.88	10.44	12.98	15.37
增长率（%）	—	13.42	48.92	35.56	18.24	17.57	24.33	18.41
经营贷款	1.79	1.98	2.64	3.75	4.73	5.69	6.88	7.75
增长率（%）	—	10.61	33.33	42.04	26.13	20.30	20.91	12.65
项目	2015 年	2016 年	2017 年	2018 年	2019 年	2020 年	2021 年	2022 年
消费贷款	18.96	29.68	31.53	37.80	44.80	49.57	54.89	56.04
增长率（%）	23.36	56.54	6.23	19.88	18.52	10.65	10.73	2.10
经营贷款	8.07	8.31	8.98	10.09	11.35	13.62	16.22	18.89
增长率（%）	4.13	2.97	8.06	12.36	12.49	20.00	19.09	16.46

注：1. 住户消费贷款中，大头是住房贷款和汽车贷款。

2. 2023 年 6 月末消贷余额 57.35 万亿元，比 2022 年末增长 2.34%；经贷余额 21.22 万亿元，比 2022 年末增长 12.33%。

开始，住户贷款增长率出现持续下滑态势，全社会消费增长也随之不断萎缩，特别是2022年住户贷款增长率大幅下滑至5.39%，成为抑制经济增长的重要因素。

同时，住户贷款的增减变化还会对住户存款产生连带影响。比如，住房和汽车贷款，都要求购买者有一定比例的首付款，贷款增长会相应带动首付款增加并减少等额的住户存款。住户偿还贷款本息的规模扩大，也会相应减少住户存款。因此，如果按照前两年消费贷款年增长不低于10.5%计算，2022年消费贷款新增应该达到5.76万亿元，实际只增加了1.15万亿元，少增了4.61万亿元。如果按照2021年房贷30%—40%首付款计算，就会节省1.38万亿—1.84万亿元存款支出，形成存款同比增加项。如果其中还存在偿还贷款本息规模扩大因素造成贷款少增，那么对存款同比增加的影响会减少。

另外，银行核销住户贷款坏账，会减少其贷款规模，却不会因此减少住户存款。但如果银行出现较大比例的贷款核销，也意味着社会贷款环境的恶化，银行为控制风险，往往会压缩贷款增长，或者提高贷款利率。

住户本外币净存款变化情况

单独看住户存款，2022年末本外币存款总额达到121.21万亿元，当年GDP初步核算结果为121.02万亿元，二者相比，储蓄率已经超过100%，这在全世界都是非常高的。

但是，需要看到的是，住户部门不仅有存款，同时还有贷款，撇开贷款单独看存款是不够严谨的。从存款减去贷款后的净存款看，情况就会有很大的不同。自 2009 年开始，由于住户贷款增速一直快于存款，造成住户净存款虽然保持增长，但其增速却一直低于存款增速，贷存比不断提升。2016—2018 年净存款甚至出现负增长（即当年贷款新增规模超过存款新增规模），2018 年末净存款余额 24.55 万亿元，不仅低于 2015 年末的 28.16 万亿元，而且低于 2012 年末的 24.88 万亿元。这种状况的出现，有利于促进当期的经济增长，但却是在透支未来，推动住户负债率的急速提升，成为经济持续增长的隐患，国家由此收紧了对住户贷款，特别是对住房贷款的控制。2019 年开始，住户净存款恢复正增长（当年存款新增规模超过贷款新增规模），但贷存比仍保持上升态势，从 2008 年的 25.31%，一直上升至 2021 年的 68.83%。到 2022 年才出现重大转变，住户净存款新增 4.07 万亿元，同比大幅增长 43.69%，贷存比由此下降至 61.83%。2023 年 6 月末，住户贷存比进一步下降至 59.01%。这在很大程度上是住户消费支出和贷款需求萎缩所致，收入增长的影响并不是主要因素，并且因为收入增长预期减弱，进一步抑制消费和贷款需求，进而对经济增长产生了很大的负面影响。这种状况的出现，需要引起高度重视并积极应对。

积极推动住户存贷款向促进经济增长转化

有人认为，中国住户部门本外币存款余额已经达到 121 万亿元之多，如果能从其中激发出 20% 用于投资消费，那就会达到 24 万多亿元，如果由此再推动全社会加杠杆，按照 4—5 倍计算，就可能达到 96 万亿—120 万亿元（百万亿级）的规模，对经济增长将产生重要影响。

这种说法听起来很有震撼力，但要实施却并不容易，前提是必须增强人们对收入增长向好的预期，要保持经济增长和充足就业。如果预期转弱的态势不能根本扭转，这种目标实际上是很难实现的。

更重要的是，住户高达121万亿元的存款，并不是平均分配的，不同住户存款规模差距很大且不断扩大。据2022年的权威报道，我国月收入不超过1 000元的人数超过6亿人，很多人的社会保障不足，其收入仅满足日常生活开支，其户均存款量很少，扩大开支的潜力不大。有些人月收入数千元甚至数万元，但同时也因购房买车等消费而背负着大额贷款，一旦其收入下降，就可能遭遇债务危机并可能上黑名单而影响其个人信用与未来发展。有些人成为高收入者，特别是财产性收入拥有者，户均财富或存款规模非常大，但其消费增长可能是全球化的高端选择，国内一般性商品或服务已经难以满足其新增需求，并且更加关注其财产的安全性和不同国家的比较与可能的转移。在经济下行、市场和政策环境发生负向变化情况下，更多投资人、企业家可能遭遇经营困难或重大损失，有的甚至成为失信人而被限制消费，这都会影响消费和投资的增长。

从2022年的情况看，受到3年疫情冲击，国内家庭、企业及地方政府的财力大量消耗，负债率大幅上升，不少行业陷入衰退，裁员降薪压力不断增强，再加上国际局势更趋紧张，外需明显收缩、出口下行加快，我国社会预期减弱、投资消费萎缩的态势日趋严峻。因此，采取强力调控举措尽快扭转这种局势，实现稳增长、稳就业、稳物价，应成为中国当前的首要任务。

“社融”指标亟须重新调整改进①

2010 年 11 月，中国人民银行总行正式明确由调查统计司牵头研究编制“社会融资规模”（社融）指标，并将其定义为：一定时期内（每月、每季或每年）实体经济从金融体系获得的资金额。随后，“保持合理的社会融资规模”就写进了 2010 年 12 月中央经济工作会议报告中。2011 年 4 月，中国人民银行首次发布季度全国社融增量数据。2012 年起开始发布月度增量数据，并在 2012 年 9 月公布了 2002 年以来的月度增量历史数据。2014 年起按季发布地区社融增量数据。2015 年起按季发布社融存量数据。2016 年起按月发布社融存量数据。由此，社融指标形成从季度到月度、从全国到分省、从增量到存量的全指标体系。相关统计口径于 2018 年 7 月后做了一些修订，成为全球独一无二、中国首创的金融指标，社融存量规模被看成与广义货币总量（M2）相互对应同样重要的金融指标。

社融指标迄今已走过了 12 年历程，发挥了重要作用，但也暴露出越来越突出的问题，亟须重新反思和调整完善。

社会融资规模的现有定义

按照中国人民银行发布的定义，社会融资规模是指一定时期内

① 2022 年 12 月 21 日发布于王永利微信公众号。

（每月、每季或每年）实体经济从金融体系获得的资金额。具体又分为增量指标和存量指标。社会融资规模增量是指一定时期内（每月、每季或每年）实体经济从金融体系获得的资金新增额。社会融资规模存量是指一定时期末（月末、季末或年末）实体经济从金融体系获得的资金结余额。两项指标具体数据可参照中国人民银行每月公布的统计报告。

附　2022 年 11 月社会融资规模增量统计数据报告

初步统计，2022 年 11 月社会融资规模增量为 1.99 万亿元，比 2021 年同期少 6 109 亿元。其中，对实体经济发放的人民币贷款增加 1.14 万亿元，同比少增 1 573 亿元；对实体经济发放的外币贷款折合人民币减少 648 亿元，同比多减 514 亿元；委托贷款减少 88 亿元，同比多减 123 亿元；信托贷款减少 365 亿元，同比少减 1 825 亿元；未贴现的银行承兑汇票增加 190 亿元，同比多增 573 亿元；企业债券净融资 596 亿元，同比少 3 410 亿元；政府债券净融资 6 520 亿元，同比少 1 638 亿元；非金融企业境内股票融资 788 亿元，同比少 506 亿元。1—11 月，社会融资规模增量累计为 30.49 万亿元，比上年同期多 1.51 万亿元。

附　2022 年 11 月社会融资规模存量统计数据报告

初步统计，11 月末社会融资规模存量为 343.19 万亿元，同比增长 10%。其中，对实体经济发放的人民币贷款余额为 210.99 万亿元，同比增长 10.8%；对实体经济发放的外币贷款折合人民币余额为 2.07 万亿元，同比下降 9.9%；委托贷款余额为 11.25 万亿元，同比增长 3.1%；信托贷款余额为 3.82 万亿元，同比下降 20.6%；未贴现的银行承兑汇票余额为 2.72 万亿元，同比下降 13.8%；企业债券余额为 31.6 万亿元，同比增长 6.3%；政府债券余额为 59.91 万亿元，同比增长 15.4%；非金融企业境内股票余额为 10.49 万亿元，同比增长 13.1%。

2019 年 12 月起，中国人民银行进一步完善社会融资规模统计，将“国债”和“地方政府一般债券”纳入社会融资规模统计，与原有“地方政府专项债券”合并为“政府债券”指标，指标数值为托管机构的托管面值；2019 年 9 月起，中国人民银行完善“社会融资规模”中的“企业债券”统计，将“交易所企业资产支持证券”纳入“企业债券”指标；2018 年 9 月起，中国人民银行将“地方政府专项债券”纳入社会融资规模统计；2018 年 7 月起，中国人民银行完善社会融资规模统计方法，将“存款类金融机构资产支持证券”和“贷款核销”纳入社会融资规模统计，在“其他融资”项下单独列示。

社融存量与货币总量并不对应

从社会融资规模所列示的内容可以看出，社融存量与货币质量

（M2）并不是相互对应的，其中至少存在以下一些差异：

（1）M2 仅指人民币广义货币总量，而社融中还包含对实体经济发放的外汇贷款，二者存在差异。

（2）“委托贷款”“信托贷款”一直是社融的重要组成部分，但从严格意义上讲，它们属于直接融资，其增减变化并不会影响到 M2 的变化。

（3）“未贴现银行承兑汇票”也是社融的一个组成部分，但这仅是银行为企业提供的增信，并没有提供实际的资金支持，属于银行表外业务，所以不会影响到 M2 的变化。

（4）企业债券、政府债券，特别是非金融企业境内发行股票，尽管因为借用了金融体系的基础设施，所以被全部纳入社融统计之中，但不一定都是存款性金融机构投资的，其中，非银行购买的部分属于直接融资，并不会影响到 M2 的变化。

以上就充分表明，社融更多的是反映各种社会融资渠道一定时期内增量与存量的变化情况，其中包含了直接融资和间接融资，与全社会广义货币总量的变化并不存在必然对应关系（M2 只受间接融资的影响，不受直接融资的影响）。也正因为社融中包含了很多不会影响 M2 增加的因素，所以，一般情况下，社融的增速都会高于 M2 的增速（见表 6.5），社融规模超越 M2 的规模会越来越大。

当然，从 M2 的角度看，也存在一些影响 M2 规模及同比增速变化，但并未包含在社融中的因素，至少包括：

（1）结售汇。企业单位和个人等社会主体向银行办理结售汇，会影响到 M2 的增减变化，银行净结汇量越大，M2 增加就会越大。但这并未包含在社融之中。

表 6.5 2016 年以来中国社融与 M2 各月增速

单位：%

项目	2016 年 1 月	2016 年 2 月	2016 年 3 月	2016 年 4 月	2016 年 5 月	2016 年 6 月	2016 年 7 月	2016 年 8 月	2016 年 9 月	2016 年 10 月	2016 年 11 月	2016 年 12 月
社融	13.1	12.7	13.4	13.1	12.6	12.3	12.2	12.3	12.5	12.7	13.3	12.8
M2	14.0	13.3	13.4	12.8	11.8	11.8	10.2	11.4	11.5	11.6	11.4	11.3
项目	2017 年 1 月	2017 年 2 月	2017 年 3 月	2017 年 4 月	2017 年 5 月	2017 年 6 月	2017 年 7 月	2017 年 8 月	2017 年 9 月	2017 年 10 月	2017 年 11 月	2017 年 12 月
社融	12.8	12.8	12.5	12.8	12.9	12.8	13.2	13.1	13.0	13.0	12.5	12.0
M2	11.3	11.1	10.6	10.5	9.6	9.4	9.2	8.9	9.2	8.8	9.1	8.2
项目	2018 年 1 月	2018 年 2 月	2018 年 3 月	2018 年 4 月	2018 年 5 月	2018 年 6 月	2018 年 7 月	2018 年 8 月	2018 年 9 月	2018 年 10 月	2018 年 11 月	2018 年 12 月
社融	11.3	11.2	10.5	10.5	10.3	9.8	10.3	10.1	10.6	10.2	9.9	9.8
M2	8.6	8.8	8.2	8.3	8.3	8.0	8.5	8.2	8.3	8.0	8.0	8.1
项目	2019 年 1 月	2019 年 2 月	2019 年 3 月	2019 年 4 月	2019 年 5 月	2019 年 6 月	2019 年 7 月	2019 年 8 月	2019 年 9 月	2019 年 10 月	2019 年 11 月	2019 年 12 月
社融	10.4	10.1	10.7	10.4	10.6	10.9	10.7	10.7	10.8	10.7	10.7	10.7
M2	8.4	8.0	8.6	8.5	8.5	8.5	8.1	8.2	8.4	8.4	8.2	8.7

续表

项目	2020年1月	2020年2月	2020年3月	2020年4月	2020年5月	2020年6月	2020年7月	2020年8月	2020年9月	2020年10月	2020年11月	2020年12月
社融	10.7	10.7	11.5	12.0	12.5	12.8	12.9	13.3	13.5	13.7	13.6	13.3
M2	8.4	8.8	10.1	11.1	11.1	11.1	10.7	10.4	10.9	10.5	10.7	10.1
项目	2021年1月	2021年2月	2021年3月	2021年4月	2021年5月	2021年6月	2021年7月	2021年8月	2021年9月	2021年10月	2021年11月	2021年12月
社融	13.0	13.3	12.3	11.7	11.0	11.0	10.7	10.3	10.0	10.0	10.1	10.3
M2	9.4	10.1	9.4	8.1	8.3	8.6	8.3	8.2	8.3	8.7	8.5	9.0
项目	2022年1月	2022年2月	2022年3月	2022年4月	2022年5月	2022年6月	2022年7月	2022年8月	2022年9月	2022年10月	2022年11月	2022年12月
社融	10.5	10.2	10.6	10.2	10.5	10.8	10.7	10.5	10.6	10.3	10.0	9.6
M2	9.8	9.2	9.7	10.5	11.1	11.4	12.0	12.2	12.1	11.8	12.4	11.8
项目	2023年1月	2023年2月	2023年3月	2023年4月	2023年5月	2023年6月	2023年7月	2023年8月	2023年9月	2023年10月	2023年11月	2023年12月
社融	9.4	9.9	10.0	10.0	9.5	9.0	8.9	—	—	—	—	—
M2	12.6	12.9	12.7	12.4	11.6	11.3	10.7	—	—	—	—	—

（2）财政收支。在我国实行央行代理国库收支结算制的情况下，财政收缴税费或发行债券等缴纳国库，实际上是将相应的货币从社会上回笼到央行，会减少M2。而财政从国库对外支付时，会将货币从央行投放到社会上，会增加M2。比如，2020年新型冠状病毒感染疫情暴发后，特别是2022年再次大暴发后，我国税费“退免减缓”的规模大幅增长，创下新的纪录，2022年税费减负规模超过4万亿元，会相应扩大M2同比新增额，但这也并未包含在社融之中。

（3）利率调整以及利息减免。银行信贷的增减会直接影响货币总量的变化，成为影响M2变化最主要的因素，但并不是唯一的因素。除此之外，银行信贷利率水平高低、利息是否给予减免优惠，也会在一定程度上影响到M2的变化。比如，2020年新型冠状病毒感染疫情暴发后，我国推动社会融资平均利率明显降低，同时，又大规模实施利息减免，这就减少了货币的回笼，有利于M2规模的扩大和同比增速的提升，但这也没有包含在社融之中。

（4）理财和资管规模的扩张和收缩。企业或个人购买银行理财产品或基金、信托等资管产品，会减少其存款。而其赎回理财或资管产品，则会增加其存款。所以，理财和资管规模的扩张和收缩，同样会影响到M2的增减变化，但并未纳入社融之中。

正是由于上述因素的存在，使得社融与M2成为两个没有太大相关性的东西，其规模和同比增速也会发生很大偏离。其中，在很多特殊因素影响下，2022年4月起，M2同比增速非常规明显超过社融和贷款同比增速，到2022年11月末，社融存量规模343.19万亿元，同比增长10%；人民币贷款余额212.59万亿元，同比增长11%；M2余额264.7万亿元，同比增长12.4%。但社融存量规模仍然远远超过 M2 的规模（在 2015 年、2016 年时，两者几乎保持一致，之后不断拉大差距）。

也正因如此，社融与 M2 的关系并不像有些人说的那样："社融与 M2 分别来源于金融机构资产端与负债端，两者相互对照、互相补充"或者"社融与 M2 是一枚硬币的两面，分别反映货币是从哪里来的，以及投放出来的货币总量是多少"。实际上，按照现有定义，社融与 M2 是不同的东西，两者不存在对应性可比性。

"社融"指标亟须重新调整统计口径

从"社会融资规模"目前所包含的内容看，由于委托贷款、信托贷款、企业发债或发股、政府发债等都是社会融资的方式，但却并不都是由存款性金融机构投资的，有很多属于社会主体的直接融资；"未贴现银行承兑汇票"只是一种银行增信，会占用信用额度，但并未实际融出资金，属于银行的表外业务。将这些融资方式全部说成"一定时期内实体经济从金融体系获得的资金额"显然并不恰当。而且由于社融与 M2 缺乏基本的对应关系，将直接融资与间接融资合并计算的社融总规模存在很大重复计算与概念混乱问题，与 M2 能够反映出某一时点全社会货币总量的准确性无法相比，将社融与 M2 相提并论，甚至设想以这样的社融替代 M2 作为货币政策中介目标，都是不恰当的。

严格按照"实体经济从金融体系获得的资金额"这一定义，"社会融资规模"这一指标应该严格限定在金融机构对社会实际融出资金的范围，重新调整其统计口径（从整个社会总体看，其拥有的货币或资金，除自有部分外，就是来源于对金融机构特别是银行的融资，社会主体相互之间直接的融资不会增加全社会货币或资金总量），其内容主要包括：

· 投放贷款（不含外币）；

· 购买非金融企业债；

· 购买各类政府债；

· 其他（包括核销贷款、减免本息、保险理赔等，这些方面每期只反映当期增量，不存在各期存量）。

这样，基本上可以反映出全社会货币总量（M2）中通过金融体系借入的货币总量。金融机构对非金融企业进行股权类投资，应该受到严格限制，其实际形成的部分，可以归类于“社会自有货币”。由此形成与 M2 的对应关系是：M2= 社融存量（社会借入货币量）+ 社会自有货币量。“社会融资规模”也就成为“广义信贷规模”。

现有的社会融资规模统计内容，可以分别列示出各种融资方式各期融资增量和存量变化情况，应该是有分析参考价值的，可以继续保留和补充完善，但不应冠以“社会融资规模”的名字，而需更名为“主要融资方式规模概览”，这也不再是一个统一的指标，无须形成汇总（合计）数并反映其各期变化情况，更不能将其看作可以与 M2 相提并论的一个重要指标。